▶ 交通运输类“十三五”创新教材
▶ 中华人民共和国内河船舶船员适任考试培训教材

船舶操纵

中国海事服务中心组织编审
主编 ◎ 刘元丰　邓华　易维银

大连海事大学出版社

图书在版编目(CIP)数据

船舶操纵 / 刘元丰，邓华，易维银主编. — 大连：大连海事大学出版社，2020.12(2025.3 重印)
中华人民共和国内河船舶船员适任考试培训教材
ISBN 978-7-5632-4057-9

Ⅰ. ①船…　Ⅱ. ①刘… ②邓… ③易…　Ⅲ. ①船舶操纵—技术培训—教材　Ⅳ. ①U675.9

中国版本图书馆 CIP 数据核字(2020)第 237103 号

大连海事大学出版社出版

地址：大连市黄浦路523号　邮编：116026　电话：0411-84729665(营销部)　84729480(总编室)

http://press.dlmu.edu.cn　E-mail:dmupress@dlmu.edu.cn

大连永盛印业有限公司印装　大连海事大学出版社发行

2020 年 12 月第 1 版　2025 年 3 月第 7 次印刷

幅面尺寸：184 mm×260 mm　印张：12.25　字数：298 千

出版人：刘明凯

责任编辑：李继凯　责任校对：张　华

封面设计：解瑶瑶　版式设计：解瑶瑶

ISBN 978-7-5632-4057-9　定价：35.00 元

中华人民共和国内河船舶船员适任考试培训教材
编委会

前　言

根据《内河船舶船员适任培训和考试大纲(2019 版)》,中国海事服务中心组织在内河船舶运输领域有着丰富教学和培训经验的专家在2016 年培训教材的基础上重新编写了“中华人民共和国内河船舶船员适任考试培训教材”,并组织实践经验丰富的海事管理机构专家和船公司的指导船长、轮机长对教材进行了审定。

在本套教材编写前,中国海事服务中心组织参编专家对内河船舶运输现状进行了广泛的调研和深入的讨论,确保教材内容符合船上实际,反映最新航运技术和与航运相关的最新法律、法规、规范与标准,并在表达方式上通俗易懂,符合内河船舶船员业务学习和技能培训的需要。

本系列教材分驾驶专业和轮机专业两类:驾驶专业包括《船舶操纵》《船舶值班与避碰》《船舶引航》《船舶管理(驾驶专业一类)》《船舶操纵与引航(二、三类)》《船舶管理(驾驶专业二、三类)》;轮机专业包括《主推进动力装置》《船舶辅机》《船舶电气设备》《船舶管理(轮机专业一类)》《船舶机械设备操作与管理(二、三类)》《船舶电气设备操作与管理(二、三类)》《船舶管理(轮机专业二、三类)》。

《船舶操纵》由重庆交通大学副教授刘元丰、江苏海事职业技术学院副教授邓华、重庆交通职业学院高级船长易维银主编,江苏海事职业技术学院教授陈进涛、中国海事服务中心王建军主审。全书由刘元丰统稿。

《船舶操纵》全书内容共分五章。第一章船舶操纵设备及其应用,包括舵设备及其应用、螺旋桨的作用、锚设备及其应用、系泊设备及系缆的应用;第二章船舶操纵性能,包括船舶启动、制动性能,船舶旋回性能,船舶航向稳定性与保向性;第三章外界因素对船舶操纵的影响,包括风对船舶操纵的影响、流对船舶操纵的影响、浮态对船舶操纵的影响、受限水域对船舶操纵的影响、船间效应对船舶操纵的影响;第四章船舶系离泊操纵,包括船舶掉头作业、船舶靠离泊作业、船舶抛起锚作业;第五章特殊情况下船舶操纵,包括大风浪中的船舶操纵、各种应急情况处置。本书适用于内河船舶驾驶专业一类证书船员适任考试培训,也可供航运企业内部培训使用,还可作为大、中专院校内河船舶驾驶专业或同类专业的教学参考书。

在教材编写过程中得到了各海事机构、航运院校、船员培训机构、航运企业等相关单位的关心和大力支持，特致谢意！由于时间仓促，书中难免存在错误和疏漏，欢迎广大读者和专家批评指正。

中国海事服务中心

2020 年 7 月

扫码学习《深入学习贯彻党的二十大精神　加快建设交通强国　当好中国式现代化开路先锋》

目 录

第一章 船舶操纵设备及其应用

第一节 舵设备及其应用

舵是船舶重要的操纵设备,是改变或保持船舶方向的主要工具。驾驶员用舵设备操纵船舶主要包括:用小舵角保持航向、用中舵角改变航向、用大舵角进行旋回或紧急避让。

一、舵设备的组成

内河船舶的舵设备由舵、转舵装置、动力装置(舵机)、操舵装置、传动装置五个主要部分组成,如图 1-1、图 1-2 所示。

舵通常安装在船尾螺旋桨的后方,以便在操纵船舶时利用螺旋桨排出流的作用提高舵压力与舵效。

舵机与转舵装置安装在船舶尾部舵机舱内。舵机产生转船力矩传递到舵轴,驱动舵叶转动。操舵控制装置(包括操舵装置和传动装置)发出操舵信号,并控制舵机工作。主操舵装置应设在驾驶台和舵机室两处。

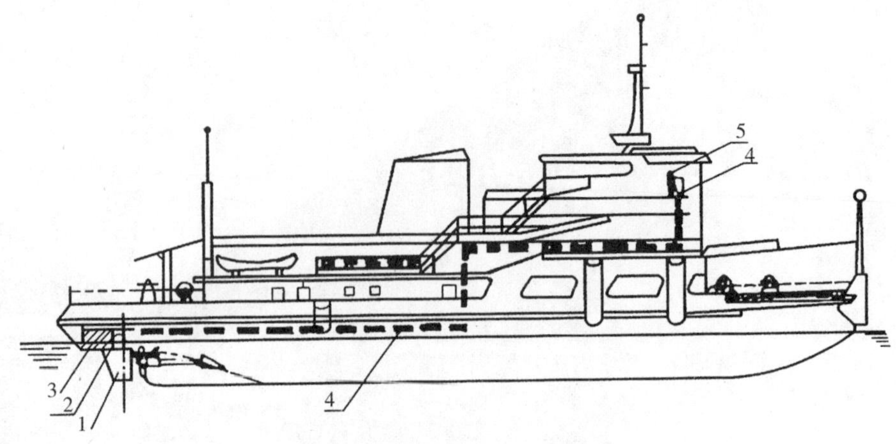

图 1-1　舵设备组成部分示意图

1—舵;2—转舵机构;3—舵机;4—操舵机构;5—操舵器

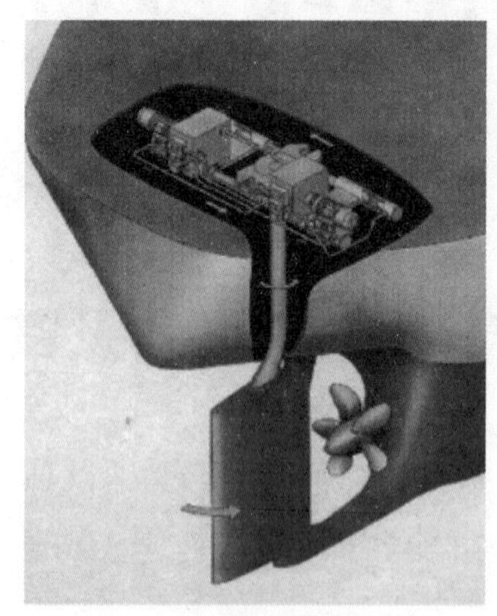

图 1-2　舵设备组成部分示意图(船尾舵机房和舵)

二、舵的种类及特点

(一)舵的种类

1. 按剖面形状分

按剖面形状,舵可以分为平板舵和流线型舵,如图 1-3 所示。

(1)平板舵

平板舵是一块钢板或由在钢板上两面交替安装的横向加强筋等构成。随着舵角的增大,平板舵的舵效变差,极限舵角较小(失速现象发生较早),而且阻力增大。

(2)流线型舵

流线型舵的舵叶以水平隔板和垂直隔板作为骨架,外覆钢板制成水密的空心体,水平剖面呈机翼形。流线型舵的舵阻力小,舵压力大,舵效好。

2. 按舵杆轴线位置分

按舵杆轴线位置,舵可以分为不平衡舵、平衡舵、半平衡舵,如图 1-4 所示。

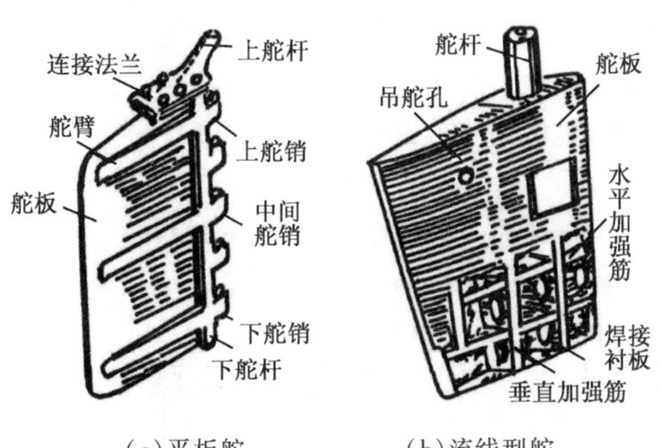

图 1-3 平板舵和流线型舵的对比结构示意图

(1)不平衡舵

不平衡舵的舵叶面积全部在舵杆轴线的后方。这种舵有许多舵钮,即有许多支点,舵杆的强度易于保证。不平衡舵的舵杆轴线在舵叶导边处,舵面上的水压力中心至舵杆轴线的距离较大,舵不容易摆动,从而有利于保持航向的稳定性,但需要舵机提供较大的转舵功率。

(2)平衡舵

平衡舵的舵叶面积部分在舵杆轴线前方,用舵时起到平衡作用,这部分面积与舵叶全部面积之比称为平衡系数,一般为 0.2~0.3。这种舵的特点是舵叶的压力中心靠近舵轴,舵绕舵轴的回转力矩小,便于操舵,舵机所需功率较小,但是舵容易摆动,对航向稳定性不利。

(3)半平衡舵

把舵轴前面的舵叶面积做得小些,或把舵叶的上半部分做成不平衡舵,下半部分做成平衡舵,减少其平衡量,使平衡系数介于平衡舵和不平衡舵之间,即 0.2 以下。半平衡舵与船舶的尾轴连接在一起,坚固可靠,有利于保持航向稳定性。

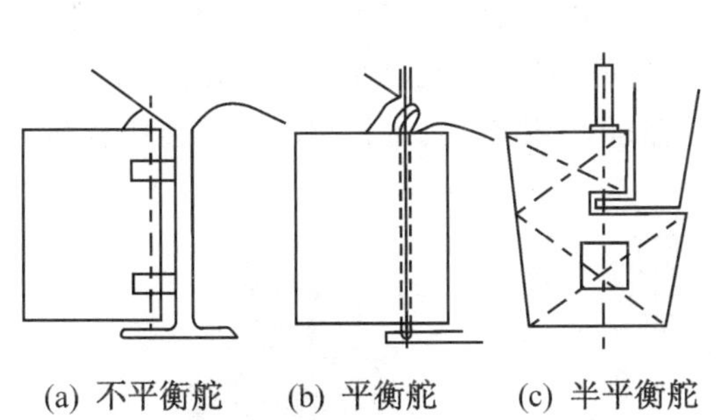

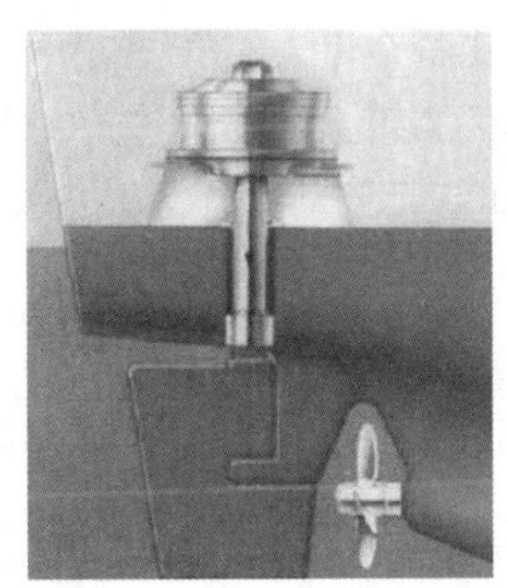

图 1-4 舵的种类示意图(按舵杆轴线位置分)

3. **按舵的支承方式分**

按舵的支承方式,舵可分为半悬挂舵、悬挂舵、多支承舵、双支承舵,如图 1-5 所示。

(1)半悬挂舵

半悬挂舵的舵叶上半部连接在舵柱上,下半部呈悬挂状。

(2)悬挂舵

悬挂舵的舵叶悬挂于船体下面,无下支承,舵杆受弯矩大。

(3)多支承舵

多于两个支承点的舵叫多支承舵。支承点可分为舵承、舵钮和舵托。多支承舵一般有三个以上的舵钮用舵销与尾柱连接,一般为不平衡舵。

(4)双支承舵

有两个支承点的舵叫双支承舵。上支承点一般是在船体上。下支承点,双支承平衡舵是在舵叶下端的舵托处,双支承半平衡舵在舵叶的半高处。

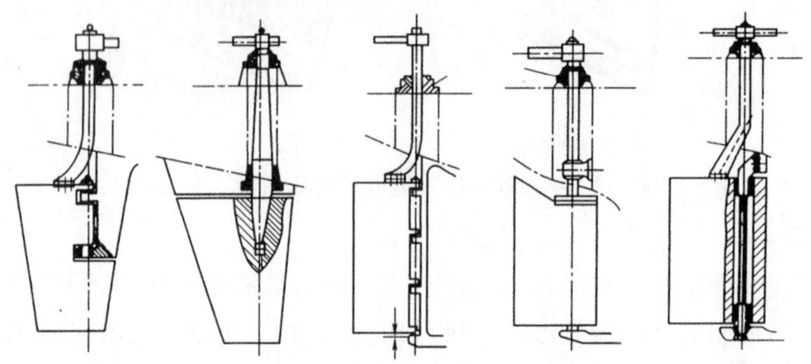

(a)半悬挂舵 (b)悬挂舵 (c)多支承舵 (d)平衡舵 (e)穿心舵轴平衡舵

图 1-5 舵的种类示意图(按舵的支承方式分)

4. 特种舵

内河船舶为了满足在操纵上的特殊需要(如增加舵效、提高推进效率以及改善大型船舶低速航行时的操纵性能等)配备了具有特殊性能的特种舵,主要包括襟翼舵、倒车舵、Z 形推进器,此外,还有整流帽舵、反应舵、转动导流管、首部侧推器等。

(1)襟翼舵

襟翼舵由主舵和副舵两叶组成,如图 1-6 所示。当主舵叶转动一个角度时,副舵叶绕主舵叶的后缘转出一个更大的角(称为襟角),产生更大的流体动力。因此,襟翼舵有助于船舶获得较大的转船力矩,从而提高舵效或减小舵杆扭矩,舵机功率也较小;航向改变可以用较小的舵角,使船舶改向时失速小,从而减小油耗;但价格较高,维护保养要求也比较高。

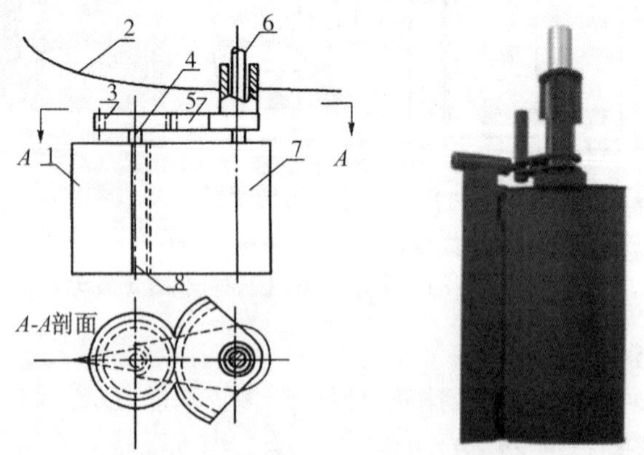

图 1-6 齿轮式襟翼舵结构示意图

1—舵;2—船体;3—行星齿轮;4—尾舵杆;5—太阳齿轮;6—主舵杆;7—主舵;8—铰链

(2)倒车舵

许多推(拖)轮为了增强舵效,提高操纵性能,在设置导流管的螺旋桨的前面和后面都设

置舵,从而实现了推(拖)轮在正车和倒车时都有良好的舵,满足了推(拖)轮既有高度的倒车能力,又能使船队后退运动时有可靠的操纵性要求,如图 1-7 所示。

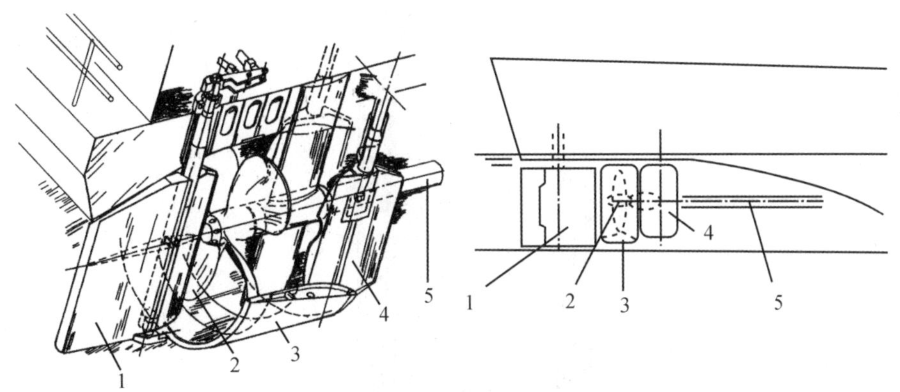

图 1-7 倒车舵示意图

1—后主舵;2—螺旋桨;3—导流管;4—前舵(倒车舵);5—主轴

(3)Z 形推进器

Z 形推进器(舵螺旋桨)的主要特征是螺旋桨能像舵一样旋转,甚至能 360°旋转,如图 1-8 所示。

Z 形推进器的倒车拉力与进车推力基本相同,进退转换也非常迅速。同时,只要将螺旋桨向右或向左转动,即可产生侧向推力,形成转船力矩,从而起到舵的作用。Z 形推进器的操纵性能特别好,被广泛用于港内拖船和操纵性能高的船舶。

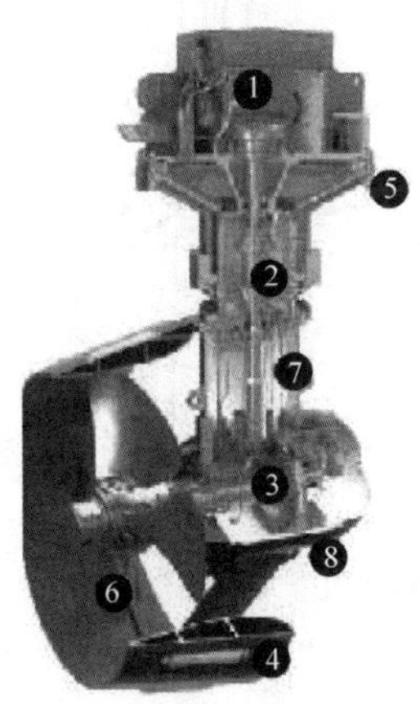

图 1-8 Z 形推进器示意图

1—驱动轴及齿轮;2—垂直驱动轴;3—螺旋桨轴及齿轮;4—导流罩;5—旋转点;6—可调螺距螺旋桨;7—液压管线;8—齿轮箱

(二)舵的结构

目前,内河船舶普遍采用流线型的平衡舵结构,其舵叶面积有 20%~30%在舵杆轴线之前,即平衡度为 20%~30%。

舵由舵叶、舵杆和舵承三部分组成,如图 1-9、图 1-10 所示。

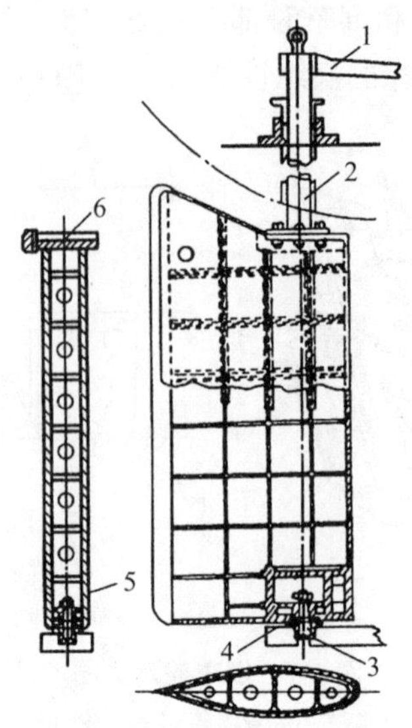

图 1-9　流线型舵叶结构示意图

1—舵柄；2—舵杆；3—舵叶；4—止推环；5—可拆小门；6—键

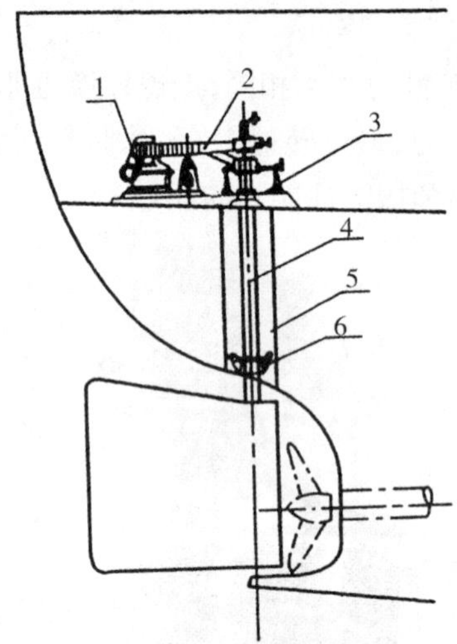

图 1-10　舵杆装置示意图

1—电动舵机；2—舵扇；3—上舵承；4—舵杆；5—舵杆套管；6—下舵承

1. 舵叶

现代船舶的舵叶多采用覆板的流线型舵。为了保证舵叶的强度和线型，用水平隔板和垂直隔板按线型组成骨架，将两块外壳板直接焊接在骨架外面。按规范要求，舵叶焊成后，每个密封部分都应进行密性试验。

2. 舵杆

舵杆用以承受和传递作用在舵叶上的力及舵叶给予转舵装置的力。其下部与舵叶连接，上部与转舵装置相连。

3. 舵承

舵承是用来支持舵杆、支承舵的重量以及保证船体水密的设备，按其位置可分为上舵承和

下舵承两种。上舵承装在舵机甲板上，下舵承装在舵杆筒口或舵杆筒内。

三、操舵装置的种类及特点

目前，内河船舶的操舵装置，按动力可分为人力、电动、液压操舵装置三类。电动舵机一般仅被小型船舶所采用，而现代大中型船舶绝大多数采用转矩大、噪声小的液压操舵装置。

（一）操舵装置

1. 人力舵操舵装置

人力舵操舵装置适用于小型船舶及驳船，如图 1-11 所示。其作用是由驾驶室发出操舵动作，通过传动装置直接控制舵柄或舵扇转动。其特点是结构简单、维护保养方便、成本低，但轻便性、灵活性、可靠性、准确性差。

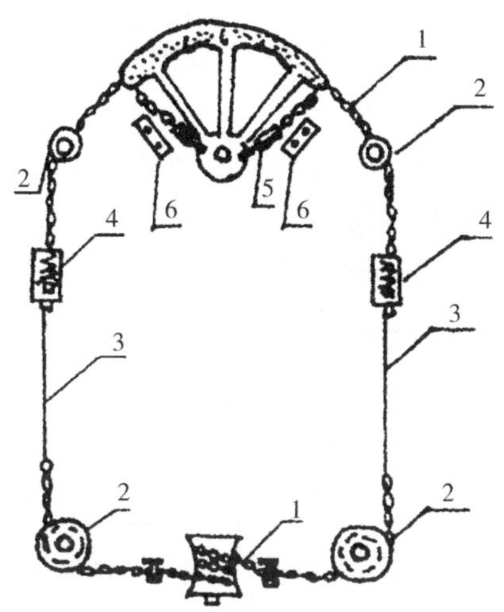

图 1-11　人力操舵装置示意图

1—舵链；2—导向滑车；3—钢质拉杆；4—缓冲弹簧；5—松紧螺旋扣；6—舵角限制器

2. 电动操舵装置

如图 1-12 所示，由操舵装置控制系统控制的电动机带动蜗杆、蜗轮。因为齿轮和蜗轮同轴，所以带动舵扇。舵扇是松套在舵杆上的，它的转动牵拉缓冲弹簧而推动舵柄。因舵柄用键套在舱杆上，所以舵柄转动就使舵叶偏转。缓冲弹簧用以吸收波浪对舵的冲击力。

这种用舵扇、缓冲弹簧来转动舵的装置称为齿扇式转舵装置。舵扇下面通常装设楔形块，起刹车作用。停泊时打上楔形块可刹住舵扇，防止舵受波浪冲击而损坏舵机。其特点是结构简单、操作简便、工作可靠。

3. 液压操舵装置

目前，内河船舶广泛采用的舵机是液压舵机，其特点是体积小、重量轻、转矩大、噪声小以及便于管理等。根据油液的不可压缩性以及流量、流向和油压的可控性，将动能转化为液压能，液压能再转化为机械能，从而达到转舵之目的。在转舵频繁的情况下，它比电动舵机可靠性高。

液压舵机按转舵装置的运行形式不同，常见的有往复式和转叶式两种。

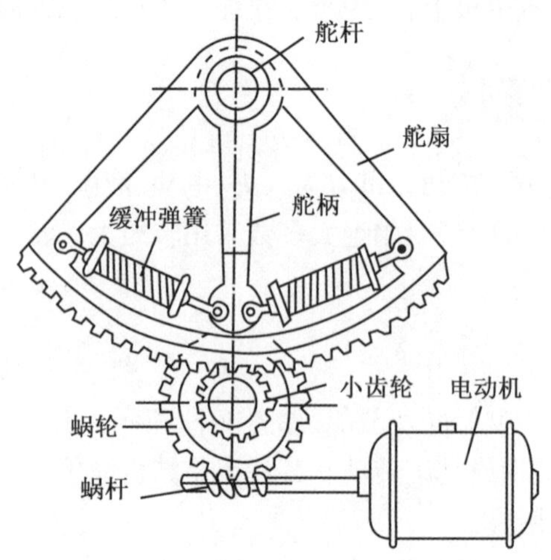

图 1-12 电动操舵装置示意图

(1)往复式液压操舵装置

往复式液压操舵装置的转舵机构由油缸、柱塞和舵柄等组成,如图 1-13 所示。当操舵装置控制系统启动电机带动变量泵时,变量泵从一对(或一个)油缸中抽油,同时向另一对(或一个)油缸中输油,从而推动柱塞直线运动并使舵柄带动舵杆绕绕其轴线转动,产生舵角。当油泵改变输油方向时,舵就反向转动。转舵机构将柱塞的直线运动转换为舵柄绕舵杆的圆周运动的方式主要有滑式、滚轮式与摆缸式三种。滑式的工作原理是柱塞在油压的作用下移动,通过球窝关节带动舵柄从而转动舵叶,该方式被广泛用于大中型船舶。

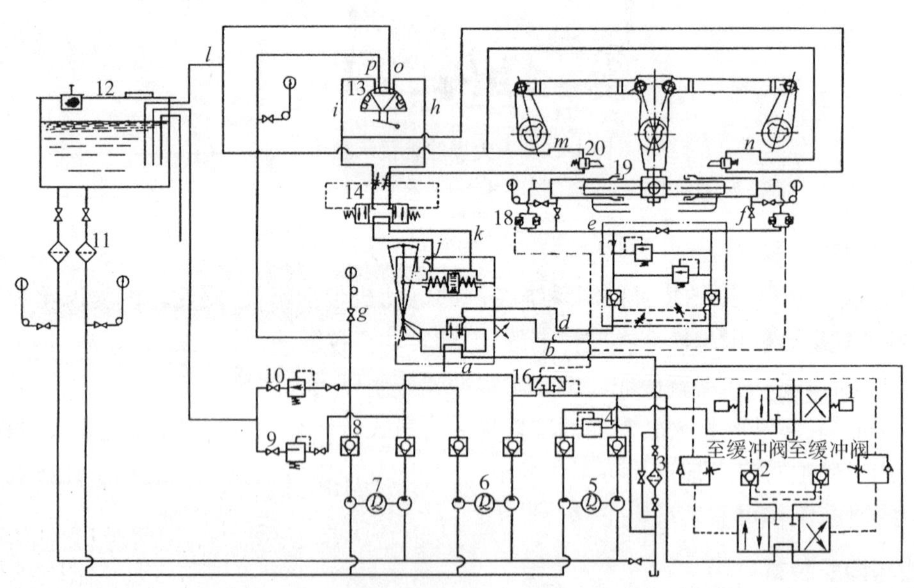

图 1-13 电动液压舵操纵系统示意图

1—电液动换向阀;2—液动单向阀;3—精滤油器;4—溢流阀;5—应急泵组;6、7—常备用泵组;8—单向阀;9、10—溢流阀;11—粗滤油;12—油箱;13—操纵阀;14—液动换向阀;15—液-手动换向阀;16—滑动滑阀(二位三通换向阀);17—组合阀;18—缓冲阀;19—转舵机构;20—限位旁通阀

(2)转叶式液压操舵装置

油缸体内有三个定叶(与缸体固定镶接)和三个转叶,将缸体分为六个工作腔,工作腔内部充满油液,转叶用键固定在舵杆上,如图 1-14 所示。电动机带动变量泵运转,遥控的控制杆控制油液的流量和流向,通过管路向三个对应的工作腔泵油,同时从另外三个工作腔内吸油。改变两条油路的进出油方向,就会改变舵叶转动的方向,控制进油量的大小就可控制转舵角度的大小。

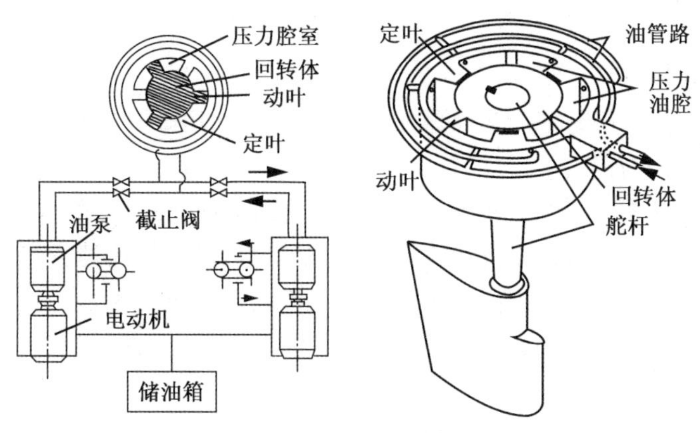

图 1-14 转叶式液压舵机原理示意图

(二)极限舵角限制器

航行中船舶使用的最大有效舵角,一般流线型舵为 32°,平板舵为 35°。为了防止在操舵时实际舵角太大而超过有效舵角,在操舵装置的有关部位设置舵角限位器。舵角限位器有机械、电动等多种类型。

机械舵角限位器可以设在舵叶上或下舵杆与舵柱的上部,如图 1-15 所示。还可在舵柄两侧极限舵角位置处装设角铁架,当舵转到满舵时,舵柄被角铁架挡住,不能继续转动。

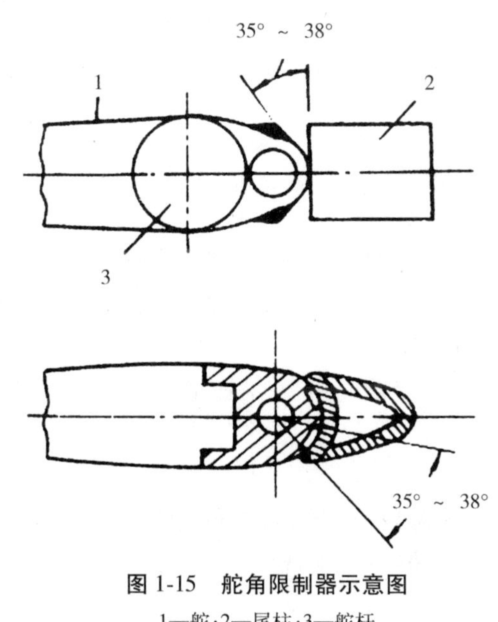

图 1-15 舵角限制器示意图

1—舵;2—尾柱;3—舵杆

电动舵角限制器为装于舵柄两侧极限位置的开关，当舵转到满舵时，舵柄与其相连的装置使开关处于断路位置，与开关串联的舵用电机即停止向某一舷继续转动。当舵机电机反转时，舵柄或与其相连的装置和开关脱离接触，开关即在弹簧的作用下回到通路位置。

四、舵压力及其影响因素

(一)舵压力

1. 舵压力产生的原理

船舶正舵航行时，舵角为零，舵叶两侧的相对流速对称相等，水动压力也对称相等，因而在舵叶两侧不存在水动压力差。

如图 1-16 所示，当操一个舵角时，舵叶破坏了周围水的流态，在舵叶的迎流面，相对水流受阻、流速变慢、水动压力升高；在舵叶的背流面，相对水流通畅、流速变快、水动压力降低，从而在舵叶的两侧出现了水动压力差，俗称“舵力”。舵力有两种分解法，分力的名称分别为：在正横方向的分力叫“舵升力”，在首尾线方向的分力叫“舵阻力”；在与舵面重合方向上的分力叫“舵摩擦力”，在垂直于舵面方向上的分力叫“舵压力”。

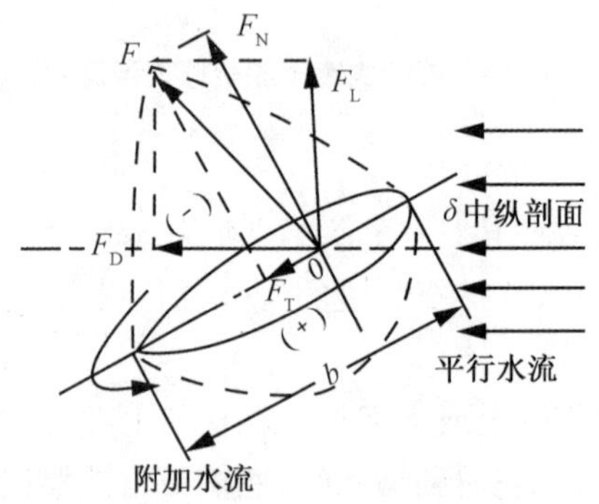

图 1-16　舵压力产生原理示意图

F_L—舵升力；F_D—舵阻力；F—舵力；F_N—舵压力；F_T—舵切向力；δ—舵角

2. 影响舵压力的因素

(1)使舵压力下降的流体现象

①失速现象

通常情况下，舵压力随着舵角的增大而增大，但是当舵角增大到达到某一值后再增舵角时，舵压力反而下降，这种现象叫“失速现象”，如图 1-17 所示。其原因是舵角太大导致舵叶周围的涡流太大，而涡流会使舵压力下降。

具有最大舵压力时的舵角叫“极限舵角”。失速早，意味着极限舵角较小；失速迟，意味着极限舵角较大。

②气泡现象

当舵叶背流面的水动压力下降到一定程度时，舵叶背流面的水发生汽化，出现气泡，形成涡流，进而使舵压力下降，这种现象叫“气泡现象”，又称为“空泡现象”。使用大舵角或船速相当大时，容易发生气泡现象。

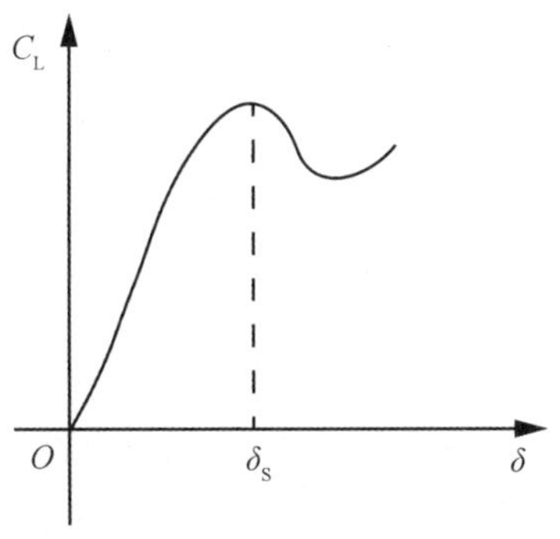

图 1-17 失速现象示意图

C_L—升力系数;δ—舵角;δ_S—极限舵角

③空气吸入现象

当舵叶背流面的水动压力下降到一定程度时,舵叶背流面的水体吸入空气,产生涡流,使舵压力下降,这种现象叫"空气吸入现象"。在舵叶接近水面或露出水面且船速较大的情况下,容易发生"空气吸入现象"。

(2)舵叶尺度与形状

①舵叶展弦比

对矩形舵而言,展弦比是指舵高(翼展)与舵宽(弦长)的比值;对非矩形舵而言,展弦比是指舵高的平方与舵面积的比值。展弦比小,从舵叶迎流面而来的水流就会从舵的上端和下端进入舵叶背流面,形成绕流(如图 1-18 所示),致使舵叶两侧水动压力差减小,舵压力降低。展弦比越大,小舵角时的升力越大,有利于运用小舵角操纵船舶。但是展弦比过大将引起过早失速,使极限舵角变小,而不利于大舵角回转运动。

内河船舶的舵叶高度受到船舶吃水限制,一般展弦比较小,舵的外形矮而宽,易产生绕流,故舵压力也较小,特别在小舵角时舵压力不大,因而应舵时间(即从操舵开始至船首开始转动时止的时间间隔,称为应舵时间)也较长。因此,内河船常设置 2~3 面舵,每一舵面积相应减小,以提高展弦比,同时在舵的上、下端设挡板,减少舵上、下端的绕流,增加舵压力。

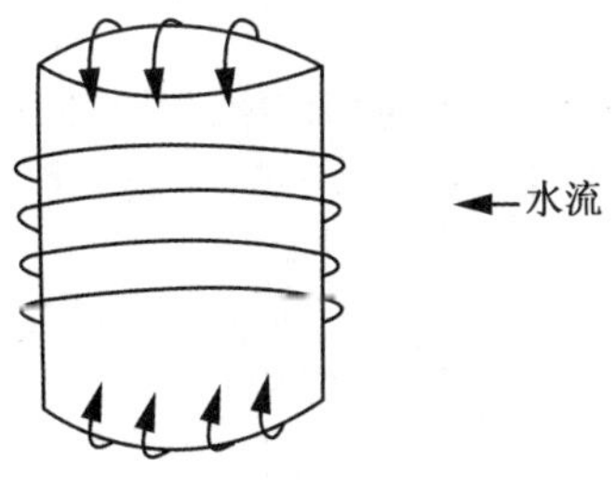

图 1-18 舵叶上下两端绕流示意图

②舵叶剖面形状

舵叶的剖面形状一般分为平板型和流线型两种。由于流线型舵的外形符合水流流线,产生的涡流较少,因此,它产生的舵压力要比平板型舵大,水阻力也比平板舵小 20%,目前内河绝大多数船舶采用流线型舵。

③舵面积

船舶方向性能的优劣与舵面积的大小关系密切,舵压力的大小与舵面积成正比,旋回性能好的船舶均具有较大的舵面积。但过大地增加舵面积是不合理的，一方面增加船舶航行阻力和舵机功率；另一方面还将增加船舶吃水。在实践中，合理的舵面积和形状通常用试验来确定，主要以操纵性能良好的船舶的舵面积系数作为估计合理舵面积及其形状的依据。

（3）船尾伴流的影响

船尾处的伴流降低了相对于舵的水流速度，使舵压力下降。在实际操船中，船舶停车后，虽然还有余速，还有相对于舵的来流（船行流），但很快失去舵效，原因是：一方面排出流消失；另一方面向前的伴流抵消了向后的船行流，从而使相对于舵的水流速度下降。特别是肥大型船舶，因其伴流大，该现象更为显著。

（4）螺旋桨排出流

舵叶处于螺旋桨之后，排出流作用在舵叶上，增加了相对于舵的水流速度，从而提高了舵压力。排出流对舵压力的影响与伴流相反。

（5）滑失或滑失速度

滑失是指螺旋桨旋转一周的理论推进距离与其在水中旋转一周的实际推进距离之差。螺旋桨旋转运动产生排出流，排出流速度是随滑失的增加而增加的。滑失速度越大，排出流速度越大，舵压力越大，舵效也越好。

在实船操纵中，如船舶在向泊位航进中的减速操纵，或在过闸，或在掉头、靠离泊、抛起锚等操纵中，使用主机停车进车交替操作法，既能尽量抑制船速，又能有效发挥舵力。该操纵方法利用螺旋桨的滑失，增加诱导速度，从而增加舵效，船员习惯称之为“以车助舵”。

（6）船舶旋回

船舶在直航状态下回转时，或船舶驶经局部横流区时，或船舶在横风中航行时，水流与螺旋桨、舵及船舶首尾线存在一定的夹角，使有效舵角降低。如船舶操满舵 35° 做旋回运动时，有效舵角仅为 25°。因此，为了增加船舶操舵后的有效舵角，增大舵压力，船舶操舵时应先用小舵角，待船舶回转后再操大舵角。

3. 舵压力转船力矩

舵压力转船力矩是指舵压力与舵压力转船力臂的乘积，产生使船舶回转运动的力矩。

（1）船舶航行时舵压力转船力矩

航行中的船舶操舵后，在舵叶上将产生舵压力，并以船舶重心为支点，形成舵压力转船力矩，使船首向操舵一侧偏转，如图 1-19 所示。

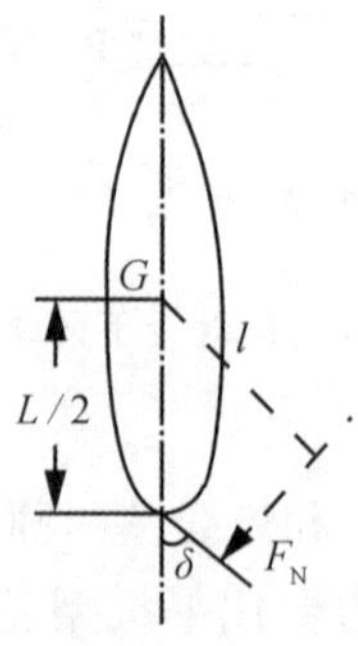

图 1-19　舵压力转船力矩示意图

G—重心；L—船长；δ—舵角；F_N—舵压力；l—力臂

$$M_0 = F_N \cdot \frac{l}{2} \cdot \cos\delta \quad (1\text{-}1)$$

(2)船舶系泊时舵压力转船力矩

船舶系泊时,船速为零,当螺旋桨正转时排出流作用在舵叶上,产生舵压力,并以系缆的系结点为支点,形成舵压力转船力矩。如船舶利用首倒缆进车甩尾离泊,则支点位于首倒缆在船首的系结点,如图 1-20 所示。

$$M_0 = F_N \cdot l \cdot \cos\delta \quad (1\text{-}2)$$

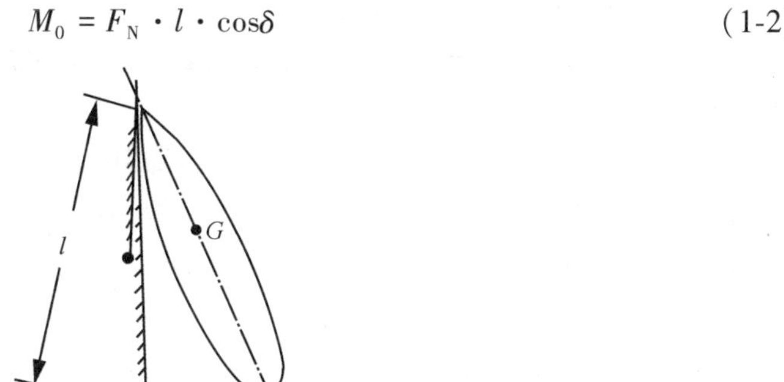

图 1-20　船舶系泊时舵压力转船力矩示意图

G—重心;δ—舵角;F_N—舵压力;l—力臂

五、舵效及其影响因素

(一)舵效的概念

1. 广义上的舵效

船舶在各种不同的状态下,用舵设备操纵船舶所表现的综合效果称为舵效。

船舶进车时,舵效主要表现为:转舵产生的回转力矩,使船首向转舵同侧方向偏转;使船舶向回转外侧横向移动;使船舶产生横倾以及增加航行阻力。

船舶倒车并有后退速度时,舵效主要表现为:转舵产生的回转力矩,使船首向转舵反方向偏转;使船舶向回转内侧横向移动;使船产生横倾以及增加后退阻力等。

2. 狭义上的舵效

狭义上的舵效指运动中的船舶在操一定舵角之后,船舶在一定的时间或一定的水域内所获得的船舶转头角的大小;或者,运动中的船舶在操一定舵角之后,能否在较短的时间内或较小的水域内转过一定的角度。船舶若能在较短时间内或较小的水域内转过一定的角度,叫“舵效好”;船舶若只能在较长时间内或较大的水域内转过一定的角度,叫“舵效差”。上述“较小的水域”包括“较小的纵距”和“较小的横距”,主要是指“较小的纵距”。在实际操船时所说的“舵效”是指狭义上的舵效,即船舶偏转的程度(效果)。

(二)影响舵效的因素

1. 舵角

在极限舵角范围内,舵角越大,舵压力就越大,舵效越好。

2. 舵面积比

舵面积比又称为舵面积系数，是指舵叶中纵剖面面积与船体中纵剖面浸水面积的比值。在正常范围内，舵面积比大，舵效好；舵面积比小，舵效变差。

3. 舵速

舵速是指舵叶相对于水流在船舶首尾线（或轴线）的分速度。舵压力与舵速的平方成正比，舵速越大，舵压力越大、舵效越好。

船舶航行时，舵速由船行流（即相对来流，大小与船速相等）、伴流和螺旋桨排出流三部分组成，即

舵速=船速+排出流轴向分速-伴流速度

船速、排出流流速有助于提高舵速，伴流使舵速变小。因此，船速和排出流流速越大，舵效好；伴流大则舵效差。

4. 滑失

滑失大则舵效好。船舶在静止中用车时，滑失最大，此时用舵则舵效最好；在船速较低的情况下突然提高螺旋桨转速，滑失较大，此时用舵则舵效较好。

尽管船速的降低会使舵速有所下降，但同时也降低了伴流速度，更重要的是降低船速和提高转速均增大了滑失，从而大大提高了排出流速度，大大提高了舵速。与此同时，较低的船速能使船舶在较小的水域内完成转头任务，因此舵效较好。

5. 舵性

舵性是指船舶在各种运动状态下，主机在不同工况下，操舵设备的轻便、灵活、准确和可靠的性能。操舵所需的时间越短，舵效越好。从实际使用来看，电动液压舵机性能较好，舵来得快，回得快，易把定；蒸汽舵机来得慢，回得快，也易把定；而电动舵机来得快，回得慢，不易把定；人力舵则来得慢，回得慢，把定也慢。

6. 转舵时间

转舵时间又称操舵时间，是指船长大于 30 m 的船舶满载、全速航行时，操舵从一舷 35°至另一舷 30°所需时间。它反映了船舶操纵的灵活性，是舵机系统的重要指标之一。转舵时间越短，船舶舵效越好。内河船舶转舵时间应满足表 1-1 的规定。

表 1-1　内河船舶转舵时间表

舵机种类	船长/m	操舵时间/s	
		急流航区船舶	其他航区船舶
机动舵机	>30	≤12	≤20
	≤30	≤15	≤20
人力舵机（舵轮手柄力不大于 147 N）		≤15	≤20
辅助人力舵机（舵轮手柄力不大于 294 N，从一舷 35°至另一舷 30°）			≤40

7. 排水量（吃水）

船舶排水量（吃水）越大，其直线惯性和转动惯量也越大，其表现为起转迟钝，停转不易，

因而舵效差，因此，在操纵大型船舶时要特别注意，一般宜早用舵、早回舵，而且所用的舵角也要适当增大。

8. **船体水下侧面积分布**

船舶前部水下侧面积分布多（包括首纵倾）的船舶舵效差，而船尾水下侧面积分布多（包括适当的尾纵倾）的船舶舵效好。

9. **横倾**

船舶低速航行时，向低舷侧操舵转向舵效较好；船舶快速航行时，向高舷侧操舵转向舵效较好。

10. **环境因素**

风对船舶舵效的影响视情况而定；船舶在有流航道中航行的舵效，逆流时比顺流时好，常流时比紊流时好；船舶在浅水中航行时的舵效较深水中变差。

11. **船舶污底**

船舶污底会造成水下船体表面粗糙，使转向阻力增大，因此使船舶舵效变差。

六、操舵与舵令

（一）操舵要领

提高操舵技能重要的一环是了解人性、船性和水性。所谓了解人性就是了解驾驶人员操纵船舶的技术、特点、性格和习惯，发令的早迟等；了解船性就是了解本船舵性、操纵性，如是否有空舵、船舶吃水、纵横倾、风、流、水深等对操舵的影响；了解水性就是要学会认识各种不正常流态及其对船舶操纵产生的不利影响。

1. **操舵的一般性要领**

（1）正确认识代表船首向的磁罗经首基线与罗经刻度盘的相对运动关系。当磁罗经首基线向左移动时，往往会使人产生错觉，好像感觉罗盘在向右转动，其实罗盘的零刻度是永远指向罗经北的，因此罗盘基本上是固定不转的。当磁罗经首基线偏在指定航向刻度的左面时，说明船首偏左，必须操右舵使船首回到指定航向上；反之，当磁罗经首基线偏在指定航向刻度的右面时，说明船首偏右，必须操左舵使船首回到指定航向上。总之，操舵只能将跑偏了的磁罗经首基线扳回到指定的航向刻度上来，而不能误认为可以将刻度盘的罗经航向扳回去对准磁罗经首基线。

（2）船舶在某一指定航向上航行时，因受风、流、浪等外力作用，船首常会偏离航向，这时应操小舵角纠正航向，一旦发现船首动起来，应适当回舵，以防止船首又偏离另一边。

（3）当接到驾驶人员发出的舵令时，操舵人员应根据变更航向幅度的大小和航速的快慢，来决定所操舵角的大小。如果航向变动幅度小、航速快，则用较小舵角；反之则操较大舵角。

（4）当船舶受到风流的侧向作用，或船舶由于装载原因导致左右不对称，或顶推船队的推力线与阻力线不重合时，会使船首偏转，因此应适当压舵以保持船舶在指定航向上行驶。

（5）操舵时应尽量避免用急舵或大舵角，以防产生严重横倾。

（6）当驾驶人员发出舵令，使船首对准岸上某物标或航标作稳向航行时，操舵人员应通过操舵始终保持船首线对准该目标,同时观察磁罗经所指航向,并将航向报告给驾驶人员。

(7)在掉头、靠离泊、抛起锚等操纵时,操舵人员应根据船长的舵令进行操舵。

(8)船舶在浅区航行时,因舵效降低而操舵不灵,航向不易稳定,操舵人员操舵要特别小心。

(9)在不正常流态较多、礁石浅点多、弯曲狭窄的航段,船舶会经常性改变航向,驾驶人员下达舵令时白天习惯以手势为主,夜间以口令为主,操舵人员应能适应。

2. 山区河流操舵的要领

山区河流流态紊乱,航道弯曲、狭窄,明礁、暗浅、台地、凸嘴多,在航道中常有不同流向、流速的水流作用于航行船舶,造成船舶偏转、横移。为确保船舶航行安全,需频繁操舵,且操舵难度大。因此,在山区河流操舵时,要对不同的流态采取不同的用舵方法,使船舶恰如其分地避开、抵挡或顺从各种复杂多变的流态。不同的用舵方法在操舵的时机、操舵量上存在差异,掌握得准确与否,决定着船舶航行安全与航速的快慢。

山区河流操舵要领可概括为“抽、腾、忍、让”。它们虽然只从一个侧面说明应对流态的操舵方法,但统一起来是一个整体,成为山区河流复杂流态条件下操舵的基本要领。

(1)抽舵:操舵人员在操舵后,估计已能使船舶达到预定航向时,提前适度回舵。抽舵是为稳定航向时减少用舵量和巧妙地储备舵力而采取的操舵方法。

(2)腾舵:为了储备舵力,在即将改变航向或抵挡不正常流态的作用之前,在保持航向不变的前提下,提前适度用舵储备舵力,以便驾驶人员发出舵令时,能立即发挥最大舵效。

(3)忍舵:在驾驶人员发出舵令后,操舵人员可根据具体情况暂缓操舵或暂缓回舵。

(4)让舵:主动避开泡、漩等强力不正常流态或障碍物等而采取的操舵方法。

(二)舵令

舵令是指驾驶人员向操舵人员下达的操舵命令。船舶在航行中保持或改变航向,主要靠操舵。操舵人员是通过执行驾驶人员发布的舵令来完成操舵的,因此舵令应力求易懂易记、言辞简练、含义明确,一般船舶上使用的舵令是统一的。驾驶人员和操舵人员都应熟知舵令,并正确理解舵令的含义和要求。

1. 按航向操舵的舵令

(1)船舶在航行中,要求改变航向左(右)15°以内,一般用下列舵令:

①左(右)5°。

②左(右)10°。

③左(右)15°。

(2)船舶在航行中,要求改变航向超过15°时,可直接发布航向×××度。

2. 按舵角操舵的舵令

船舶在山区河流航行时,或船舶避让、掉头、靠离码头、抛起锚等时,转向有时要求缓慢,有时要求快速,则用下列舵令:

(1)左(右)微舵:要求操舵人员所操舵角较小,使船首向左(右)连续转动的角速度较慢。

(2)左(右)舵:要求操舵人员所操舵角较大,使船首向左(右)连续转动的角速度较快。

(3)左(右)满舵:要求操舵人员将舵角转至最大舵角。当操舵人员操满舵后要报告“左

(右)舵满”。

(4)中(正)舵:要求操舵人员将舵角置于零度位置。

(5)稳舵:要求将转动着的船首迅速稳定在驾驶人员下达舵令时所要求的航向上。即使船舶受不正常流态的影响,使船首向偏离,也应恰当操舵控制或调整,使船首向稳定在“稳舵航向”上,即船员俗称“动舵不动向”。

(6)回舵:要求操舵人员减小舵角的舵令;回舵只是减小舵角以减缓船首偏转的角速度,是稳舵的前奏,不一定是回到正舵位置。

3. 舵令的执行程序

“发布—复诵—操舵—报告—认可”。驾驶人员发布舵令,操舵人员应立即重复舵令(以防听错),操舵人员操舵执行舵令,操舵人员在舵令执行完毕后向驾驶人员报告,驾驶人员认可确认。例如:船舶现航向是135°,将要走新航向160°,驾驶人员发布“航向160°”,操舵人员复诵“航向160°”,操舵人员操右舵使船舶航向达到160°,操舵人员报告“航向160°到”,驾驶人员认可“好的”。又如:驾驶人员发布“左满舵”,操舵人员复诵“左满舵”,操舵人员操左满舵,操舵人员报告“左舵满”,驾驶人员认可“好的”。

(三)操舵注意事项

(1)深刻认识安全航行与操舵的关系,操舵人员密切配合驾驶人员,注意力要集中,时刻注视磁罗经航向及船首动态,认真保持航向,正确操作。

(2)操舵人员应遵守舵令操舵,未得到舵令不能任意改变航向。如有疑问要向驾驶人员及时提出,防止发生差错。

(3)操舵人员要掌握本船的性能,如左舵或右舵、空载与满载、强风与急流、浅水与波浪、顶流与顺流等情况下应舵的快慢、回转惯性大小等,以提高操舵的技术水平。

(4)操舵人员应熟悉本船操舵装置的转换开关,当主操舵系统发生故障时能迅速地转换备用舵或应急舵。

第二节 螺旋桨的作用

船舶要以一定的速度行驶于水面就必须克服船舶本身所受的各种阻力。船舶依靠主机发出的功率,驱动推进器产生推力;当推力与阻力平衡时,船舶做匀速运动;当推力大于阻力时,船舶做加速运动;当推力小于阻力时,船舶做减速运动。

把主机发出的功率转换成推动船舶前进的功率的装置或机构统称推进器。推进器的种类主要有螺旋桨、平旋推进器、明轮、喷水推进器等等,目前机动船上普遍使用的是螺旋桨。主机通过尾轴带动螺旋桨转动,产生推力,推动船舶前进,同时由于螺旋桨的结构、船尾结构等方面的原因,在螺旋桨转动时还将产生致偏效应,使船舶产生偏转。操船者应掌握螺旋桨各方面的性能,以趋利避害地加以运用。

一、船舶阻力

船舶航行时所受到的阻力由基本阻力与附加阻力两部分构成。

（一）基本阻力

基本阻力是指新出厂的裸船（不含舵、桨等突出船体之外的附体）在水面平静、开阔的深水中行驶时受到的阻力，包括摩擦阻力、涡流阻力和兴波阻力。

对于给定的船舶，基本阻力的大小与船舶吃水、船速密切相关。吃水一定时，基本阻力随船速提高而提高；船速一定时，基本阻力随吃水增大而增大。低速时，摩擦阻力是基本阻力的主要成分；高速时，压差阻力是基本阻力的主要成分，如表 1-2 所示。

表 1-2　基本阻力中各种阻力所占比例

阻力＼速度		低速	中速	高速
各种阻力百分比	摩擦阻力	70%	50%	35%
	涡流阻力	20%	15%	10%
	兴波阻力	10%	35%	55%

1. 摩擦阻力

船舶运动时由于水的黏性，船舶与水发生摩擦而产生的阻力。摩擦阻力的大小主要取决于船体的浸水面积、粗糙度和船速。

2. 涡流阻力

船舶在水中运动时，由于水的黏性，浸水船体的表面出现漩涡，这种漩涡是以消耗船舶的能量为代价的，这就相当于增加了船舶的阻力，增加的部分就叫涡流阻力，这种阻力与船体水线以下的形状有关，又称为形状阻力。由于船舶水下部分呈流线型，涡流阻力在基本阻力中所占比例较小。

3. 兴波阻力

船舶驶过平静的水面后，水面不再平静而出现波浪，这种仅仅因为船舶行驶而掀起的波浪叫船行波（兴波），兴波是以消耗船舶的能量为代价的，这就相当于增加了船舶的阻力，增加的部分就叫兴波阻力。

涡流阻力和兴波阻力统称为压差阻力（也叫剩余阻力），剩余阻力的大小主要取决于船体的形状和船速。

摩擦阻力、涡流阻力和兴波阻力在船舶不同速度段中占基本阻力的百分比，如表 1-2 所示。

（二）附加阻力

附加阻力由附体阻力、空气阻力、汹涛阻力、污底阻力、航道浅窄阻力等构成。

1. 附体阻力

船舶航行时，由水线以下船体突出物（推进器、舵等附体）造成的阻力叫附体阻力。附体

阻力与附属体的位置、大小、数量、形状等因素有关。

2. 空气阻力

船舶航行时，相对于船舶的空气流作用于船舶水线以上部分而出现的阻力叫空气阻力。空气阻力与船舶上层建筑的位置、形状、大小、数量及风力的强度、相对于船舶的风速有关。空气阻力仅占总阻力的2%~4%。

3. 汹涛阻力

船舶在波浪区航行时，会产生摇荡、会受到波浪的冲击，由此产生的阻力叫汹涛阻力。汹涛阻力的大小与风浪的强度、船舶线型、排水量及抗摇性等有关。

4. 污底阻力

船舶下水营运一定时间以后，由于水线以下船体表面锈蚀、水生物附着而造成的阻力叫污底阻力。

5. 航道浅窄阻力

船舶在浅窄航道航行时，航道深度和宽度的限制改变了船舶周围相对水流的流态，造成的船舶阻力的额外增加叫航道浅窄阻力。

二、螺旋桨推力

(一)螺旋桨的几何参数

1. 直径

直径是指连接着螺旋桨各个叶尖的圆的直径。通常直径越大，推进效率越高，但直径往往受到吃水和输出功率等因素的限制。

2. 螺距

螺距是螺旋桨绕轴旋转一周，沿轴向前进的距离。通俗来讲，螺旋桨的螺距，就有如木螺丝拧一圈，拧进去的理论距离。

3. 螺距比

螺距比是螺距与直径的比值，一般为0.6~1.5。

4. 盘面比

盘面比是各桨叶在前进方向上的投影面积之和与圆面积之比。一般情况下，桨叶数目越多，盘面比越大。

5. 桨叶数目

内河船舶螺旋桨一般为3~6片桨叶。

(二)螺旋桨的种类

螺旋桨分为固定螺距螺旋桨和可调螺距螺旋桨两类。可调螺距螺旋桨简称调距桨或变距桨，调距桨可根据操船的需要调节螺距，以充分发挥主机功率，提高推进效率，且船舶倒退时不改变主机旋转方向，但价格昂贵，维修保养复杂，使其应用范围受到一定限制。除特种船舶外，普通运输船舶主要采用固定螺距螺旋桨。

(三)螺旋桨的推力

1. 推力的产生

在主机驱动下,螺旋桨正转时推水向后运动,与此同时产生的水对螺旋桨的反作用力就是推船舶前进的正向推力(俗称“推力”);相反螺旋桨反转时推水向前运动,与此产生的水对螺旋桨的反作用力就是拽船舶后退的反向推力(俗称“拉力”)。

2. 螺旋桨流

螺旋桨转动时,流向螺旋桨盘面的水流称为吸入流(或称“来流”),经螺旋桨诱导离开螺旋桨盘面的水流叫排出流(或称“尾流”)。吸入流的特点是流速较慢、范围较宽、流线几乎相互平行;排出流的特点是流速较快、范围较小、流线剧烈旋转,如图 1-21 所示。

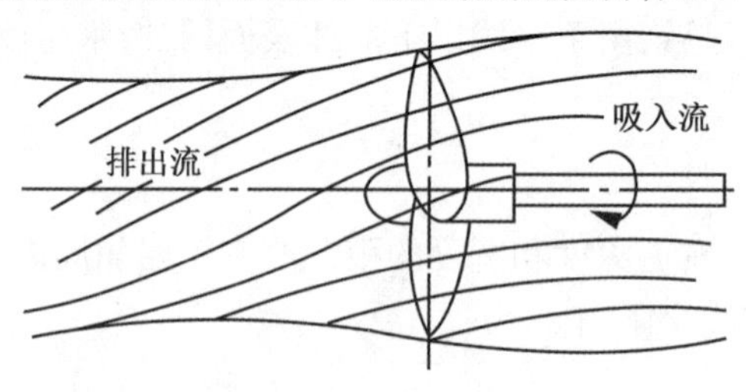

图 1-21　螺旋桨流示意图

3. 影响推力的因素

(1)滑失

螺旋桨的螺距是旋转一周理论推进的距离 P,实际上螺旋桨在水中工作时会打滑,同样是旋转一周,在水中的实际推进距离要比理论推进距离小,两者之差叫“滑失”。设转速为 n,则 nP 为螺旋桨前进的理论速度,相应地,螺旋桨实际对水前进的速度(进速)v_P 比理论速度 nP 小,螺旋桨的理论速度与进速之差叫滑失速度($nP-v_P$),滑失速度与理论速度之比叫滑失比[$(nP-v_P)/nP$],如用船速 v_S 近似地替代进速 v_P,则 $nP-v_S$ 叫虚滑失,$(nP-v_s)/nP$ 叫虚滑失比。滑失、滑失速度、滑失比越大,则尾流速度越大,从而推力越大。

滑失影响推力的另一种表达方式是:当螺旋桨转速一定时,船速越低,推力越大;当船速一定时,转速越低,推力越小。

应当说明的是,在滑失增加的同时,螺旋桨的旋转阻力也增加了,主机易超负荷工作。因此,船舶在高速前进中突然开高转速倒车、高速后退中突然开高转速进车,或者船舶静止中突然开高转速进车或倒车,往往会造成主机超负荷,应该尽量避免。另外,船舶在大风浪中或浅窄水域航行时,滑失也会增大,也容易使主机超负荷。

(2)用车状态

当主机倒车时,由于螺旋桨和主机结构方面的原因,同转速、船速下的倒车给出的拉力较进车给出的推力低,仅为进车推力的 60%~70%,大型船舶就更小,只有 30%~40%。另外,同样条件下倒车时的转矩比进车时大,因此,为保护主机,对倒车转速要适当加以限制。

(3)螺旋桨沉深

螺旋桨没入水中的深度对螺旋桨的推力和转矩也有较大的影响。当螺旋桨没入水中的深度不足,螺旋桨转动时造成空气吸入现象或部分螺旋桨露出水面时,螺旋桨的推进效率会大大降低,螺旋桨的推力和转矩相应也将大大降低。

(4)伴流

伴流是指船舶航行时依附于船体和追随船舶前进的水流,它由摩擦伴流、波浪伴流和势伴流叠加组成。其中势伴流或称追随伴流是指船舶前进时船舶尾部不断留下空隙,船尾后方水流不断涌来填补,形成追随现象,随船前进的水流。对运输船舶而言,伴流使船体局部对水速度减小,直接影响船体阻力,因此,伴流能提高螺旋桨的推进效率,减低舵压力。

伴流分布的特点:船舶在前进时,伴流的大小与厚度自船首至船尾逐渐扩大,船首最小,船尾最大,离船体越远,伴流越小;船舶后退时,则船尾的伴流最小。船尾处伴流沿螺旋桨径向的分布具有上大下小、左右对称的特点。

三、船速

狭义上的船速是指船舶在无风、流影响的静水中的速度,广义上的船速是指船舶对水的速度。船速受内因和外因两方面的制约。船舶如需增大船速,一般受以下因素限制:一是增大船速,船舶燃料消耗量要急剧增加;二是增大额定船速,需增加主机额定功率,则主机的容积和重量要相应增大,船舶装载能力必然降低;三是在通航环境较差的航区航行时增大船速,船体和主机极易损伤;四是船舶的设计船速是以船、机、桨相互匹配为前提的,故增大设计船速,须考虑船舶排水量、船型系数及船舶的用途。

1. 额定船速

主机开足马力时(即额定功率、额定转速条件下),船舶在水面平静的宽深水域中获得的速度称为额定船速;新船试航时,额定船速可以测得。投入营运后,由于主机磨损及船体的老旧,额定船速会下降。

2. 常用船速

船舶航行时,不可避免地会遇到浅区和风浪区,如果船舶开足马力,使用额定船速航行,主机必超负荷,因此需留有适当的功率储备。一般做法是采用比额定功率低的常用功率,常用功率为额定功率的80%~90%;常用主机转速则为额定转速的92.8%~96.7%。主机在常用功率、常用转速下运转时,在水面平静的宽深水域中获得的船速即为常用船速。

3. 经济船速

营运中的船舶为了降低成本,提高运输的经济效益,常常以经济船速航行。经济船速是指能使船舶费用和燃料费用之和即运输成本达到最低的速度。

4. 港内船速

港内船速是船舶在港内航行时,由于船舶密集,用舵、用车频繁,为了防止船间效应和浪损,便于操纵和避让而使用的船速。港内船速应比常用船速低,通常是将主机输出功率降为常用功率一半左右,港内最高转速定为常用转速的70%~80%。主机按港内功率、港内转速运转时船舶获得的速度即为港内船速。

港内船速也称为备车速度或操纵速度,通常由船长和轮机长商定并共同遵守执行。船舶以港内船速行驶时,往往意味着备车航行,在确定港内船速大小时应考虑到主机性能、操纵避让需要以及有关限速规定。

四、螺旋桨的致偏效应

(一)单螺旋桨船的效应横向力

螺旋桨工作时,除了产生正、反向推力外,还会产生推动船舶偏转的效应,这种效应叫"螺旋桨致偏效应",也叫螺旋桨效应横向力,主要包括:水面效应横向力、伴流效应横向力、尾流效应横向力、船尾线形斜流效应横向力。

螺旋桨按旋转方向可分为右旋式螺旋桨和左旋式螺旋桨。从船尾向船首方向看,进车时顺时针旋转的螺旋桨称为右旋式螺旋桨(右旋车);逆时针旋转的螺旋桨称为左旋式螺旋桨(左旋车)。螺旋桨致偏效应对单车船总是存在的;双车船则视情况而定,正常航行时,由于左右双车转向相反且转速相等,两车各自产生的致偏效应相互抵消,总的致偏效应为零;但在双车工况不一致的情况下,两车各自产生的致偏效应不能相互抵消,存在着致偏效应。

1. 水面效应横向力

(1)产生原因

螺旋桨接近水面工作时(沉深与桨径比 $h/D_P<0.75$),把空气吸入和卷入水中,致使水的密度下降,造成螺旋桨旋转阻力下降;上桨部位水中的空气比下桨部位的多,因此上桨旋转阻力下降得多、下桨旋转阻力下降得少,造成上桨旋转阻力较小、下桨旋转阻力较大,两者之差就是水面效应横向力,如图 1-22 所示。

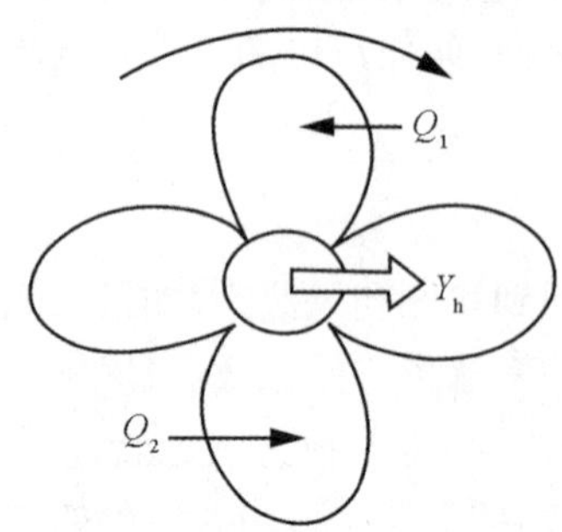

图 1-22 螺旋桨水面效应横向力示意图

Q_1—旋转阻力;Q_2—旋转阻力;Y_h—水面效应横向力

(2)作用方向

水面效应横向力推船尾的方向与螺旋桨的转向相同,即右(左)旋单车船螺旋桨正转时水面效应横向力推船尾向右(左)偏。

(3)影响水面效应横向力大小的因素

①沉深比

螺旋桨的沉深比 $h/D_p<0.65\sim0.75$ 时,出现水面效应横向力;螺旋桨越接近水面(沉深比越小),水面效应横向力就越大。

②用车状态

倒车时的水面效应横向力比进车大。

③滑失速度

滑失速度越大,则螺旋桨旋转阻力越大,水面效应横向力越大。例如当船刚离码头或锚地

(静止中进车)时,船舶在低速淌航中突然加车时,船舶过浅区时,滑失速度较大,旋转阻力较大,水面效应横向力较大。

依据虚滑失速度表达式(虚滑失速度=转速×螺距-船速),在其他因素相同的情况下,转速越大,则虚滑失速度越大,水面效应横向力就越大;船速越小,则虚滑失速度越大,水面效应横向力就越大。

2. 伴流效应横向力

(1)产生原因

船舶前进时,船尾不断留下空隙,船尾后方的水不断涌来填补,于是出现了追赶船尾的水流,这种水流叫"势伴流"。船舶前进时,势伴流流经螺旋桨盘面,由于尾形具有"上肥下瘦"的特征,从而出现伴流速度"上大下小"的差异,即螺旋桨上桨处的伴流较大、下桨处的伴流较小;依据船舶原理理论,伴流增加了螺旋桨的旋转阻力,上桨处的伴流大则上桨旋转阻力增加得多,下桨处的伴流小则下桨旋转阻力增加得少,也即上桨旋转阻力较大、下桨旋转阻力较小,两者之差就是伴流效应横向力,如图 1-23 所示。

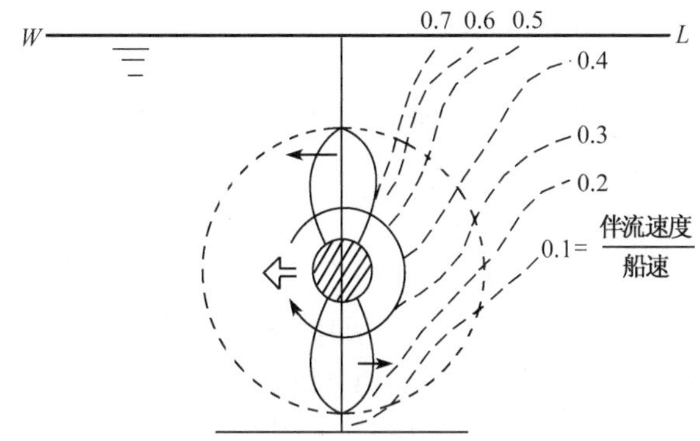

图 1-23 伴流效应横向力示意图

(2)作用方向

伴流效应横向力推船尾的方向与螺旋桨的转向相反,即右(左)旋单车船螺旋桨正转前进时,伴流效应横向力推船尾向左(右)偏。应当说明的是,前进中倒车时,由于船速较小、伴流较小,伴流效应横向力较小,可以忽略不计。

(3)影响伴流效应横向力大小的因素

①与尾形(即伴流速度的上下差异)有关,V 形船尾比 U 形船尾大。

②船速越大,则伴流越大,伴流效应横向力越大。

3. 尾流效应横向力

(1)进车航行时的尾流效应横向力

①产生原因

船舶进车时,螺旋桨尾流(排出流)作用在舵上,分别作用在舵一侧的下部与另一侧的上部,当船舶处于非前进状态时(即静止或后退时),船尾没有伴流,则舵两侧的排出流冲角都一样,两侧的排出流对舵的冲击力都一样,不存在冲击力的差值;但当船舶前进时,船尾伴流出现且"上大下小",伴流影响着作用于舵叶上的排出流,对作用于舵下部的排出流影响较小,对作用于舵上部的排出流影响较大,造成作用于舵下部的排出流的冲角大于作用于舵上部的排出流的冲角,作用于舵下部的排出流速度大于作用于舵上部的排出流速度,从而出现下、上部冲击力的差值,该差值就是进车航行时的尾流效应横向力(简称“进车航行尾流横向力”),如图1-24所示。

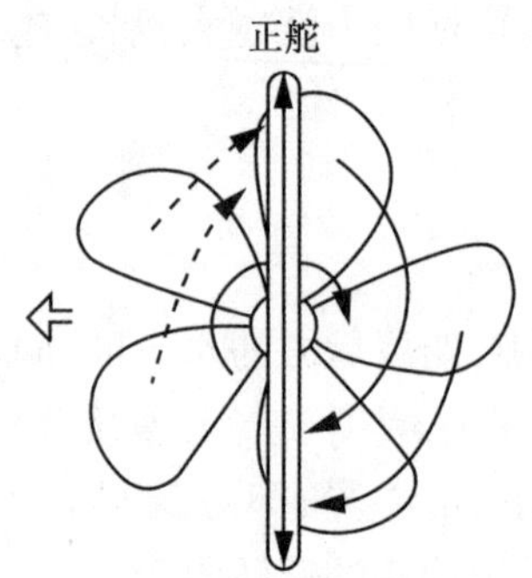

图1-24　右旋单车船进车航行时尾流效应横向力产生示意图

②作用方向

右(左)旋单车船螺旋桨正转时,尾流效应横向力推船尾向左(右)偏。

③影响因素

尾流效应横向力与尾形(即伴流速度的上下差异)有关,V形船尾比U形船尾大;船速越大,则伴流越大,进车航行尾流横向力就越大。

(2)倒车时的尾流效应横向力

①产生原因

船舶倒车时,螺旋桨的排出流打在船尾,分别打在尾一侧的上部与另一侧的下部。一方面,由于尾形“上肥下瘦”,使得作用于尾上部的排出流冲角大于作用于尾下部的排出流冲角,另一方面,朝着尾下部冲击的排出流还有一小部分打入了船底下的水中,从而出现上、下部冲击力的差值,该值就是倒车时的尾流效应横向力(简称“倒车尾流横向力”),如图1-25所示。

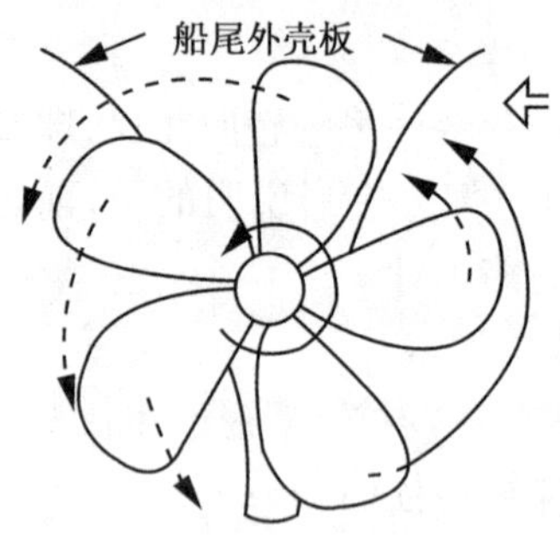

图1-25　右旋单车船倒车时尾流效应横向力产生示意图

②作用方向

右(左)旋单车船螺旋桨反转时,尾流效应横向力推船尾向左(右)偏。

③影响因素

尾流效应横向力与尾形有关,V形船尾的倒车尾流横向力比U形船尾大。转速越大,排出流越大,倒车尾流横向力越大。与前进中倒车时的余速有关:向后的相对来流削弱向前的倒车排出流,倒车初期,前冲余速较大、相对来流较大、对倒车排出流的削弱幅度较大,从而倒车尾流横向力较小,倒车后期,前冲余速较小、相对来流较小,对倒车排出流的削弱幅度较小,从

而倒车尾流横向力较大。

（3）两种尾流效应横向力的比较

①产生原因的比较

进车前进尾流效应横向力产生的原因是“伴流”；倒车尾流效应横向力产生的原因是“尾形”。

②作用方向的比较

船舶无论是处于进车航行状态还是倒车状态，尾流效应横向力的作用方向均是左旋单车船——船首左偏，右旋单车船——船首右偏（口诀“左左右右”）。

③作用力度的比较

倒车尾流效应横向力作用于船尾，而进车前进尾流效应横向力作用于舵叶，船尾的受流面积大于舵叶的受流面积，因此倒车尾流效应横向力比进车前进尾流效应横向力大。

4. 船尾线形斜流效应横向力

（1）产生原因

船舶前进中，流经船底的相对来流经过船尾时，顺着船尾线形朝着斜上方流向螺旋桨盘面，这样的一股沿船尾线形汇集上升并与桨轴成一角度的水流，称为船尾线形斜流，如图 1-26 所示。以右旋单车船进车前进为例，如图 1-27 所示，进车时右侧桨叶向下转动呈顶流状态，左侧桨叶向上转动呈顺流状态，右侧桨叶对水速度大，则产生的推力大；左侧桨叶对水速度小，则产生的推力小，结果造成推力线向右舷侧偏移，使船尾右偏。假定有一个作用于船尾的力，其产生的力矩与推力线偏移造成的致偏力矩相等，则该力就叫船尾线形斜流效应横向力。

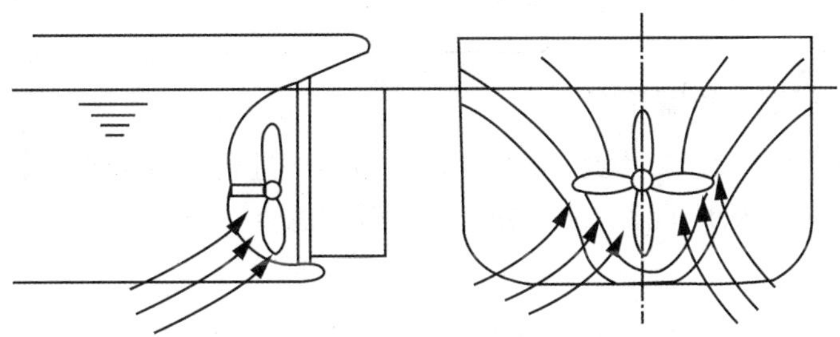

图 1-26 船尾线形斜流示意图

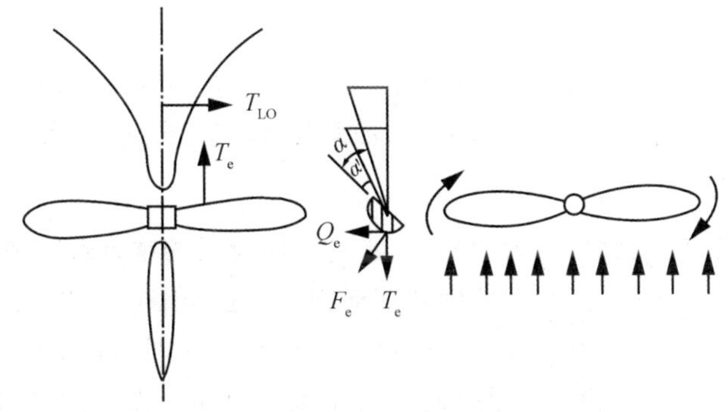

图 1-27 船尾线形斜流效应横向力示意图

（2）作用方向

①右（左）旋单车船螺旋桨正转时，推力线向右（左）偏移。

②右(左)旋单车船螺旋桨正转时,船尾线形斜流效应横向力推船尾向右(左)偏。

(3)影响因素

①船速越大,则相对来流越大,船尾线形斜流越大,船尾线形斜流效应横向力越大;船舶在前进中倒车时,虽也存在船尾线形斜流但较小,因此船尾线形斜流效应横向力可以忽略不计。

②转速越大,船尾线形斜流效应横向力越大。

③与尾形有关,方形船尾或 U 形船尾较 V 形船尾或导流管船产生的线形斜流强,则横向力大。

5. 各种螺旋桨效应横向力的特征比较

各种螺旋桨效应横向力的特征比较如表 1-3 所示。

表 1-3　各种效应横向力所表现出的主要个性特征表

横向力	作用方向	产生条件	主要影响因素	直接作用部位
水面效应横向力	右旋车推尾向右	螺旋桨越接近水面	沉深;船速;用车状态	螺旋桨
伴流效应横向力	右旋车推尾向左	存在伴流/船舶前进	尾形(伴流分布差异)船速	螺旋桨
进车前进尾流横向力	左旋车推首向左	倒车	尾形	船尾
倒车尾流横向力	右旋车推首向右	进车前进	船速	舵叶
船尾线形斜流效应横向力	右旋车推尾向右	船舶前进	船速	螺旋桨

(二)单螺旋桨的综合致偏作用

单车船大部分采用右旋车,因此,以右旋单车船为例进行综合分析。在四种横向力中,船尾线形斜流效应横向力很小,因此,综合分析时不做考虑。

1. 静止中进车

船舶前进速度为零,伴流不存在,伴流效应横向力、进车航行时的尾流效应横向力都不存在,在水面效应横向力作用下,船尾右偏(船首左偏)。

2. 静止中倒车

船舶没有速度,伴流不存在,伴流效应横向力不存在;螺旋桨反转时,水面效应横向力和倒车尾流效应横向力都推船尾向左(船首向右),故船尾明显左偏(船首明显右偏)。

3. 前进中进车

船舶前进中,有伴流,因此伴流效应横向力、进车航行时的尾流效应横向力都存在;螺旋桨正转时,水面效应横向力推船尾向右,伴流效应横向力、进车航行时的尾流效应横向力都推船尾向左,因此船舶偏转方向视情况而定。通常情况下,在低速时,推船尾向右的水面效应横向力较大,故船尾向右偏;在高速时,推船尾向左的伴流效应横向力、进车航行尾流横向力较大,故船尾向左偏。

4. 前进中倒车

倒车初期,余速仍较高,伴流仍较强,伴流横向力推尾向右的力度较大;较大的相对来流对

排出流的抵消作用较大，故倒车尾流效应横向力虽推尾向左但力度较弱；水面效应横向力推尾向左。总体而言，船舶的偏转方向不明确，但船尾左偏的可能性较大（船首右偏的可能性较大）。

倒车后期，随着余速降低，伴流较弱，伴流横向力推尾向右的力度较弱；较小的相对来流对排出流的抵消作用减弱，故倒车尾流效应横向力推尾向左的力度增强；水面效应横向力仍然推尾向左。综合效应是船尾明显左偏（船首明显右偏）。

5. 后退中倒车

船舶在后退中开倒车，伴流不存在，故伴流效应横向力不存在；螺旋桨反转时，水面效应横向力和倒车尾流效应横向力推船尾向左。因此，综合效应是船尾明显左偏（船首明显右偏）。

6. 后退中进车

船舶后退中开进车，伴流不存在，伴流效应横向力不存在；尾流效应横向力不存在；由于螺旋桨右转，水面效应横向力推船尾向右。

单车船的综合致偏效应如表 1-4 所示。

表 1-4 单车船的综合致偏效应表（以右旋单车船为例）

状态 效应	静止中进车	进车前进（进车航行）	前进中倒车（余速先大后小）	静中倒车/倒车倒航	后退中进车
水面效应横向力	尾右大	尾右（低速大、高速小）	尾左	尾左	尾右
伴流效应横向力	0	尾左（低速小、高速大）	尾右 （先较大，后较小）	0	0
进车前进时的尾流效应横向力	0	尾左（低速小、高速大）	不存在	不存在	不存在
倒车尾流效应横向力	不存在	不存在	尾左（先小后大）	尾左	不存在
综合效应	尾右偏	低速时尾右偏、高速时（尾右偏减弱）尾有左偏趋势	初期偏转不明朗，尾左偏可能性大些；后期尾明显左偏	尾明显左偏	尾右偏
舵的抑制力	可用舵克服	可用舵克服	初期用舵尚可克服，后期用舵不易克服	用舵不易克服	可用舵克服
备注	"尾右大"：横向力推船尾向右偏、力量大； "尾右（低速大、高速小）"：横向力推船尾向右偏的力量，低速时大、高速时小				

（三）双螺旋桨船的效应横向力

双螺旋桨船的两个螺旋桨一般布置在船尾两侧。螺旋桨盘面前后都留出线形较匀顺的导流位置，尽量使螺旋桨前后水流流畅，并使水流顺着桨轴方向进入螺旋桨盘面，以提高螺旋桨的推进效率。

双螺旋桨船按螺旋桨的旋转方向可分为内旋式双桨船和外旋式双桨船。从船尾向船首方向看，进车时，右车逆时针旋转、左车顺时针旋转（双车都向内转）的双桨船称为内旋式双桨船，如图 1-28 所示；从船尾向船首方向看，进车时，右车顺时针旋转、左车逆时针旋转（双车都向外转）的双桨船称为外旋式双桨船，如图 1-29 所示。

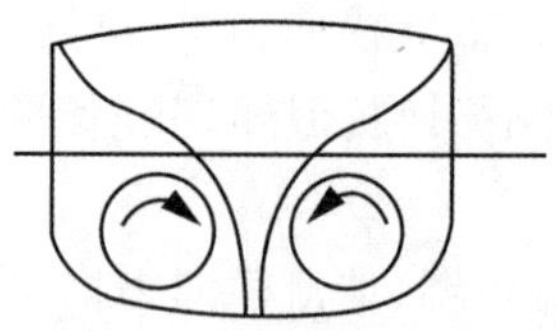

图 1-28　内旋式双桨船进车时两螺旋桨的旋转方向示意图

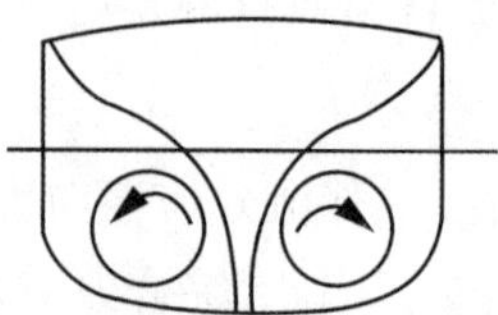

图 1-29　外旋式双桨船进车时两螺旋桨的旋转方向示意图

双螺旋桨船除产生单螺旋桨船所有的各种效应横向力外，还产生推力偏心效应横向力和分水效应横向力。

1. 推力偏心效应横向力

(1)产生原因

双螺旋桨船的双桨以不同工况工作时，两螺旋桨产生的推力的合力作用线不通过船舶的重心引起推力偏心，产生偏转力矩，使船舶发生偏转，如图 1-30 所示。假设有一个作用于船尾的力，其产生的力矩与推力线偏移造成的偏转力矩相等，则该力就叫推力偏心效应横向力。

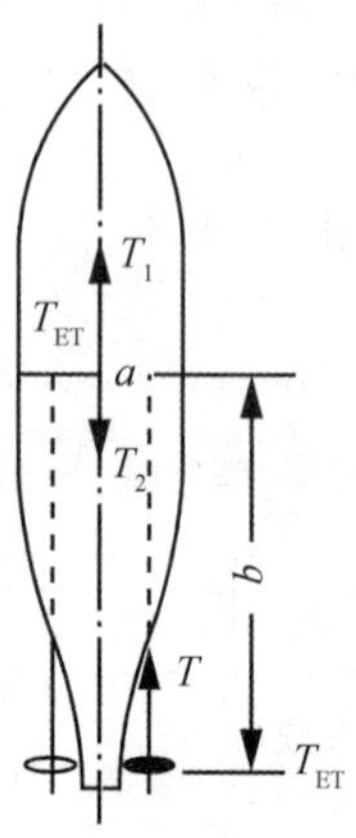

图 1-30　推力偏心效应横向力产生原理示意图

(2)作用方向

当左桨正转右桨停转(或左桨转速高于右桨，或左桨正转右桨反转)时，推力偏心效应横向力推尾向左，船首右偏转；当右桨正转左桨停转(或右桨转速高于左桨，或右桨正转左桨反转)时，推力偏心效应横向力推船尾向右，船首左偏转。

(3)影响因素

推力偏心效应横向力与螺旋桨工况、船舶长宽比以及两桨轴间的距离等有关。当两螺旋桨的工况差异越大，推力偏心效应横向力就越大，如一桨全速进车、一桨全速倒车时，推力偏心效应横向力达到最大值；长宽比小的船舶，推力偏心效应横向力较大；两桨轴距离越大，推力偏心效应横向力越大。

2. **分水效应横向力**

(1)产生原因

由于船舶分水踵(包括中舵)把水流从水面到一定深度两舷分开,当双螺旋桨船上的两个螺旋桨各以不同工况工作时,在分水踵两侧(含船尾部)或舵叶两侧产生压力差而出现横向力,该横向力称为分水效应横向力。如图 1-31、图 1-32 所示。

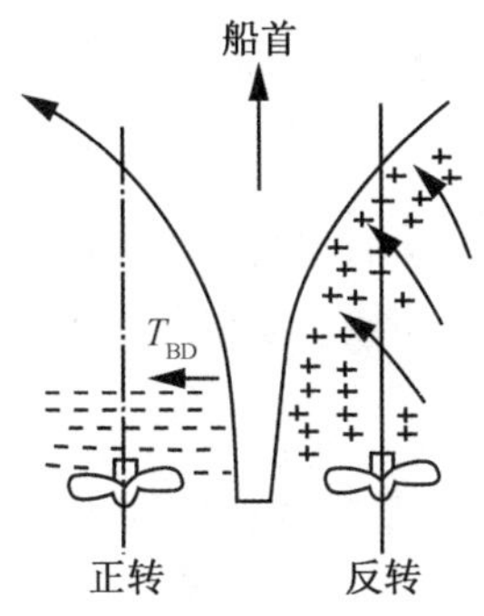

图 1-31 左桨正转右桨反转时的分水效应横向力示意图

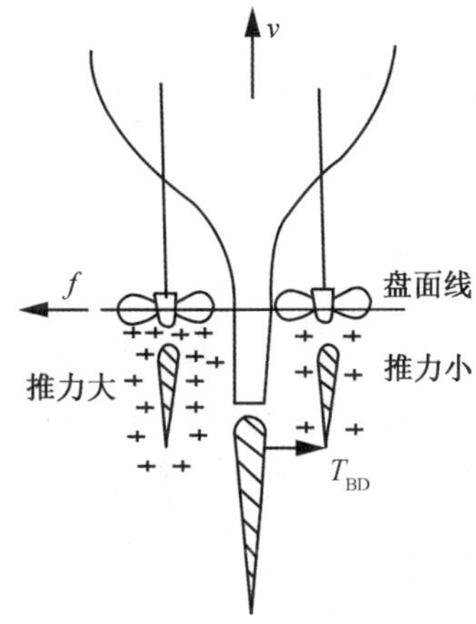

图 1-32 长分水踵或大面积中舵的分水效应横向力示意图

(2)作用方向

盘面前的分水效应横向力与推力偏心效应横向力方向相同,有利于船舶转向;盘面后的分水效应横向力与推力偏心效应横向力方向相反,不利于船舶转向。

(3)影响因素

①与双螺旋桨工况有关

当双桨以相同工况工作时,不产生分水效应横向力;当双桨一正转一反转并全速转动时,分水效应横向力将达最大值。

②与船尾分水踵长度及舵叶数有关

双桨单舵船与双桨双舵船螺旋桨盘面线前的分水效应横向力相同。双桨单舵船螺旋桨盘面线后的分水效应横向力较盘面前小,且作用方向相反。双桨双舵船螺旋桨盘面线后分水效应横向力为零。只有双桨三舵或长分水踵的船舶螺旋桨盘面线后才产生分水效应横向力。

3. 外旋双车船和内旋双车船转向效果的比较

两种类型的双车船，均采取左进右倒车，在其他条件完全相同的情况下，外旋双车船产生的水面效应横向力与尾流效应横向力协助船舶右转，而内旋双车船产生的水面效应横向力与尾流效应横向力妨碍船舶右转。因此，在用倒顺车旋回时，外旋双车船的转向效果好，内旋双车船的转向效果差，这就是固定螺距(FPP)双车船大都采用外旋式的原因。

(四)与单螺旋桨船相比双螺旋桨船的优点

1. 应急能力强

当一部主机发生故障或螺旋桨损坏时，可以使用另一部主机或螺旋桨作短时间续航或移泊；航行船舶舵机发生故障时，可调整两螺旋桨的工况，进行短时间操纵船舶。

2. 改善船舶操纵性能

当两螺旋桨以相同工况工作时，双桨的效应横向力相互抵消，因而船舶具有较好的航向稳定性；船舶回转时可使双桨保持不同工况(如采用一进车一停车或一进车一倒车等)的操纵方法提高船舶转向的效果。

3. 提高螺旋桨推进效率

相同主机功率的两船，双桨船比单桨船的螺旋桨直径小，适于浅水航区航行，且能提高螺旋桨的推进效率。

五、侧推器的作用

船舶航行操舵可以产生横向力和转船力矩，进而实现转向或控制船舶航向的目的，且船速越高，转船力矩越大，航向控制力越强。但大型内河船舶在港内靠离泊操纵时，由于船速低，操舵产生的舵压力转船力矩小，难以实现自力驶靠或驶离。为了解决这个问题，另一种产生转船力矩的方法应运而生，即在船上安装侧推装置(简称侧推器)。

(一)侧推器的应用

侧推器可以作为船舶的辅助操纵装置，广泛应用于内河大型船舶港内操纵。大型船舶在靠离码头中的横向移动、航道内低速航行时航向的调整、抑制倒车过程中船首的偏转等都是侧推器在船舶操纵中的具体应用。

(二)侧推器的构造与布置

1. 侧推器的构造

船舶广泛采用的侧推器是一种槽式侧推器，在船体水线下的首部或尾部各开一个或多个贯穿船体的槽道，槽道与船舶纵中剖面垂直，其中装设螺旋桨，利用螺旋桨旋转形成向船侧的喷流，以产生作用于船体的横向力。改变螺旋桨的旋转方向，可以改变作用力的方向，从而实现控制船舶的目的，如图 1-33 所示。

侧推器主要由电动机、竖向传动装置和螺旋桨组成。侧推器的螺旋桨一般采用可变螺距螺旋桨。侧推器作用力的大小和方向可直接在驾驶台用手柄控制。

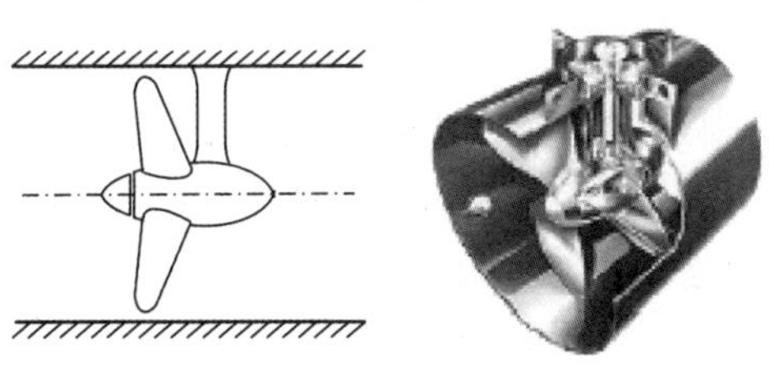

图 1-33　槽式侧推器结构示意图

2. 侧推器的布置

内河大型船舶一般仅在船首布置一个首侧推器。为了进一步提高船舶在低速情况下的操纵性能,有的船舶在船首和船尾各装一个侧推器。尾侧推器的构造与首侧推器完全相同,如图1-34 所示。

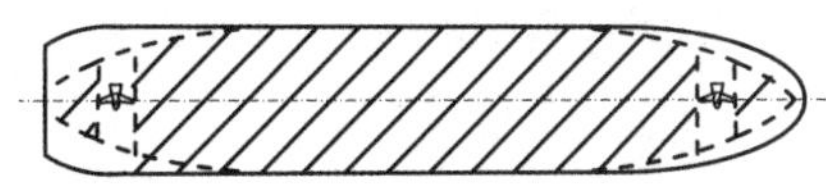

图 1-34　首、尾侧推器布置示意图

(三)侧推器工作原理及侧推力

侧推器在水流中工作时,水流从一侧进入槽道,在螺旋桨的作用下从另一侧流出槽道而产生的反作用力称为侧推力。侧推力与船舶重心构成转船力矩,推动船首偏转。

1. 侧推器功率影响侧推力

侧推力的大小与槽道内单位时间的流量有关,流量越大,侧推力越大,即侧推器功率越大,侧推力越大,侧推器产生的转船力矩越大。

2. 船速影响侧推力

船舶静止时,首侧推器工作时的流态如图 1-35(a)所示,槽道出口的水流方向基本垂直船舶首尾线,发出的侧推力也垂直于船舶首尾线,产生的转船力矩最大。当船舶有船速时,槽道出口的水流方向不再垂直于船舶首尾线,而是弯向船体的后方,如图 1-35(b)所示,发出的侧推力也不再垂直于船舶首尾线,有效侧推力降低,产生的转船力矩降低。随着船速的增加,槽道出口的水流的弯曲程度越加严重,产生的有效侧推力显著下降。在高速航行时,基本不产生侧推力。侧推器的助转效果基本消失时的船速为侧推器失效船速。同样,尾侧推器的侧推力也受船速影响,船舶前进时尾侧推器受船速的影响小一些。因此,槽式侧推器在船速为零时能产生最大的侧推力,有航速时侧推力下降。

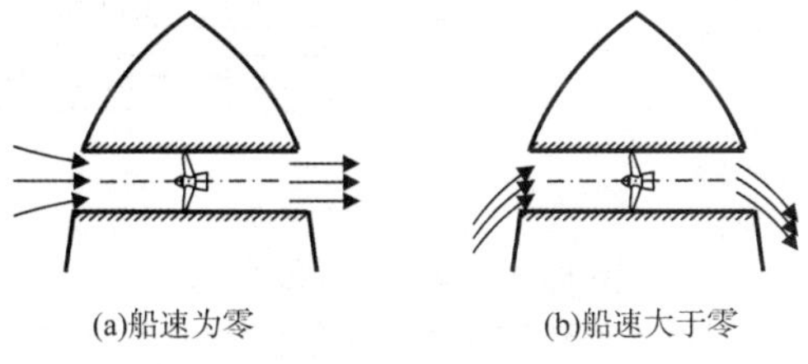

图 1-35　船速对侧推水流的影响示意图

(四)侧推器性能指标

侧推器效应是指侧推力对船舶的作用效果,即平移或转船效果。侧推器效应取决于船舶运动状态和侧推力的大小、方向和作用点。侧推力的作用点是固定的,位于首柱之后或尾柱之前,影响最大的是船舶运动状态。

1. 侧推器失效船速

侧推器效应随着船速的增加而降低,当船舶达到一定船速时效应为零,该船速称为侧推器失效船速。一般在侧推器的控制台边上附有失效船速警告牌。首侧推器和尾侧推器的失效船速不尽相同,尾侧推器失效船速高于首侧推器。

2. 船舶最大旋回角速度

衡量侧推器效率的另一个指标,是在船速为零时侧推器作用下的最大旋回角速度。通常最大旋回角速度与船舶大小、侧推功率、船舶载况等因素有关。

3. 启动与换向时间

侧推器性能与螺旋桨推进器一样,在使用最大侧推力时,侧推器的侧推力由零逐渐增加至最大值,该过程所需时间称为启动时间;侧推器从一侧最大侧推力转换为另一侧最大侧推力所需时间称为换向时间。

第三节 锚设备及其应用

锚设备是船舶重要的甲板设备,其布置如图 1-36 所示。船舶在装卸货物、等泊位、检疫、候潮以及避风、避急流、避槽口、避雾等情况下都需要在锚地抛锚停泊,锚设备的布置就是为了使船舶停泊时能够产生足够的锚泊力。除了船舶抛锚停泊之外,在某些特殊情况下锚设备还能协助船舶操纵,在某些紧急情况下能协助船舶应急。

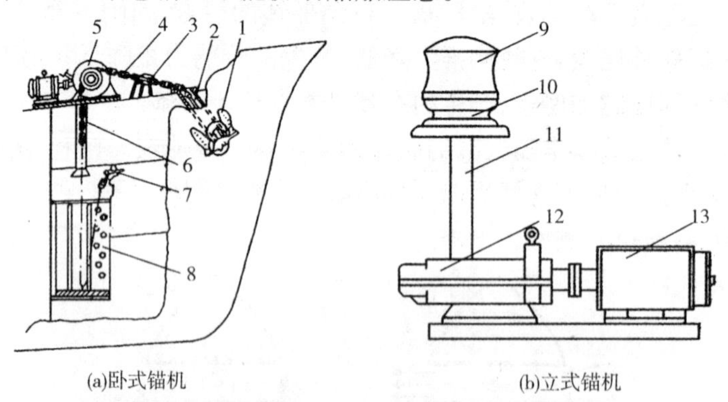

图 1-36 锚设备布置示意图

1—首锚;2—锚链筒;3—制链器;4—锚链;5—锚机;6—锚链管;7—弃链器;8—锚链舱;9—卷筒;10—链轮;11—立轴;12—减速器;13—电动机

一、锚设备的组成及其作用

(一)锚设备的组成

1. 锚设备的组成

锚设备由锚、锚链、锚链筒、制链器、锚机、锚链管、锚链舱和弃链器等组成，如图 1-36 所示。

(1)锚

锚是能够抓入河底的钢结构物。锚泊时，锚爪抓入河底产生的锚抓力与卧底锚链产生的链抓力构成锚泊力(或系留力)，以抵御风、流、波浪对船舶产生的作用，使船舶稳妥地系留于水面。

(2)锚链

锚链主要用来连接锚和船体，传递锚的抓力。卧底锚链也能产生一定的系留力，即链抓力。

(3)锚链筒

锚链筒是锚链进出和收藏锚干的孔道，由甲板链孔、舷边链孔和筒体三部分组成。筒体内设有冲水装置，甲板链孔处设有防浪盖，舷边链孔做成能窝藏锚头和锚爪的锚穴。

(4)制链器

制链器设置在锚机和锚链筒之间，用于固定锚链，防止锚链滑出；锚泊时，用以刹紧锚链，将锚链的拉力传递到船体，不使锚机受力，从而保护锚机。常用的制链器有螺旋式、闸刀式和链式三种，如图 1-37 所示。

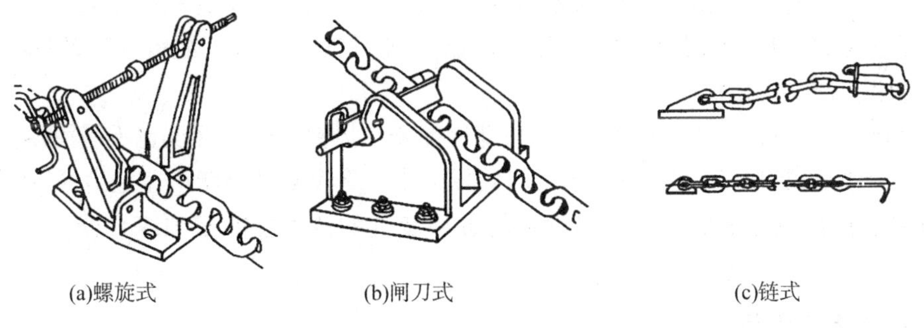
(a)螺旋式　(b)闸刀式　(c)链式

图 1-37　制链器示意图

(5)锚机

锚机是抛锚、起锚的机械装置，也可兼作绞缆之用。

(6)锚链管

锚链管是锚链进出锚链舱的孔道，在锚机链轮的下方，正对着锚链舱的中央，其直径为链径的 7~8 倍。锚链管的甲板管口有防水盖，开航后应盖拢，以防甲板上水进入锚链舱。

(7)锚链舱

锚链舱是存放锚链的处所，一般设在防撞舱壁之前、锚机下面、首尖舱的上部或后部。其形状为方形或圆形。圆形锚链舱的直径约为链径的 30 倍，可自动盘放而不必人工排链。

(8)弃链器

弃链器是使锚链末端迅速与船体脱开的装置。常见的有横闩式和螺旋式弃链器,如图1-38 所示。

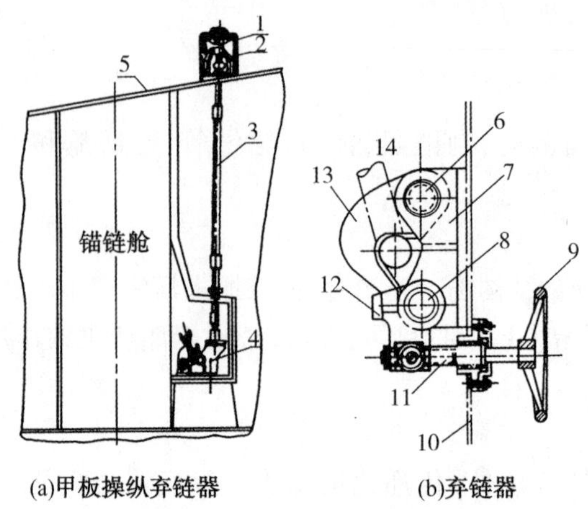

(a)甲板操纵弃链器　(b)弃链器

图 1-38　弃链器示意图

1—操纵手轮;2—罩板;3—操纵杆;4—弃链器;5—上甲板;6—销轴;7—座架;8—销轴;9—手轮;10—舱壁;11—螺杆;12—制动器;13—脱钩;14—末端链环

此外,在锚链舱外设有一手摇泵,用于排出锚链舱内的积水。

2. 锚设备的基本性能要求

(1)锚应有足够的抓力,锚链应有足够的长度,以保证在锚泊时固定牢靠,即使在强风急流的情况下船舶也不发生移动。

(2)能随时迅速将锚抛出,以便船舶遇到险情时,能够利用锚紧急制动船舶。

(3)能迅速起锚和收锚上船,保证船舶从固定停泊状态迅速转入航行状态,以应变突发海损事故或救助遇难船舶的行动。

(4)航行中,能将锚牢固地收藏在船上,即使船舶在风浪中颠簸摇摆也不易滑落。

上述各项要求是互相制约与协调的,例如既要能可靠收藏又要能迅速抛出;既要有稳定的抓驻力又要能迅速地起锚等。所以锚设备的各项装置的技术性能必须综合兼顾上述的各项要求。

(二)锚设备的作用

锚设备的作用可以分为停泊用锚、常规操纵用锚和应急用锚。

1. 停泊用锚

船舶停泊用锚即锚泊。锚泊是指船舶利用锚和锚链的系留力,使船舶安全、稳妥地系留于水面的停泊方法。船舶锚泊在内河被广泛应用,如等待泊位、等待码头、等待船闸需抛锚停泊;船舶为了避风、避雾、避洪水等也需抛锚停泊。船舶锚泊常见的方式有单锚泊和双锚泊。

2. 常规操纵用锚

锚设备可以协助船舶实施常规操纵,主要包括拖锚制动,抛锚靠、离泊,抛锚掉头以及拖锚倒行等。

(1)抛锚制动

船舶低速航行过程中,为了降低船速,除使用主机倒车外,在水深适度的情况下,还可以抛下短链单锚,利用锚与河底的摩擦力来控制船速,减小冲程。若单独使用倒车制动,容易造成船首偏转,若在使用倒车的同时辅以拖锚,则既有降低船速,控制冲程的作用,又有抑制船首偏转的作用。

(2)抛锚靠、离泊

在平原河流若遇强吹拢风的情况下,为了控制船舶向码头方靠拢速度,并为离泊提供方便,可采用抛"开锚"驶靠;在山区河流或急流航段,为减小码头(或趸船)的负荷,可采用抛"拎水锚"驶靠;若遇强吹尾八字风或弱回流区域驶靠码头,为了控制船舶的惯性冲程,便于用车、用舵,可采用抛"倒锚"驶靠。

(3)抛锚掉头

在航道宽度明显不足,水深、流速适当的情况下,可采用抛锚掉头方法完成掉头操纵。

(4)拖锚倒行

船舶倒航时不具有航向稳定性和保向性。因此,这时可将首锚抛下利用拖锚来稳定船首向。

3. 应急用锚

(1)避免碰撞、触礁、搁浅

为了避免与前方近距离的他船或障碍物碰撞或触礁、搁浅时,开全速倒车或操满舵有时仍难以避免事故发生,则在水深允许的情况下同时抛锚紧急制动。

(2)利用拖锚或拖链漂航或者滞航

船舶在大风浪中无法有效航行,在船舶失控的情况下或者由于船舶老旧、抗风能力差而采用漂航或滞航时,为避免船身打横,可以从船首松出锚和锚链成拖锚或拖链漂航或滞航。

(3)用于船舶搁浅后船体的固定及脱浅

船舶搁浅后,可抛出开锚固定船体,以防止船体受到风浪作用造成墩底、打横或向岸漂移。此外,在自力脱浅时,绞收锚链可协助脱浅。

二、锚的种类与特点

按锚的结构和用途,锚可分为有杆锚、无杆锚、大抓力锚和特种锚等。目前,内河营运船舶的首锚普遍采用无杆锚,而尾锚有时采用有杆锚或燕尾锚。

(一)有杆锚

有杆锚也称海军锚,如图 1-39(a)所示。其特点是一爪入土,抓力较大,一般为锚重的 4~8 倍。但此种锚的另一爪朝上而露出河床底面,易缠住锚链,浅水区还有可能刮坏船底,且有横杆而不便收藏。因此,有杆锚多用作尾锚、备用锚,多用在小型船舶上。抓底过程如图 1-39(b)所示。

(二)无杆锚

1. 霍尔锚

霍尔锚的锚干和锚臂是分开铸造的。锚爪、锚冠与锚臂铸成一体。锚干插入锚冠的长方

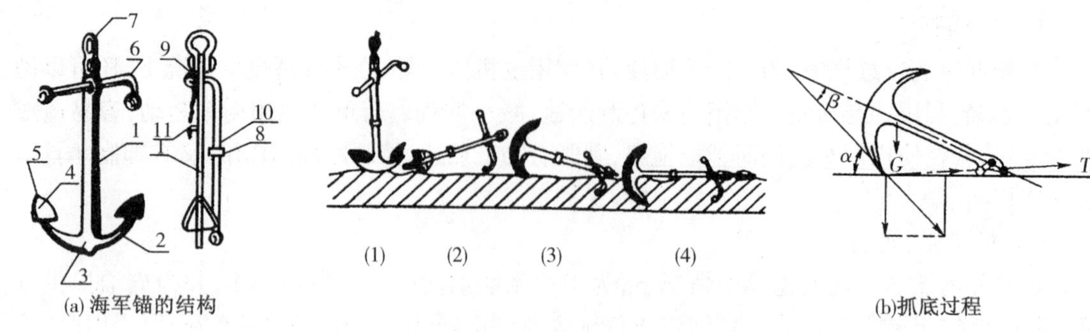

图 1-39　海军锚及抓底过程示意图

1—锚干；2—锚臂；3—锚冠；4—锚爪；5—锚爪尖；6—横杆；7—锚卸扣；8—横杆档环；9—垫圈；10—销孔；11—楔子

形孔中，用销轴和横销定位于锚冠下部的两个半圆形凹槽内，以锚干为中心线，锚爪可以向左右各转约 40°角，如图 1-40(a)所示。其特点是能把锚干收进锚链筒内，抓土时没有锚爪露出海底；但其抓重比仅为锚重的 3～5 倍，需通过增加锚重来弥补抓力的不足。抓底过程，如图 1-40(b)所示。

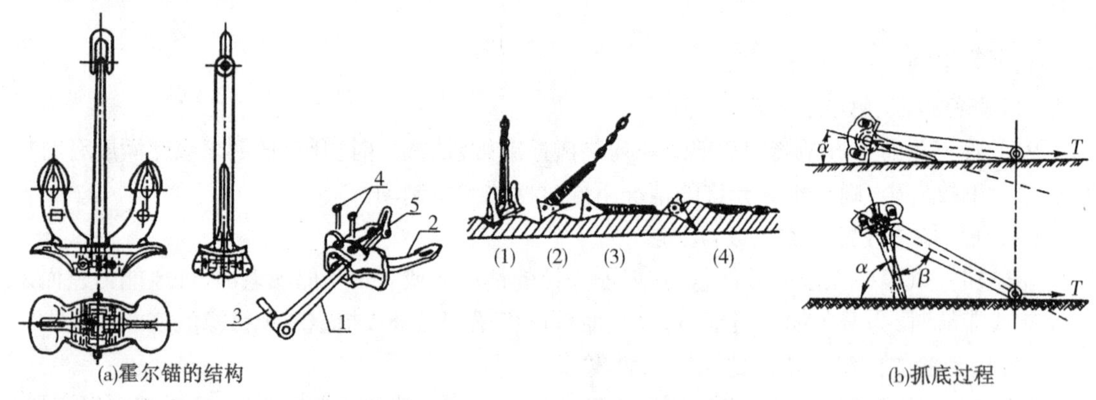

图 1-40　霍尔锚及抓底过程示意图

1—锚干和锚臂；2—锚爪；3—小轴；4—横销；5—锚卸扣；6—锚冠突缘

2. 斯贝克锚

斯贝克锚是霍尔锚的改良型。其锚头的重心位于销轴中心线之下方。收锚时其锚爪自然向上，并且一接触船壳即翻转，不会损伤船壳板，如图 1-41 所示。

3. 尾翼式锚

尾翼式锚的结构特点是助抓突角宽厚，锚头重心低；其操作特点是入土阻力小，入土性能和稳定性好，抗浪击，容易冲洗干净。其抓力、稳定性等各方面性能均优于霍尔锚和斯贝克锚，更符合商船对船用锚的多方面性能要求，如图 1-42 所示。

(三)大抓力锚

大抓力锚分为有杆大抓力锚与无杆大抓力锚。其特点是锚爪宽而长，啮土深、稳定性好，从而获得较大的抓力，抓重比大。用大抓力锚作首锚时，锚重量大多取相应普通首锚重的 75%即可。

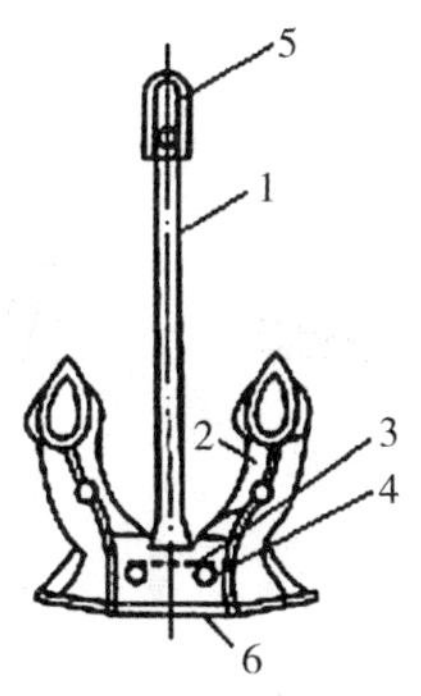

图 1-41 斯贝克锚示意图

1—锚干;2—锚爪;3—销轴;4—横销;5—锚卸扣;6—助抓突角

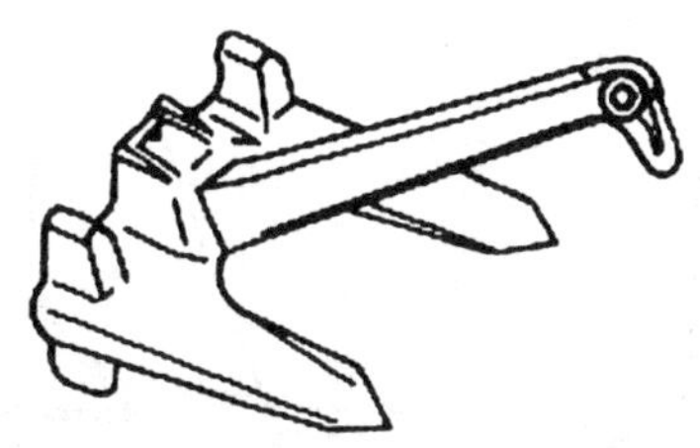

图 1-42 尾翼式锚示意图

1. 有杆大抓力锚

有杆大抓力锚结合了有杆锚和无杆锚的优点,为有杆转爪锚,其锚头处设有稳定杆,以保证锚抓底的稳定性。这种锚一般用于较松软的河床底质,且收藏不便,所以较适宜于工程作业船和小船。图 1-43(a)丹福斯锚(也称燕尾锚)的锚爪可前后转动各约 30°,抓重比一般大于10,多用于工程船舶;图 1-43(d)史蒂文锚的锚爪短而面积大,而且其锚爪的最大转角可由装在锚杆上的可移动锲块调节,以适应多种河床底质,其抓重比可达 17~34。

2. 无杆大抓力锚

无杆大抓力锚由无杆锚发展而来,它改良了无杆锚的助抓突角和锚爪。其特点是强度较弱,容易变形,又因出土阻力较大,只适用于工程船,也可作为备用锚或尾锚。图 1-43(b)所示为荷兰研制的波尔锚,波尔锚属于无杆大抓力锚,其锚爪平滑而锋利,适应各种河床底质,稳定性好,抛起锚以及收藏方便,抓重比为 6 左右,可作大型船的首锚或工程船的定位锚。图 1-43(c)所示为英国研制的 AC-14 型锚。AC-14 型锚也属于无杆大抓力锚,它设有极厚实并且宽大的稳定鳍,有很好的稳定性,啮土迅速,对各种河床底质的适应性强,抓重比高达 12~14,常作为首锚用于超大型船或水线以上面积较大的滚装船上。

(四)特种锚

特种锚的形状与普通锚不同,以适应其特殊用途,常用于浮筒、浮标、灯船、浮船坞和浮码头等永久性系泊,有伞形锚、螺旋锚、单爪锚、菌形锚及供破冰船用的冰锚等,如图 1-44 所示。

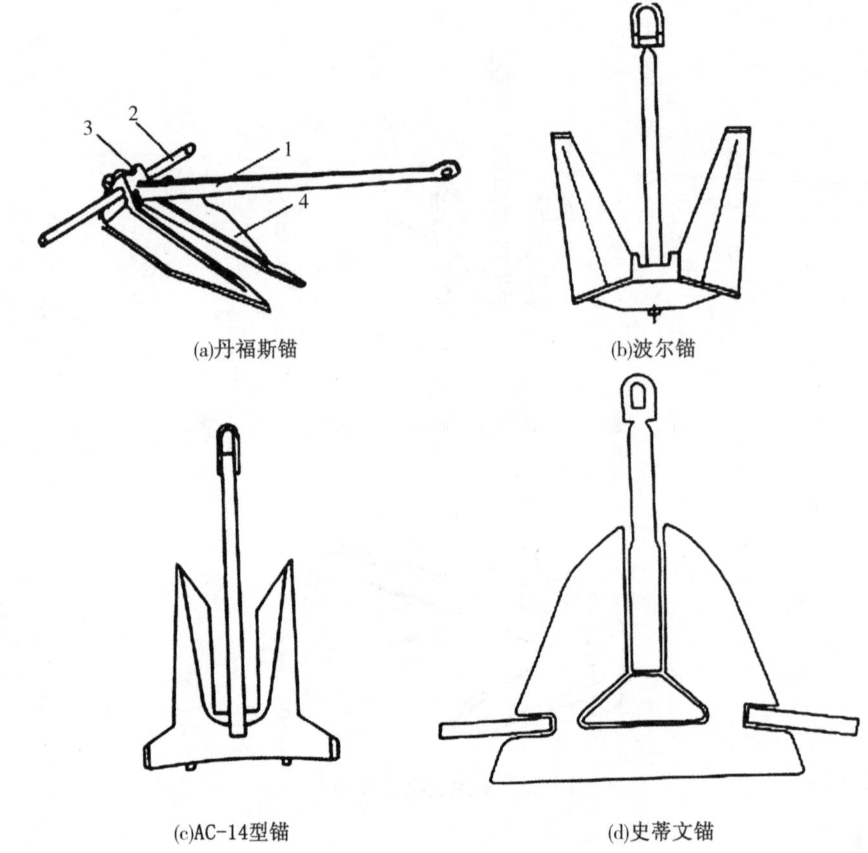

图 1-43 各种大抓力锚示意图

1—锚干;2—横杆;3—锚冠;4—锚爪

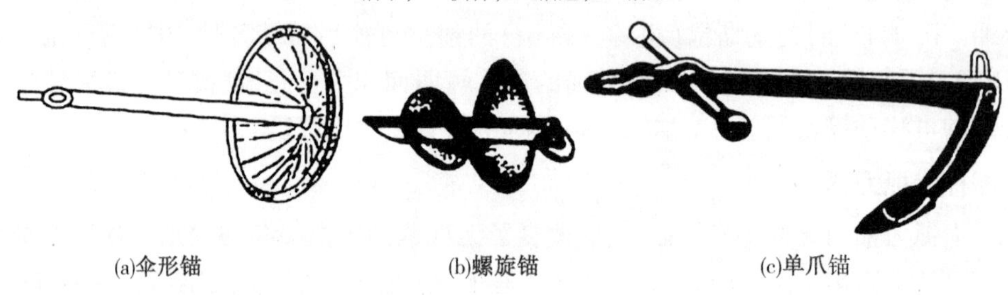

图 1-44 特种锚示意图

三、锚链的组成与标记

(一)锚链的分类

1.按结构分类

锚链按结构可分为无档链和有档链两种。同样尺寸的有档链环比无档链环的抗拉强度大,伸长变形小,且锚链堆叠时不易发生绞扭,因此,商船一般采用有档链。无档链一般用于小型船舶。

2. 按制造方法分类

锚链按制造方法可分为铸钢锚链和电焊锚链。

(1)铸钢锚链

铸钢锚链的链环由碳素钢浇铸而成。其优点是强度高,刚性强,变形小,耐磨,撑档不易松动,使用年限长,又能大规模生产;其缺点是工艺复杂,成本高,耐冲击负荷差。

(2)电焊锚链

电焊锚链的链环由圆钢弯制焊接而成。其特点采用碳弧焊技术,工艺简单,成本低,质量超过其他种类锚链。

3. 按钢材级别分类

我国生产的有档链分为 CCSAM1(Ⅰ级链钢)、CCSAM2(Ⅱ级链钢)和 CCSAM3 三级(Ⅲ级链钢)。级别越高,强度越大。

(二)锚链的组成

锚链主要由有档链环组成,每挂锚链可分为锚端链节、中间链节和末端链节,如图 1-45 所示。

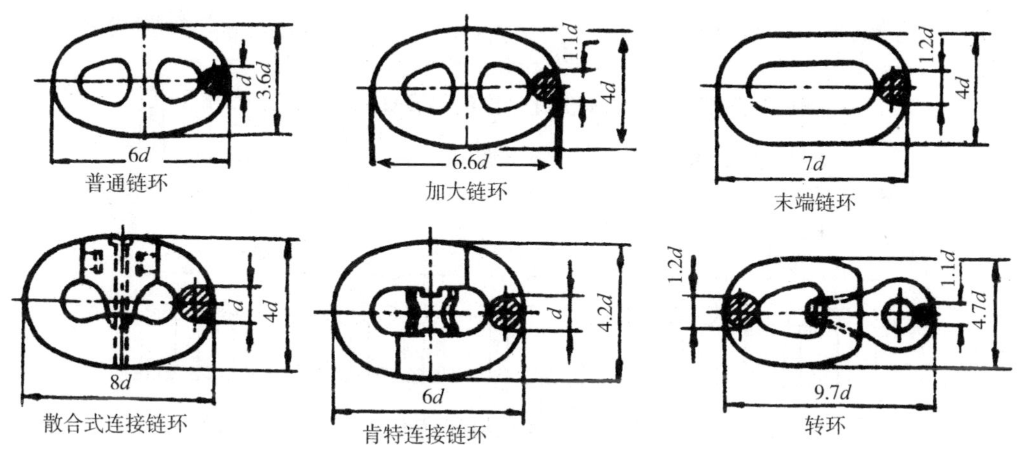

图 1-45 链环示意图

1. 链环

锚链的大小以链环的直径 d(即用于制造锚链普通链环的圆钢的直径)表示。有档普通链环的长度应是链环截面直径 d 的 6 倍,宽度应是 d 的 3.6 倍。普通链环的直径是衡量锚链强度的标准。

链环按其作用分为普通链环(1.0d)、加大链环(1.1d)、转环(1.2d)、末端卸扣(1.4d)、末端链环(1.2d)、U 形连接卸扣(1.3d)和连接链环(1.0d)等,如图 1-46 所示。其中常见的连接链环有散合式和双半式两种。

2. 链节

锚链的长度以节为单位,每节锚链的长度为 27.5 m。根据锚链链节所处的具体位置,链节可分为锚端链节、末端链节和中间链节三种,如图 1-46 所示。

(1)锚端链节

锚端链节是锚链的第一链节,与锚相连。它由锚卸扣、末端卸扣、末端无档链环、加大链环、转环和普通链环等组成。在第一节锚链前加上一段锚端链节,其中的转环能防止锚链扭结。锚卸扣与锚干相连时,将卸扣的横销朝向锚,以便锚干顺利收入锚链筒内。

(2)末端链节

末端链节是锚链的最后一节,与弃链器相连。它由滑钩、末端转环、加大链环和普通链环等组成。在锚链的最后一节加上一段末端链节,其中也有转环,然后与弃链器相连。转环的环栓应朝向锚链的中央。

(3)中间链节

中间链节是锚端链节与末端链节之间的所有链节,一般由连接链环和普通链环组成,也有的由普通链环、加大链环、末端无档链环和连接卸扣组成。节与节之间用连接卸扣连接,为了使锚链的强度得到平顺过渡而改善锚链的结构,在各链节的末端设置一个加大链环和一个无档末端链环。此时应将卸扣横销朝向船内,以保证连接卸扣能平卧着通过锚机链轮。

船上至少应配备一个锚卸扣和四个连接链环或连接卸扣,还应配备一个系浮筒用的大卸扣。

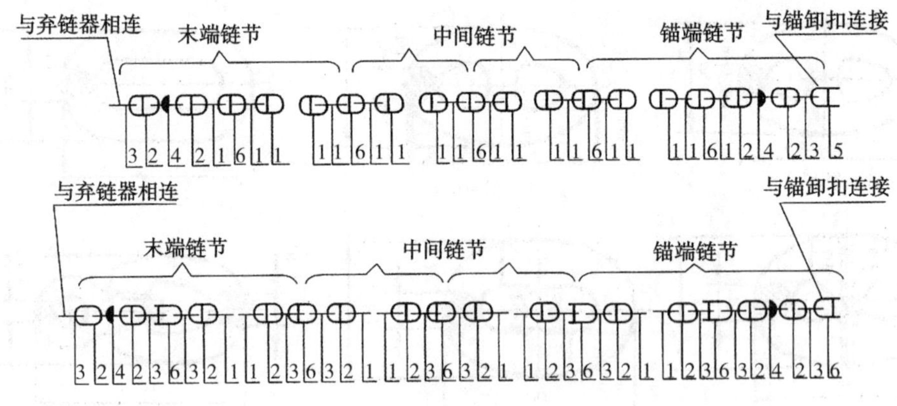

图 1-46 锚链组成示意图

1—普通链环;2—加大链环;3—末端链环;4—转环;5—链端卸扣;6—连接卸扣

(三)锚链标志

为了能在抛起锚作业时迅速识别锚链长度(节数),在每节连接链环附近的有档环的撑档上做标志,如图 1-47 所示。其方法为:在第一节与第二节锚链之间的连接链环(或卸扣)的前后第一个有档环的撑档上各绕以 10~20 圈经过热处理的 4~6 mm 的金属丝(或钢皮),并将该链环标志处以内(至连接链环)涂以白色水线漆,连接链环涂红漆;在第二节与第三节锚链之间的连接链环(或卸扣)的前后第二个有档链环的撑档上各绕以 10~20 圈经过热处理的 4~6 mm 的金属丝,并将该链环标志处以内(至连接链环)涂以白色水线漆,连接链环涂红漆。以此类推至第五与第六节之间。自第六节开始重复第一至第五节的标志方法。最后一至二节,可涂红或黄漆等醒目的标志,作为锚链即将至末端的危险警告。

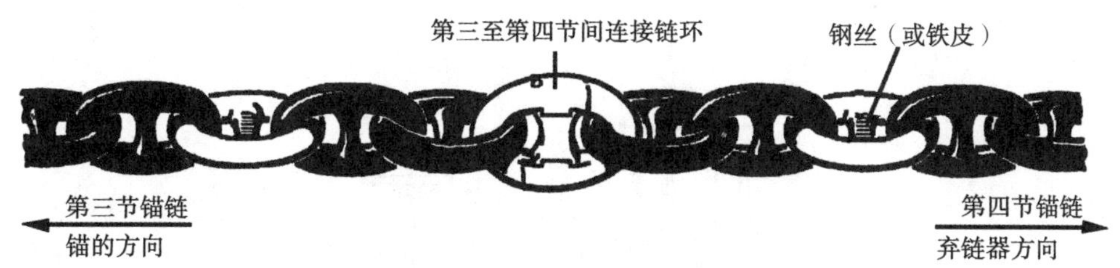

图 1-47 锚链链节标志示意图

四、锚机的种类与结构

锚机按其链轮轴线的布置方向可分为卧式和立式两种。商船上一般采用卧式锚机。立式锚机也称作绞盘,它的动力部分设在甲板下面,以节省甲板面积,军舰上多采用立式锚机。近年来一些大型船舶也采用立式锚机。

锚机按动力分为电动锚机、液压锚机两种,除了动力不同以外,其他构造大致相同。

(一)电动锚机

图 1-48 为电动卧式锚机的结构示意图。电动卧式锚机的工作原理是:电机转动后通过蜗轮传动,使小齿轮驱动与主轴装在一起的大齿轮转动。主轴上套有两个链轮,可以用离合器自由地与主轴连接或脱开,每个链轮上装有带式制动器,用以控制链轮在主轴上的转动。起锚时接上离合器,链轮利用主轴的动力将锚绞起;抛锚时脱开离合器,在锚和锚链的重力作用下,链轮在主轴上自由转动,将锚和锚链抛出。电动立式锚机的工作原理与电动卧式锚机基本相同,其结构示意图如图 1-49 所示。

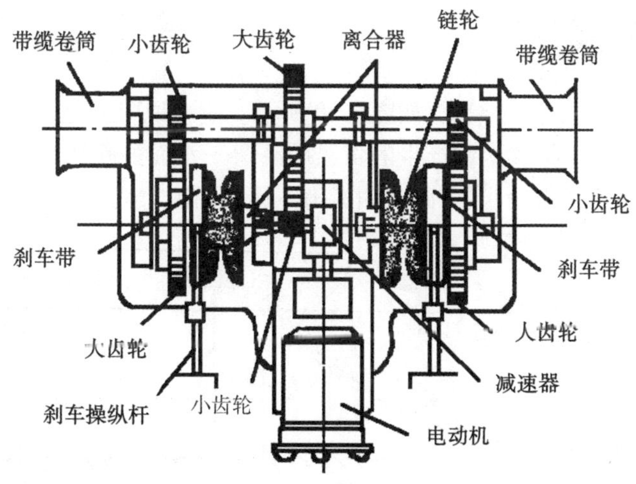

图 1-48 电动卧式锚机结构示意图

(二)液压锚机

液压锚机也叫电动液压锚机,它是以电动机带动油泵,用高压油驱动油马达,再经减速器(也可不设减速器)带动传动齿轮,使锚机运转。它具有结构紧凑、体积小、操作平稳和变速性能好(可以进行无级变速)等优点;但制作技术和维护保养要求高。

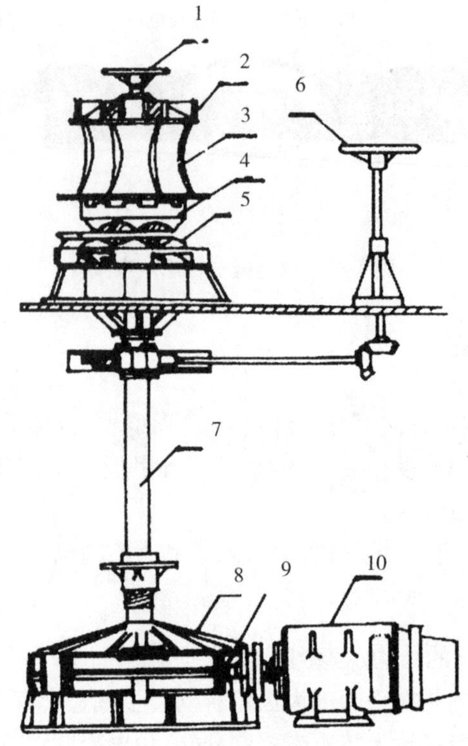

图 1-49　锚链绞盘示意图

1—离合器手轮;2—手推棍插孔;3—系缆滚筒;4—离合器;5—链轮;
6—刹车手轮;7—传动轴;8—蜗轮;9—蜗杆;10—电动机

五、抓力及影响因素

抓力由锚爪抓力和锚链抓力组成,如图 1-50 所示。应当说明的是,船舶锚泊时的抓力,也叫锚泊力或系留力,是指由锚和锚链产生的将船舶系留于水面的作用力。但在常规操纵用锚和应急用锚时,锚往往处于拖动状态,此时的抓力不属于锚泊力或系留力。

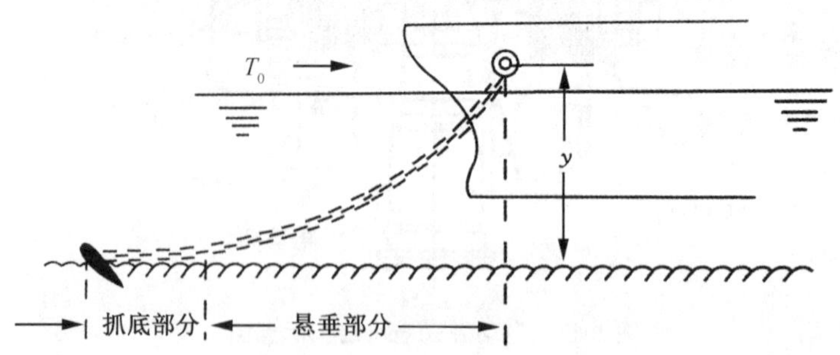

图 1-50　锚及锚链抓力示意图

(一)锚爪抓力及影响因素

1. 锚爪抓力的大小

锚爪抓力的大小等于锚爪的抓力系数与锚重的乘积。

$$P_a = \lambda_a \cdot W_a \tag{1-3}$$

式中:P_a——锚爪抓力;

λ_a——锚的抓力系数;

W_a——锚的重量。

2. 影响锚爪抓力大小的因素

(1)锚型

锚型不同,锚的抓力系数不同。例如霍尔锚在不同底质中,抓力系数可取 3.0~5.0;斯贝克锚的抓力系数在不同底质中可取 4.0~6.0;而 AC-14 型大抓力锚的抓力系数在不同底质中可取 7.0~11.0。

(2)底质

河床底质对锚的抓力系数影响较大。在沙底中,锚越重,抓力系数越大;在泥类的黏质土中,则锚爪的面积越大,抓力越大。因此,底质对抓力系数的影响表现为:

①对于霍尔锚,底质优劣顺序为:沙底—泥底—沙砾底—软泥底。

②对于 AC-14 型大抓力锚,底质优劣顺序为:泥底—沙底—沙砾底—软泥底。

(3)抓底姿态

锚抛下后,在外力作用下,锚在河底被拖动,根据霍尔锚模型试验,当锚在河底被拖动 2 倍锚长时,锚爪开始抓土,锚的抓力将达到最大值,一般为 3~5 倍锚重,这种姿势称为稳定抓底姿势。若船舶所受外力的进一步增加,锚在河底被进一步拖动,锚将产生以锚杆为轴的自转,当自转角超过 180°时,锚爪将上翻出土,抓力顿失,这种姿势称为不稳定姿势。因此,锚在正常抓底状态下,抓力大;在走锚状态下,抓力小。

(4)出链长度与水深

当出链长度相对于水深不够充分时,锚杆将仰起一个角度,即锚杆仰角。仰角越大,抓力越小,当锚杆仰角为 5″时,抓力减小 1/4;当锚杆仰角为 15″时,抓力减小 1/2。因此,出链长度不足时,将大大降低锚爪的抓力。

(二)锚链抓力及出链长度

1. 锚链抓力的大小

锚泊船的锚链抓力等于锚链抓力系数与平卧河底锚链重量的乘积,如式(1-4)所示。卧底锚链在锚被拖动时,提供部分抓力,该抓力是由于卧底链与河底的摩擦而产生的。

$$P_c = \lambda_c w_c . l \tag{1-4}$$

式中:P_c——锚链的抓力;

λ_c——锚链的抓力系数;

w_c——单位长度的锚链重量;

l——平卧于河底的链长,简称卧底链长。

锚链抓力系数与河床底质和锚链运动状态有关,如表 1-5 所示。

表 1-5 锚链抓力系数与河床底质、锚链运动状态的关系表

底质 锚链状态	泥底	沙底
静止时	1.0	0.75
走锚时	0.5	0.75

2. 出链长度

(1)单锚泊出链长度

为保证船舶安全锚泊,必须保证一定的出链长度,以使锚泊船具有足够的锚泊力。受重力的作用,锚泊船的出链长度由两部分组成:一是悬垂在水中的部分称为悬垂链长;二是平卧在河底的部分称为链卧底链长。

①卧底链长

锚泊力由锚爪抓力和锚链抓力两部分组成,其中锚链抓力为卧底链长与河底的摩擦力。因此,单锚泊出链长度必须充分考虑卧底锚链的链长。

②悬垂链长

悬垂链长是指悬垂在水中的锚链长度,等于出链长度减去卧底链长。悬垂链长不直接产生抓力,其作用是使锚杆仰角为零、拉力呈水平方向,保证锚能充分发挥最大抓力,同时缓冲阵发性作用在船体上的外力。

③安全出链长度

船舶安全锚泊的前提条件是确保足够的锚泊力。该锚泊力应能够抵御作用于锚泊船的合外力。因此,可以根据锚地水域的风速、流速和水深的大小进行经验估算。

a. 风速与锚泊船出链长度的关系:当风速为 20 m/s 时,出链长度取 $3h+90$ m(h 为锚泊时的水深);当风速为 30 m/s 时,出链长度取 $4h+145$ m。

b. 流速与锚泊船出链长度的关系,如表 1-6 所示。

c. 水深与锚泊船出链长度的关系,如表 1-6 所示。

表 1-6 流速、水深与锚泊船出链长度关系表

流速/kn	出链长度/节	水深/m	出链长度与水深比值
3	4	小于 20	4~6
4	5	20~30	2~4
5	6	大于 30	2~2.5

例如,长江船舶一般出链长度为 5~8 倍水深;锚地条件好且锚泊时间短,可出链长度为 3~5 倍水深。

(2)操纵用锚的出链长度

①拖锚制动时的出链长度

拖锚制动时的出链可分为两个阶段:第一阶段是船速较快时,一次出链不可太多,否则易造成断链失锚,但出链太短起不到制动效果,因此,必须两者兼顾。内河船舶一般先松链长度为 1.5 倍水深,锚落底刹牢。第二阶段是确定船舶前进惯性减弱,不致将锚链拉断时,如果需

要可以适当松链,或先让锚抓牢,再松链使船停住。

②顺流抛锚掉头时的出链长度

船舶在内河航道顺流抛锚掉头,其特点在于水域狭窄,用锚的目的是使船舶在掉头区安全范围内完成掉头过程。出链长度,一是能顺利完成掉头操纵;二是不致损坏锚设备,造成断链失锚。因此,在抛锚时,若航速较大,松出的链长应先短些,即为水深的1.5倍左右刹住,待船速减慢,再适当松出锚链,让锚抓牢,把船拉住,以便借水动力助船掉头。在此情况下用锚,若出链过短则始终拖锚滑行;若松链过长,会增大掉头的甩尾范围,容易发生危险,导致用锚失败。

③抛锚靠、离泊操纵时的出链长度

a.单纯因靠泊用锚,出链长度以略大于水深为宜,以便靠妥后能随时绞起。

b.如需利用锚、缆的相互配合来控制船首横移,抵制风动力、水动力的作用,出链长度可长一些,以便使锚抓牢,发挥其作用。

c.抛倒锚靠泊时,出链长度不宜过长,以免造成离泊操纵困难。

(3)应急用锚时的出链长度

例如搁浅船舶为防止搁浅后受风、流、浪、水位变化等因素的影响导致漂移、打横,可以利用本船所配备锚和锚链来固定船体或协助船舶脱浅。无论是为了固定船体,还是为了协助脱浅,锚链都应尽可能松长一些,这样较为有利。

第四节 系泊设备及系缆的应用

一、缆绳种类与特点

缆绳按制作材料不同可分:钢丝绳、植物纤维绳和化学纤维绳三大类。

(一)钢丝绳

钢丝绳由许多钢丝搓制而成。先将几根或几十根钢丝搓制成股,再由多股围绕一根绳芯搓制成绳,如图1-51所示。钢丝绳根据股内相邻层钢丝的接触状态不同可分为点接触钢丝绳、线接触钢丝绳和面接触钢丝绳;根据不同粗细钢丝组合的股又有外粗式钢丝绳、粗细式钢丝绳和填充式钢丝绳;根据股的形状不同又分为三角股钢丝绳、椭圆股钢丝绳和扁股钢丝绳等。钢丝绳具有强度大、体积小、使用寿命长等特点。强度要求较高的绳缆都采用钢丝绳,如拖缆、超重用缆等。

钢丝绳的种类很多,通常按照股内钢丝的粗细和油麻芯的多少分为硬钢丝绳、半硬钢丝绳和软钢丝绳等三种。

1.硬钢丝绳

硬钢丝绳由7股镀锌粗钢丝或6股粗钢丝中间夹1股油麻芯制成。其特点是丝数少,强度最大,最坚硬,但使用不便。船上通常作静索,如桅杆、烟囱的支索。常用的型号有7×1、7×7、7×19、7×37等。

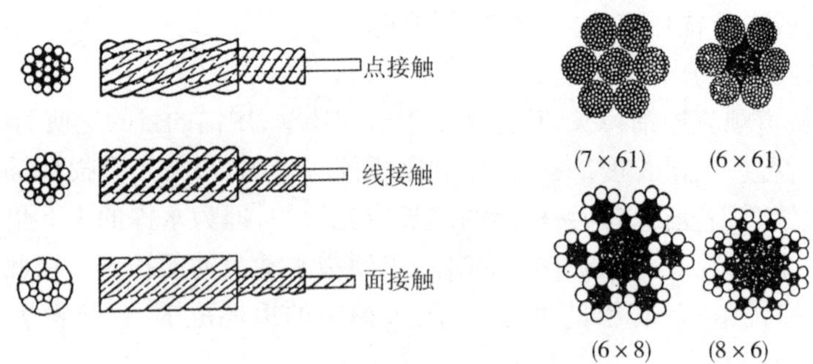

图 1-51 钢丝绳的结构示意图

2. 半硬钢丝绳

半硬钢丝绳由 6 股钢丝中间夹 1 股油麻芯制成。其特点是丝数多而细,较柔软,便于使用。船上通常用作吊货索、吊艇索、保险缆、拖缆或系船缆。常用的型号有 6×19+1、6×37+1 等。

3. 软钢丝绳

软钢丝绳由 6 股钢丝中间夹 1 股油麻芯制成,且各股钢丝中间也都夹有细油麻芯。其特点是最柔软,重量轻,使用方便,但在钢丝绳中强度最小。船上常用作牵引缆、带缆、吊货索、吊艇索。常用的型号有 6×12+7、6×24+7、6×30+7 等。

图 1-51 清楚地显示了钢丝绳的股绳结构,例如"6×24+7",表示钢丝绳有 6 股,每股 24 丝,外加 7 个油麻芯;"股(1+6+12)",表示每股结构是中心 1 丝,第二层为 6 丝,最外层为 12 丝。

钢丝绳中间的油麻芯的作用是减少钢丝绳内部摩擦,受力时起缓冲作用,增加钢丝绳柔软度,便于使用保养。油麻芯可注油防锈并起润滑作用。

(二)植物纤维绳

植物纤维绳是用剑麻、野芭蕉、苎麻和棉花等植物纤维制成的,常采用三股拧绞搓。其特点是强度小、易腐烂,但手感较好。植物纤维绳绳捆结构如图 1-52 所示。常用的有白棕绳、油麻绳和棉麻绳等。

图 1-52 植物纤维绳示意图

1. **白棕绳**

白棕绳又称为马尼拉绳，是用热带出产的剑麻、龙舌兰或野芭蕉叶等纤维制成的。其纤维质量最好的是乳白色，一般呈浅黄色。其特点是坚韧而柔软、耐腐蚀，而且有相当程度的浮性和弹性（伸长率为20%~25%）。故船艇上多采用这种绳。但与白麻绳比强度较小，而且受潮后易膨胀（20%~30%）和打滑，因此不宜做滑车辘绳，可做拖缆和带缆等，一般多用作辅缆。

2. **油麻绳**

油麻绳是用大麻的纤维在焦油中浸渍后制成。其特点是不易吸水腐烂，但浸油后绳质变脆、弹性减低、强度减小、重量增加，天冷时绳质变硬，使用不便。船上一般只用小油麻绳作包扎等用。

3. **棉麻绳**

棉麻绳是用经过防腐处理的棉、麻纤维混合制成的。其特点是质轻、不易纽结、强度较小。多作撇缆绳、旗绳和测深绳。

（三）化学纤维绳

化学纤维绳是用化学纤维制成的，简称化纤绳。目前多采用锦纶、涤纶、乙纶、丙纶和维尼纶等合成纤维搓制而成。化纤绳的特点是强度大，约为同规格白棕绳的2.5倍，而重量轻20%。目前多用其代替植物纤维绳，在船上广泛使用，常见的有以下几种。

1. **尼龙绳**

尼龙绳是化纤绳中强度最大的一种，如图1-53所示。其特点是耐酸碱、耐油、弹性大、不易疲劳，吸湿性仅次于维尼纶绳；但怕火、不耐磨，受力会伸长，曝晒过久会变黄而使强度下降。尼龙绳表面摩擦后易起毛，但起毛的粗糙层对其内部有保护作用，可延长其使用寿命。尼龙绳是最早的一种化纤绳，品种最多，用途最广。

图1-53　船用尼龙绳示意图

2. **维尼纶绳**

维尼纶绳由聚乙烯醇缩甲醛纤维制成，是化纤绳中强度最小的一种。其特点是耐盐、耐油、耐低温、耐日晒，吸湿性最强，价格便宜；但弹性差。

3. 涤纶绳

涤纶绳由聚对苯二甲酸乙二酯纤维制成,又称特丽纶绳,强度仅次于尼龙绳。其特点是耐高温、耐酸碱、耐腐蚀,适合高负荷连续摩擦;但吸水率低,价格高。多用作拖缆绳。

4. 乙纶绳

乙纶绳由聚乙烯纤维制成。其特点是耐低温、耐化学腐蚀最强,浮于水面,适宜于水上应用。但它吸水性差,不耐高温,不适合在高温场所使用,其触感和白棕绳相似。

5. 丙纶绳

丙纶绳由聚丙烯制成,是目前最轻的缆绳。其特点是柔软,吸水性特小,耐油及化学腐蚀,最耐脏、耐磨,不易滑动;但耐热性差,不适合在高温场所使用,其破断力为尼龙缆破断力的51%~66%。通过对丙纶绳的制造工艺和材料的选择,其破断力可提高至尼龙缆破断力的90%。

此外还有氯纶绳等,其强度不大(与马尼拉绳相似),因此运输船舶上很少使用。

二、系缆装置

为了保证系船缆有效布置和正常受力,船舶必须配置导缆和系缆装置。其在甲板上的布置情况如图1-54所示。

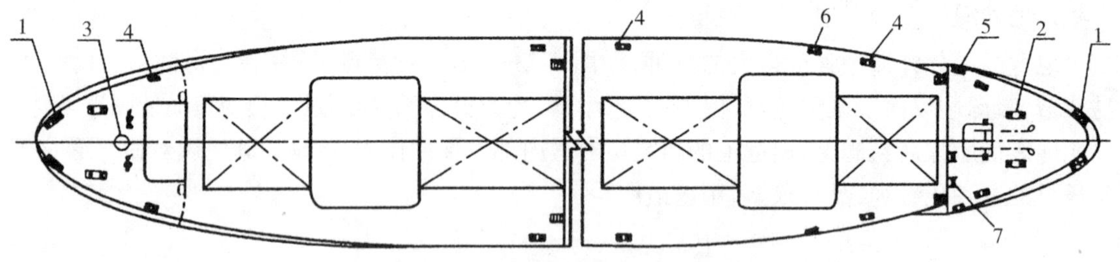

图1-54　系缆装置的布置示意图

1—滚轮导缆钳;2、4—带缆桩;3—电动绞盘;5—导缆钳;6—导缆孔;7—缆绳卷车

(一)导缆装置

导缆装置的作用是船舶系泊时将系船缆由舷内导引至舷外,改变缆绳的受力方向,限制其导出位置,减少缆绳磨损及加强舷墙开口处的强度。导缆装置按其具体型式有导缆孔、导缆钳(如图1-55所示)、导向滚柱和滚轮导缆器以及导向滚轮(如图1-56所示)等。

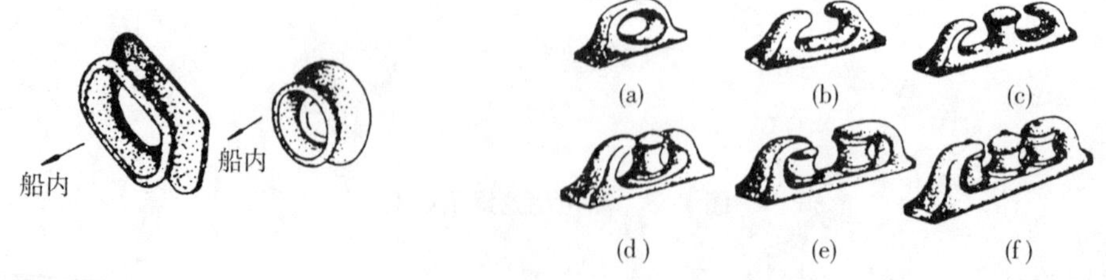

图1-55　导缆孔和导缆钳示意图

导缆器上滚轮的作用是减少磨损,多用于大中型船舶。而导向滚轮的作用是改变进入船

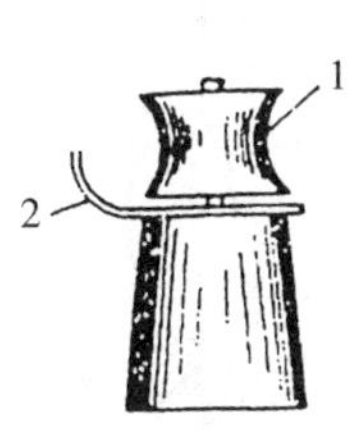

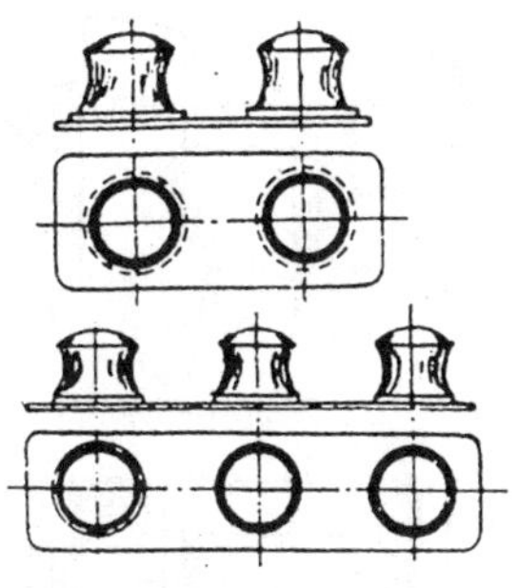

图 1-56 导向滚柱和滚轮导缆器示意图

1—滚轮;2—导向板

内的缆绳方向,使之顺利地通至系缆机械。

(二)挽缆装置

挽缆装置主要包括系缆桩(如图 1-57 所示)以及带缆羊角、系缆穴、制索眼环等。为在船舶靠泊和拖带作业时固定缆绳的一端,在首、尾楼甲板和船中部甲板等部位设有挽缆用的缆桩。缆桩有铸造的,也有用钢板围焊而成的。因其受力大,所以要求基桩足够牢固。

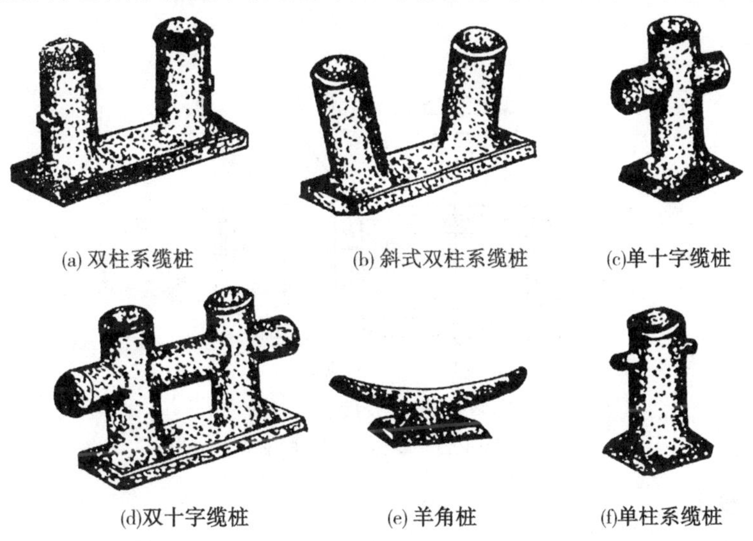

(a) 双柱系缆桩　(b) 斜式双柱系缆桩　(c)单十字缆桩

(d)双十字缆桩　(e) 羊角桩　(f)单柱系缆桩

图 1-57 系缆桩示意图

(三)系缆机械

1. 系缆绞车

绞缆机的作用是绞收缆索,按其卷筒中心轴线位置可分为卧式和立式两种。立式也称为绞盘,卧式也称为绞车。按动力装置可分为蒸汽绞缆机、电动绞缆机和液压绞缆机。

一般船舶,船首由锚机绞缆,船尾部用绞盘或绞车绞缆,其他位置可用起货机绞缆。图 1-58 所示是一台普通卧式绞缆机——系缆绞车。使用时接上电源,操纵开关。电动机 6 转动后齿轮减速器 7 带动主轴 9 驱动主卷筒 5 和卷筒 1 转动。缆索绕在卷筒上,便可绞紧或松出。

2. 系缆绞盘机

绞盘常有人力和电动两种,外形和结构都相似,如图 1-59 所示。它是由电动机通过齿轮

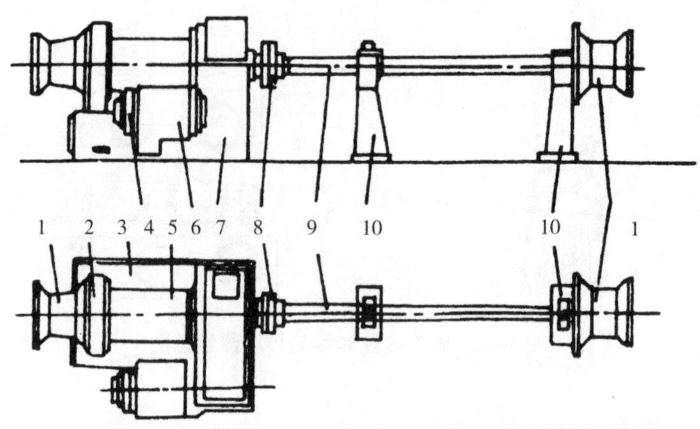

图 1-58　电动系缆绞车示意图

1—系缆卷筒;2—槽架;3—底座;4—圆盘刹车;5—主卷筒;6—电动机;
7—减速器;8—联轴节;9—主轴;10—轴承座

减速箱带动系缆卷筒转动的。绞盘的特点是重量轻,占地小,可绞任何方向缆绳,但不能同时收绞两根以上的缆索。它适用于中小型船舶。其具体型式有单甲板式、双甲板式和无轴式电动绞盘机三种。

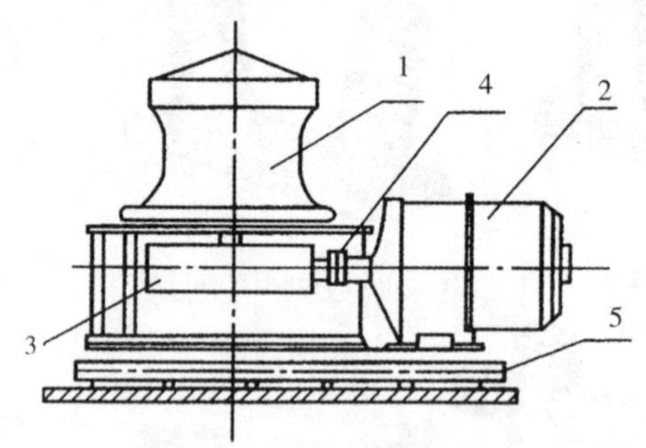

图 1-59　电动绞盘机示意图

1—卷筒;2—电动机;3—减速箱;4—联轴节;5—底座

3. 自动系缆绞车

由于货物装卸、潮汐变化和风浪影响,船舶吃水会发生变化,系缆的张力也会随之变化,需要专人经常检查,调整系缆的松紧程度,否则会造成船舶远离泊位或断缆事故。正因如此,目前许多船舶已采用自动系缆绞车,它能自动收放缆绳。

图 1-60 是电动液压自动系缆绞车工作原理图。当缆绳松弛、张力减小时,自动控制压力调节阀 2 动作使压力阀关闭,高压油泵 5 排出高压油进入油马达 6,驱动转轴和卷筒顺时针方向旋转,将松弛的缆绳绞紧。当张力达到原规定值时,压力阀又自动开启,压力油大部分经压力调节阀流向储液箱 1,少量油液进入液压马达补充泄漏的油液量,使卷筒停止转动。当系统张力大于液压马达内液压制动力时,系缆会拉动马达反转将缆绳松出。液压马达反向排油并与高压液泵排出的油液混合,经压力调节阀向低压液路(虚线所示方向)循环。

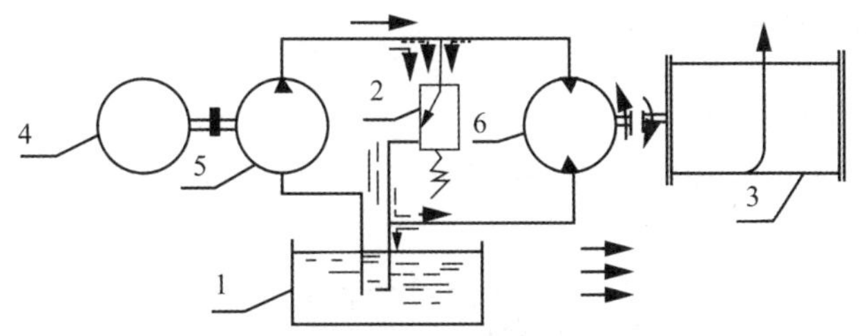

图 1-60 电动液压自动系缆绞车工作原理图

1—储液箱;2—压力调节阀;3—滚筒;4—电动机;5—高压油泵;6—液压马达

(四)附属装置

1. 制缆索

制缆索固定在缆桩附近的眼板上。船舶系缆时,当缆绳绞紧后,要用制缆索在缆绳上打个止索结将缆绳暂时拦住,再从绞缆机上松下缆绳挽在缆桩上。这样制缆索就起到了防止缆绳松回的作用。

2. 挡鼠板

挡鼠板是用塑料或薄钢板制成的,其形状为圆形或伞形,作用是防止老鼠穿过,以防疫病传染。

3. 撇缆绳

撇缆绳是用来传递缆绳的。多选用直径 6~8 mm 的编织绳制成,长度不少于 30 m。

4. 碰垫

碰垫俗称靠把或靠球,多用橡胶或圆木制成,如图 1-61 所示。其作用是缓冲船舶间或与码头间碰撞,以保护船舷。

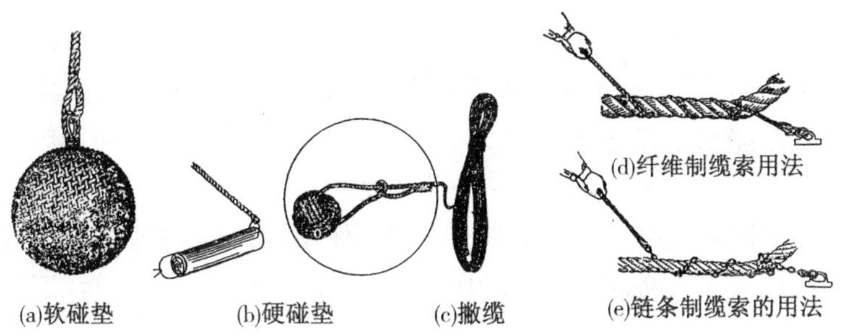

图 1-61 碰垫、撇缆和制缆索示意图

三、系缆的应用

系缆是船舶重要的舾装设备之一,其主要功能是使船舶安全地系靠在泊位、系船墩或浮筒等固定或活动建筑结构上。其次,在船舶靠离泊操纵中还可用来辅助对船舶运动的控制。系缆在船舶操纵中的作用包括控制船舶的前后运动、控制船舶靠拢泊位的横移速度、使船首或船尾贴拢或离开码头。

(一)系缆的名称和作用

1. 系泊用缆的名称和作用

内河船舶配有多条系缆,按其控制船舶的作用可分为首缆、尾缆、首倒缆、尾倒缆、首横缆、尾横缆,如图 1-62 所示。

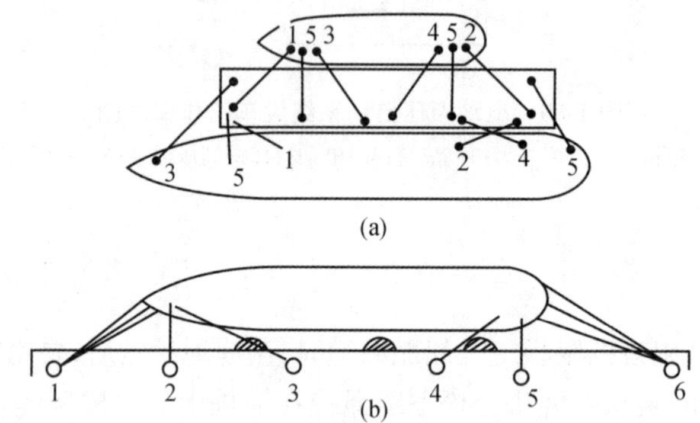

图 1-62 船舶靠泊系缆示意图

1—首缆(拎水缆);2—尾缆;3—首倒缆;4—尾倒缆(坐缆);5—横缆

(1)首缆

首缆又称拎水缆或腰缆。船舶一般逆流靠码头,首缆的作用是使船舶不随水流下移并使船首贴靠码头。它是一根很重要的系缆,其缆的长度是以船舶舷门恰好对准出入口为宜,以方便上、下旅客和装卸货物。

(2)尾缆

尾缆从船尾内舷导缆孔送出,系套在码头上面的系缆桩上。它可防止船舶向前移动,抵抗来自船尾的风动力和水动力的作用。

(3)首倒缆

首倒缆又称前倒缆,其作用与尾缆相似。当采用开尾法驶离码头时,该缆是关键的系缆。此缆由船首导缆孔送出,其一端系在码头的系缆柱上,另一端卷带在船首绞车上,通过绞收该缆,配合车舵,可控制船舶纵移、横移和转动,当船舶靠妥后,该缆略向船尾倾斜,成为首倒缆。

(4)尾倒缆

尾倒缆又称后倒缆或坐缆。它除了具有首缆的作用外,当采用坐缆驶离时,该缆是关键的系缆。其一端由船尾向码头略向前倾斜,另一端系在船尾的绞车上,通过绞车的收绞以控制船舶运动方向。

(5)首、尾横缆

横缆的出缆方向大致与首尾线垂直。一般船首、尾各出一根,船首出的横缆称为首横缆,船尾出的横缆称为尾横缆。横缆的主要作用是防止船舶向外移动。

靠泊时间较短的船舶,可只系带首缆、首倒缆、尾倒缆和尾缆各一根;在水流流向恒定,无潮汐影响的河段上,船舶通常只系带首缆、首倒缆和尾缆。船舶首倒缆的作用随出缆方向的变化而变化,首倒缆在正横前起首缆作用、在正横时起横缆的作用、在正横后起倒缆的作用,驾驶人员应灵活掌握和运用。

2. 系浮筒用缆的名称和作用

船舶在某些港口停泊时，需要系浮筒。系浮筒的方式有两种，一种是只在船首系单浮筒，另一种是首尾均系浮筒。浮筒系缆的形式可分为单头缆、回头缆两种，如图 1-63 所示。

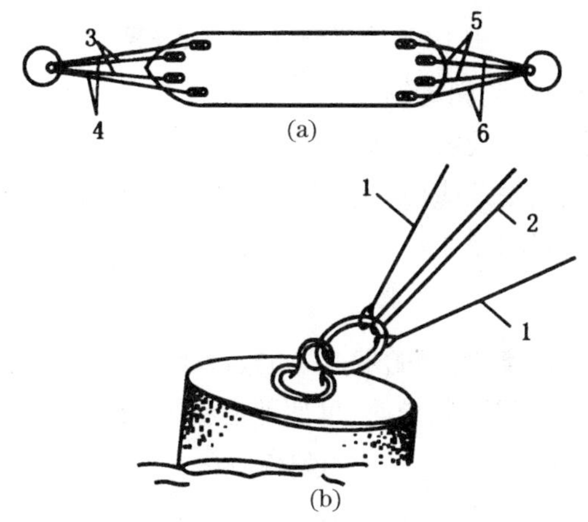

图 1-63　浮筒系缆名称示意图

1—单头缆；2—回头缆；3、5—前、后单头缆；4、6—首、尾回头缆

（1）单头缆

船舶系浮筒时，单头缆分为前、后单头缆。前单头缆的作用是防止船舶后移及船首偏转；后单头缆的作用是防止船舶前移及船尾偏转。

（2）回头缆

从船首或船尾左边或右边送出穿过浮筒环，再从另一舷拉回本船系牢的缆称为回头缆。回头缆首尾各一根，分别为首回头缆和尾回头缆，平时不承受系泊力（处于松弛状态），只在离浮筒时使用，作为最后解除的缆绳，由船员自行解脱。回头缆一般使用钢丝缆，为保证开航时顺利自解回头缆离浮筒，其琵琶头必须用细麻绳扎紧，以便顺利通过浮筒系船眼环，而不发生纠缠。

（二）绞收系缆与车舵配合的关系

1. 绞收首、尾横缆

绞收首横缆可使船首向码头转进而船尾转出，绞收尾横缆则相反，如图 1-64（a）所示。由于绞收横缆时，船舶除了转动外，重心还向绞收一舷平移，从力的平移原理可知，被绞收的一端转进较多，另一端转出较少。

如果在船首、尾各带上一根横缆之后，只绞收其中一根横缆，则被绞收的一端以不绞收的系缆的系结点为支点向绞收的方向转动，如图 1-64（b）所示。如两根横缆同时绞收，由于船体水线下侧向水阻力较大，不易绞进。因此，若使用绞收横缆促使船舶贴靠码头时，以交替绞收首、尾两横缆为宜。这也是大型船舶驶靠码头时经常采用的方法。

2. 绞收首、尾缆

船舶靠拢码头后，由于前后位置不妥，常需做适量的调整，这时可采用绞收首、尾缆来调整，即绞首缆或尾倒缆使船向前移动；绞尾缆或首倒缆使船向后移动。为使船舶能够顺利向前移动，在绞收首缆或尾倒缆时，应适当松开尾缆和首倒缆；为使船舶能够顺利向后移动，在绞收

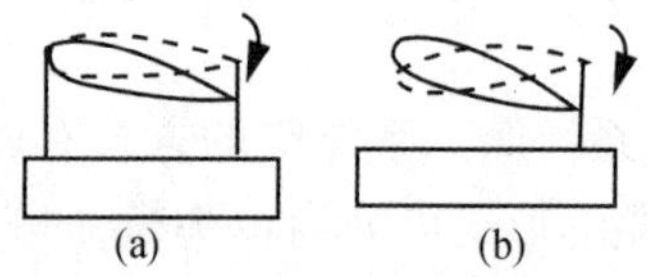

图 1-64　绞收首、尾横缆示意图

尾缆或首倒缆时，应适当松开首缆和尾倒缆。

还应指出，使船向前移动时，绞收尾倒缆比绞收首缆方便；使船往后移动时，绞收首倒缆要比绞收尾缆方便。用绞系缆或松系缆使船舶前后移动的方法，能在小范围调整舱口位置，从而满足船舶装卸货物或上下旅客的需要。

3. 系缆与舵的配合运用

如果码头处的水流有一定流速，船舶带上一定的系缆后通过操舵能调整首尾线与码头的夹角和它们的相对位置。带上首缆后操舵，可使船尾扬开或收拢，如图 1-65 所示。系缆和舵的配合运用，可使船舶平顺安全地靠拢码头和驶离码头。

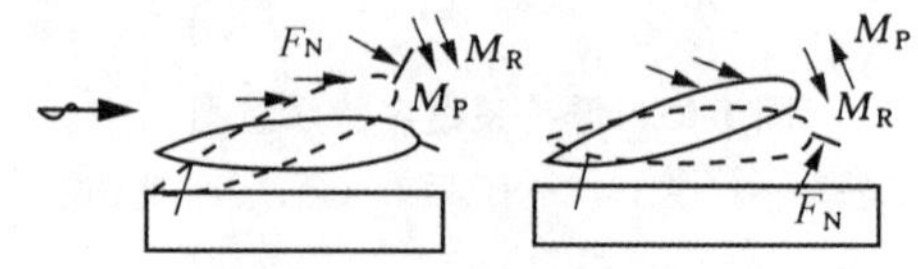

图 1-65　系首缆后操舵示意图

F_N—舵压力；M_R—水动力转船力矩；M_P—舵压力转船力矩

船舶带上坐缆后，向外舷操舵可使船首向外偏转，如图 1-66 所示。在驶离码头作业中，经常用到这一点。

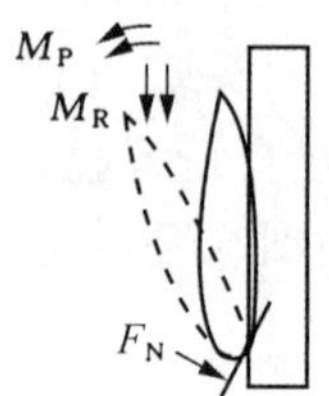

图 1-66　带坐缆操外舵示意图

F_N—舵压力；M_R—水动力转船力矩；M_P—舵压力转船力矩

带上首缆后操舵，船尾甩开的程度随流速、舵角的大小而异。舵角越大，舵压力转船力矩越大，船尾甩开角度亦越大。当舵压力转船力矩与水动力作用于船上的转船力矩相平衡时，船尾就不再外扬了。

船舶带上坐缆后操外舷舵，可使船首向外偏转，此时舵压力转船力矩与水动力转船力矩的作用方向相同，而水动力转船力矩有随船与流向之间夹角的变大而增大的特征，使船首向外侧偏转角速度越来越大。这时应注意溜放尾倒缆，不使其过分紧张受力而产生抑制转向的作用，阻碍船首外扬，与此同时还应防止船首“倒头”事故发生。

4. 系缆与车的配合运用

当船舶具有前进速度时，或系上尾缆或在系上尾缆后开慢进车，可使船舶贴拢码头，并以船尾贴拢居多。当船舶具有后退速度时，或系上首缆或在系上首缆后开慢倒车，船舶也会向码头贴拢，但船首贴拢居多，如图 1-67(a)所示。

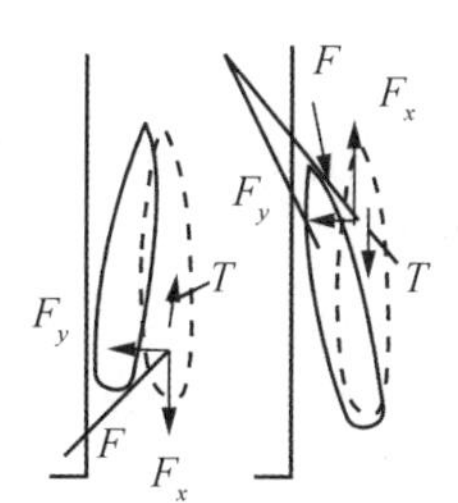

(a)系上首、尾缆，开慢进车和倒车

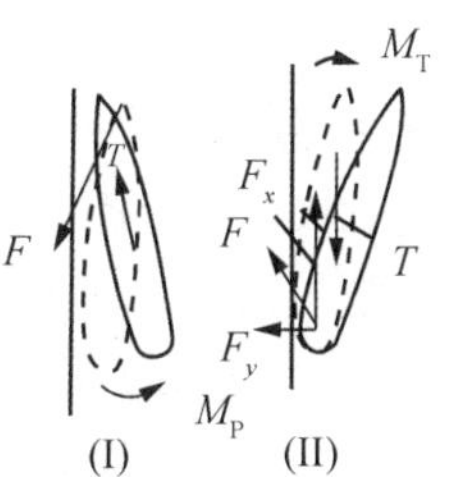

(b)系上首、尾倒缆，开慢进车和倒车

图 1-67 船舶有进退运动时系缆的运用示意图

T—推力；F—系缆张力；F_x、F_y—系缆张力在纵向、横向上的分力；M_T—推力转船力矩

如果系上首倒缆后，开慢进车，结合用舵，就可以利用螺旋桨排出流，产生足够的舵压力，使船尾自如地离开码头或向码头靠拢。所以船舶在驶靠码头中，常常先送出首倒缆，以便灵活自如地操纵船舶，如图 1-67(b)中Ⅰ所示。系上尾倒缆(坐缆)后开倒车，则产生转船力矩使船首向外偏转。因此，在驶离作业中常被采用，如图 1-67(b)中Ⅱ所示。

(三)用缆注意事项

1. 靠泊用缆注意事项

(1)靠码头先出什么缆及带缆的快慢，关系整个操纵方案能否顺利地完成。带缆的先后顺序与当时的风、流情况密切相关。在一般情况下，顶流驶靠码头应先带上首缆，再系上首倒缆和尾缆。首倒缆的作用效果与其方向有关，如在正横位置，绞收该缆可使船首靠拢，再操外舵，可使船尾平行靠拢；如该缆在正横向前，绞收该缆，可使船舶前移和靠拢，并配合车、舵灵活控制船位；如该缆在正横向后，可制止船舶前移，同样可配合车、舵来灵活操纵船舶。

(2)向码头绞收系缆时，首、尾要协调配合，使船舶接近码头时，基本上与码头平行缓慢绞拢，船舶下移，首缆吃力时，应用外舷进车，以免承受过大的动力负荷；在绞收尾缆时，如果船尾靠拢的速度过快，应操内舵，以减缓靠拢速度。

2. 离泊用缆注意事项

(1)单绑

单绑是指先解去离泊操纵中用不着的各缆，留下需要的系缆。一般船首保留一根首缆和一根首倒缆，顺流时保留一根尾缆，顶流时保留一根尾倒缆。静水港则根据码头的风向而定。

(2)离泊倒缆运用

①首倒缆

在尾吹拢风或水流来自船尾时离泊，为了避免螺旋桨及舵碰触码头或船尾碰撞尾后方停泊船舶，可采取留首倒缆飞尾(或称“甩尾”)驶离。在这种情况下，要选择强度大、质量好的缆绳作为首倒缆；出缆时，尽可能靠近船首处，将其系于贴靠码头边而接近船中的缆桩上，力求系缆与码头边缘线的夹角最小；用车时，应逐级进车，防止缆绳受顿力，绷断缆绳。

②尾倒缆

在顶流情况下驶离码头时，可采用留尾倒缆，开倒车，使船首先扬出一角度后，再开进车，解去尾倒缆驶离码头(但在流速较大的码头，此法慎用，防止船首“倒头”事故发生)。在这种情况下，尾倒缆的强度应足够；应缓缓受力并一次吃紧；收缆应动作迅速，以免缆绳绞缠螺旋桨。

3. **溜缆**

离泊时，有时用船首或船尾的最后一根缆绳阻滞首、尾的偏转，或控制船身的前后移动，需将其做一时溜出、一时刹住的操作，这根缆绳俗称溜缆。

溜缆应采用钢丝缆；溜缆不适用于大型船舶；溜缆的速度不宜过快，一次溜出的长度不宜过长；溜缆应由熟练的人员担任，以策安全。

4. **停泊用缆注意事项**

(1)各缆受力要均匀

停泊中因潮水涨落、装卸货及风、流等影响，应及时调整各缆的松紧程度，保持各缆受力均匀。若仅某一根缆绳受力，则会因负荷过大而绷断，造成船移动，使原来松弛的系缆承受动力负荷并有绷断的危险。

(2)防止系缆磨损

系泊过程中各缆绳与码头、导缆孔以及其他缆绳之间的摩擦部位应加以包扎衬垫，以减少相互间的摩擦。

(3)角度应适宜

船舶首、尾系缆与首尾线之间的夹角不宜过大，过大易使船舶前、后移动；各缆与水平面间的夹角也应尽量小，以免缆绳承受过大的负荷。

(4)动车前应检查缆绳的松紧程度，使各缆受力要均匀。

(5)系缆在桩上要挽牢，且挽桩道数要足够，以防滑出。

第二章 船舶操纵性能

船舶操纵性能是指船舶对驾驶人员实施操纵的响应能力，包括方向上的响应性能（方向性）和的速度上的响应性能（速度性），方向性包括船舶方向灵活性和航向稳定性，方向灵活性又包括旋回性和追随性（也叫转首性、初始回转性）。速度性是指船舶的变速性能即启制动性能，因此，船舶操纵性能的要素有旋回性、追随性、航向稳定性、启制动性能。

追随性是指操舵后船舶改变航行方向的快慢能力，或船舶受外力作用下偏离了原航向时，操舵使它恢复原航向航行的快慢能力。

航向稳定性和旋回性两者之间存在着一定的矛盾。对于同一艘船舶而言，改善船舶旋回性必将导致航向稳定性变差；提高船舶航向稳定性，又必将降低船舶旋回性。内河航行船舶由于航行里程较短，航道狭窄、弯曲，滩多流急，系离泊、掉头操纵频繁，要求船舶具有良好的旋回性。内河船主要考虑如何提高旋回性，适当考虑航向稳定性。

第一节 船舶启动、制动性能

船舶通过启动、停车、倒车操纵，驱动静止中的船舶运动或运动中的船舶停止下来时，船舶都具有维持其原来运动状态的特性，经过一定时间和距离的过渡，才能达到所要求的状态，这种特性称为船舶惯性。标志惯性过程长短的数据可有两种表示方式，一种是衡量完成变速运动所需路程的叫冲程（惯性冲程），另一种是衡量完成变速运动所需时间的叫冲时（惯性冲时）。这两个指标是船舶操纵的重要参数，在靠泊、狭水道航行、雾航中都很有用。驾驶人员必须掌握本船的这些要素，并在条件许可的情况下，随时核对以备应用。

在实际操船中，变速和改向兼而有之。在变速和改向运动中，都存在惯性，只不过前者改变的是船舶直线运动的线速度，而后者改变的则是角速度而已。这里所讨论的船舶变速运动性能是指船舶的启动性能和制动性能，制动性能又包括停车性能和倒车停船性能。

一、船舶启动性能

船舶进车启动之初，由于推力大于阻力，船舶做加速运动，经过一段时间 t，驶过一段距离 s 后，推力和阻力达到平衡，船舶做匀速运动，即速度达到稳定值。

启动性能通常用船舶在静止状态中开进车使船舶达到与主机功率相应的速度所需的时间和前进的距离来评价。

定常速度和排水量越大，则启动时间和距离越长；船舶阻力越小、推力越大，则启动时间和距离越短。

船舶从静止状态开进车，主机的转速需视船速的逐步提高而逐渐增加，因而存在一个逐步加速过程。一味求快，甚至立即把主机的转速增加很多，会使主机转矩突然增大，使主机超负荷工作，在实际操船中应注意。

二、船舶制动性能

（一）船舶停车制动性能

1. 理论上的船舶停车性能的界定

航行中的船舶从下令停车（摇车钟）起到船舶对水停止移动止所需的时间和滑行的距离，称为停车冲时和停车冲程。

2. 停车后船速下降的特征

依据阻力大致与船速的平方成正比的规律，在停车初期船速很高，船舶阻力也大，船速下降迅速；在停车后期船速较低，阻力减小，船速下降缓慢；当船速很低时，阻力很小，船速的下降极为缓慢，船很难完全停止下来。船舶在停车后的减速过程中，速度每下降一半所需的时间大致相等，这一时间叫船速减半时间常数，它随船舶排水量增大而增大。

3. 实践上的船舶停车性能的界定

由停车后船速下降的特征可知，船舶从停车到船停止需要耗费较长的时间，船舶在进行靠泊、锚泊等系泊操纵时为节省操船时间，通常以船速降低到仅能维持舵效的速度，即最小速度（万吨级船舶约 3.7 km/h）为界限来界定停车冲程和冲时。

4. 船舶停车制动时的主机保护

高速前进中的船舶，突然下令停车，主机转速下降至完全停止要有一个过程。除特殊情况外，从有利保护主机的角度出发，一般仍应采取逐级降速至停车。

为了在进港或接近锚地时正确地采取停车减速的措施，确保船舶的安全，船舶驾驶人员在

实践中应熟练掌握本船的停车及减速性能。

（二）船舶倒车制动性能

船舶在全速前进中开后退三，从发令开始至船舶对水停止移动所需的时间和航进的路程以及相应的偏航量和偏航角，统称为倒车制动性能。倒车冲程又称为紧急停船距离或最短停船距离。

1. 船舶的倒车停船性能的评价标准

如图 2-1 所示，在倒车停船过程中，船首往往会发生偏转尤其是单车船，对于右旋固定螺距螺旋桨单车船而言，由于螺旋桨横向力的作用，船舶将出现一边减速一边船首向右偏转的现象。船舶在倒车停船过程中，重心纵向移动的距离叫制动纵距；重心横向移动的距离叫制动横距；重心沿其轨迹滑行的距离和所用的时间叫倒车冲程和倒车冲时；船首向偏开的角度叫倒车偏航角。

具有良好停船性能的船舶应满足在开阔水域具有相应其船长的最小停船距离，而在水深、航道宽度受限制的水域不仅要具有最小停船距离，而且要具有较小的偏航量和偏航角。

倒车制动纵横距、倒车冲程冲时、倒车偏航角共同反映了船舶倒车停船性能的优劣，若三因素均小，则说明船舶倒车停船性能好。

2. 倒车冲程、冲时

航行中的船舶从下令倒车（摇车钟）起到船舶对水停止移动止所需的时间和滑行的距离，称为倒车冲时和倒车冲程。其中，航行中的船舶在前进三的速度下下令后退三，从下令（摇车钟）起到船舶对水停止移动止所需的时间和滑行的距离，称为紧急停船距离和紧急停船时间。

船舶紧急制动效果的好坏直接关系到船舶航行安全，在不同环境、不同条件下应采用不同的制动方法，方能取得较好的效果。

三、影响船舶冲程的因素

1. 主机倒车功率、主机和螺旋桨连接方式、换向时间

主机倒车功率大，倒车冲程就小。柴油机的倒车功率与常用功率之比大于汽轮机，柴油机船的倒车冲程比同样规模的汽轮机船小 10%左右。螺旋桨和主机连接方式如采用变速箱方式将和变速箱的换向方式也有关系。主机类型不同，主机换向时间不同，船舶的倒车冲程也不同，主机换向时间越短，倒车冲程越小。

2. 推进器种类

调距桨（CPP）与定距桨（FPP）相比，调距桨只需改变桨叶方向便可达到换向目的。操作时间短，在调整螺距的同时即可产生较大乃至最大的倒车拉力，故紧急停船距离较短。若其他条件相同，一般 CPP 船的紧急停船距离为 FPP 船的 60%~80%。

3. 排水量和船型

在船速和倒车拉力相同时，排水量越大，紧急停船距离越长。通常空载时的停船冲程约为满载时的 80%，而倒车冲程一般为满载时的 40%~50%。

4. 船速

若其他条件相同，船速越大，冲程越大。

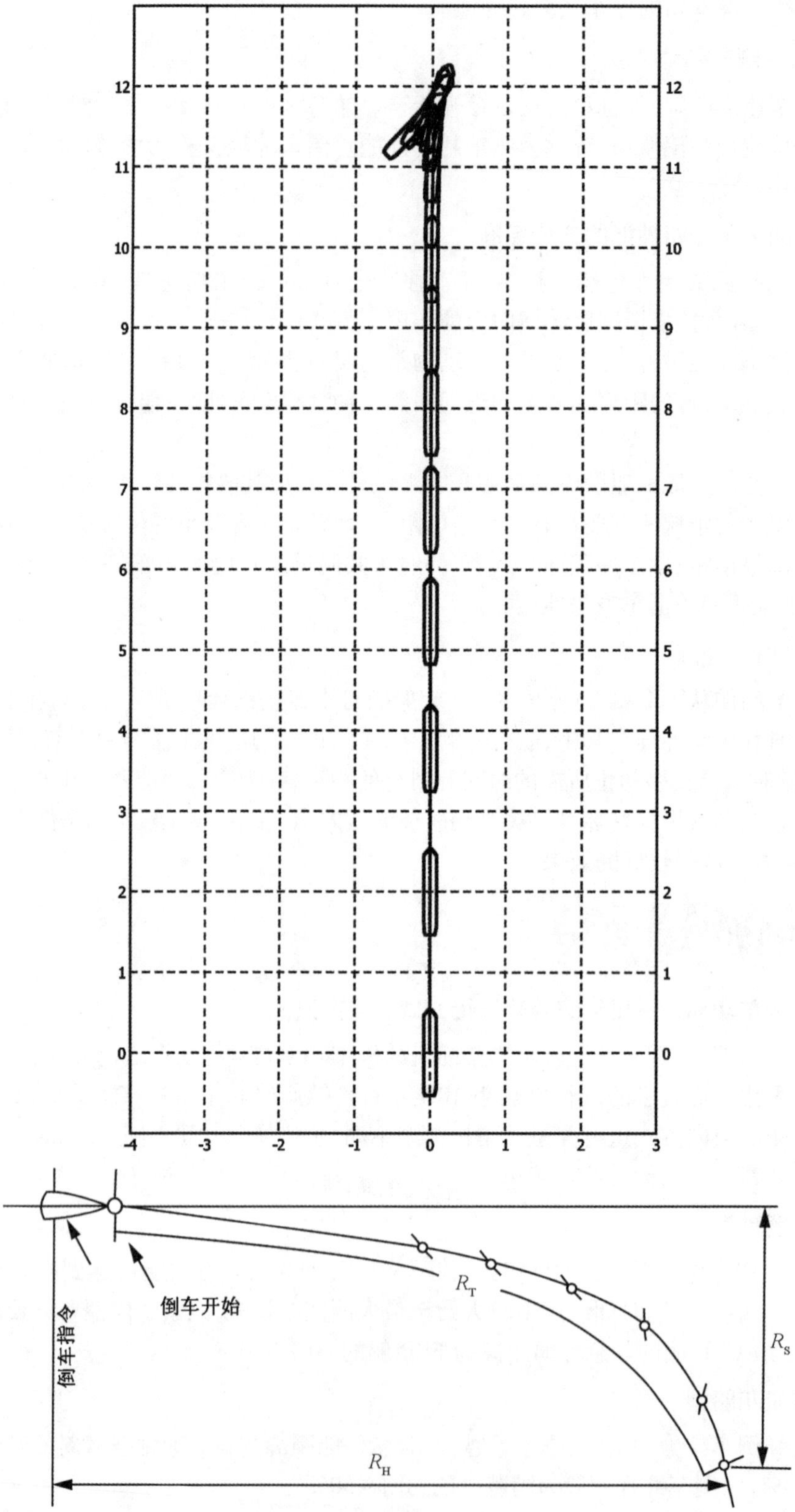

图 2-1　倒车后船舶的运动轨迹

5. **外界条件**

顺风流时对地冲程增大;反之则减小。浅水中船舶阻力增加,冲程略有减小。

6. **船体污底**

船体污底严重,则阻力增加,船舶紧急停船距离将相应减小。

驾驶人员在实际操船中,了解和掌握船舶的冲程和冲时,就能在能见度不良、靠离泊、掉头、航经浅窄航道、进出船闸和避让等操纵中较为准确地把握用车时机,保证操纵安全,提高操纵水平。为保证船舶航行安全,驾驶人员应认真掌握本船下列各项冲程:

(1)进车(前进一、二、三)航行时,从改进车为停车开始到船舶实际停住的冲时和冲程。

(2)进车(前进一、二、三)航行时,从改进车为快倒车开始到船舶实际停住的各倒车冲时和倒车冲程。其中船舶由全速前进改为全速快倒车时的船舶冲程,称为最小冲程,它是操纵船舶的重要数据。

(3)在控制船速的航区,还应掌握本船在前进三航行中,从改为前进一或前进二开始,到船舶降速到相应的较低速度时,这一减速过程所需时间和航行的距离。

第二节 船舶旋回性能

在船舶操纵中,就舵的使用而言,大致可分为小舵角的保向操纵、一般舵角的转向操纵及大舵角的旋回操纵三种,船舶旋回性是船舶操纵中极为重要的一种性能。对航行于内河的船舶尤为重要,它是保证船舶安全操纵作业、避碰和安全航行必不可少的性能。

一、船舶旋回运动过程及其特征

船舶以一定航速直线航行中,操某一舵角并保持,船舶将作旋回运动。根据船舶在旋回运动过程中的受力特点及运动状态的不同,可将船舶的旋回运动分为三个阶段。

1. **第一阶段**

初始阶段又称初始阶段或转舵阶段,是指船舶自转舵时起到船首开始转动时止的时间间隔和航行距离。其主要特征有:

(1)船舶重心基本保持直线前进;

(2)船速开始下降,但降速不明显;

(3)船首出现向操舵一侧回转的趋势;

(4)以用舵时的初始航向线为界,船舶向操舵相反一侧少量横移(反移);

(5)船舶向操舵一侧少量横倾(内倾),例如操右舵时,船舶稍向右横倾。

2. **第二阶段**

第二阶段又称过渡阶段或渐变阶段,是指船舶转头速度不断增加的阶段。其主要特征有:

(1)由于回转力矩大于水阻力矩,船舶转头速度不断增加;

(2)由于斜航阻力增加、螺旋桨推进效率降低、舵阻力的存在等原因,船速不断下降;

(3)由于船舶受到旋回离心力的作用,船舶横倾由内倾转为外倾;

(4)转心不断前移、漂角不断增大。

3. 第三阶段

第三阶段又称稳定阶段或定常旋回阶段,是指船舶转头速度达到稳定值(最大值)的阶段,一般当航向改变量为90°~120°之后进入稳定阶段。稳定阶段的主要特征有:

随着船舶旋回运动的不断进行,作用于船体的回转力矩和水阻尼力矩最终达到平衡,船舶进入稳定旋回阶段,这时船舶围绕一固定的旋回中心做匀速圆周运动。其主要特征有:

(1)由于转船力矩等于转头阻矩,船舶转头速度不再增加,达到稳定值(最大值)。

(2)船速不再下降。

(3)船舶外倾角不变。

(4)转心不再前移,由于转心在重心之前,位于船首柱后1/5~1/3船长处,船首内偏量较小,船尾外偏量较大,这就是"首动一尺、尾动一丈"的道理。旋回时的转心越靠近船首,旋回性越好。船处于后退中,转心位置则在船尾附近,如图2-2所示。

(5)漂角不再增大。

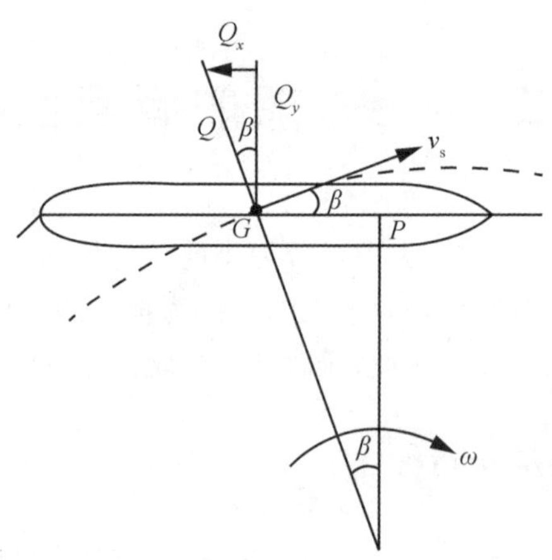

图2-2 船舶旋回中的转心 P 示意图

二、船舶旋回圈要素及其应用

定速直航(一般为全速)的船舶操一定舵角(一般为满舵)后,船舶将做旋回运动,其重心所描绘的轨迹叫作旋回圈。旋回圈及其要素如图2-3所示。

(一)旋回几何要素

1. 反移量

反移量又称偏距,是指操舵后船舶重心向操舵相反方向横移的最大距离。通常重心处反移量达1/2船宽,船尾反移量达1/5~1/10船长,船速快、舵角大,则反移量大。

2. 纵距

纵距又称进距,是指船舶自操舵开始到航向改变某一角度时重心纵向移动的距离。通常,

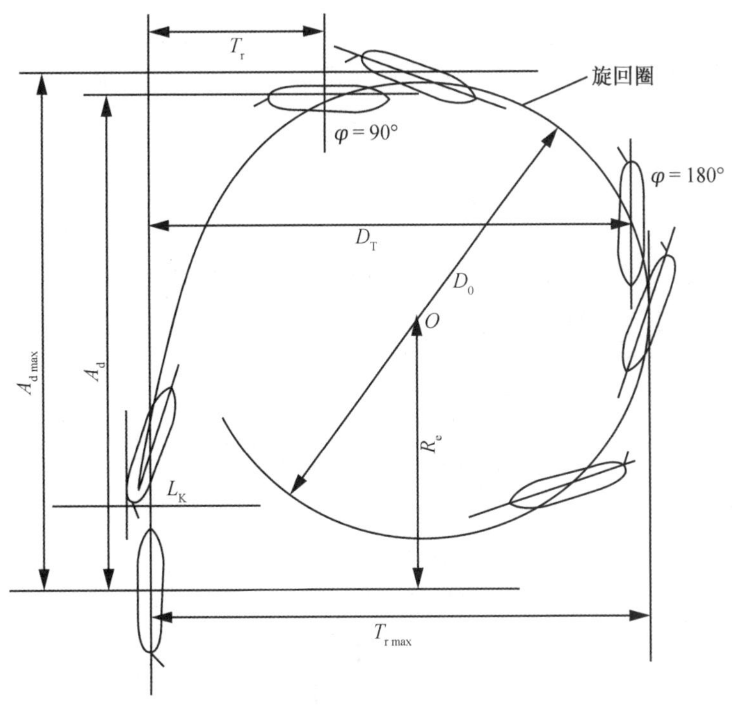

图 2-3 船舶旋回圈示意图

L_K—反移量；A_d—纵距；T_r—横距；D_T—旋回初径；D_0—旋回直径；R_e—滞距

在船舶旋回资料中给出的纵距是航向改变 90°时的纵距。据统计，纵距一般为旋回初径的 0.6~1.2 倍。一般运输船舶的相对纵距（纵距与船长之比）在 2.8~4.0 之间，最大不超过 4.5。

3. 横距

横距或称正移量，是指船舶自操舵开始到航向改变某一角度时重心横向移动的距离。通常，在船舶旋回资料中给出的横距是航向改变 90°时的横距。横距大约为船舶旋回初径的一半。

4. 旋回初径

旋回初径或称机动直径或战术直径，是指船舶从原航向线起算到航向改变 180°时重心横向的移动距离。

表 2-1 内河各类船舶相对旋回初径统计数值表

船舶种类	满舵定常旋回	船舶种类	满舵定常旋回
客（货）船	1.5~3.5	油船	2.5~4.0
推船、拖船	1.5~2.5	顶推船队	4.0~6.3
30 m 以下小船	1.5~3.5		

5. 旋回直径

旋回直径又称定常旋回直径或稳定旋回直径，是指船舶进入定常旋回运动时重心轨迹圆的直径。对于运输船舶而言，旋回直径一般为旋回初径的 0.9~1.2 倍。

6. 滞距

滞距又称心距，是指从操舵时起，船舶重心至定常曲率中心的纵向距离。滞距一般为1~2倍船长，两者在大小上差不多，是衡量舵效的标准之一。

(二)旋回运动要素

1. 漂角

漂角β是指船舶旋回时首尾线与首尾线上某一点的旋回切线速度方向之间的夹角。一般所说的船舶漂角是指重心处的漂角，如图2-4所示。

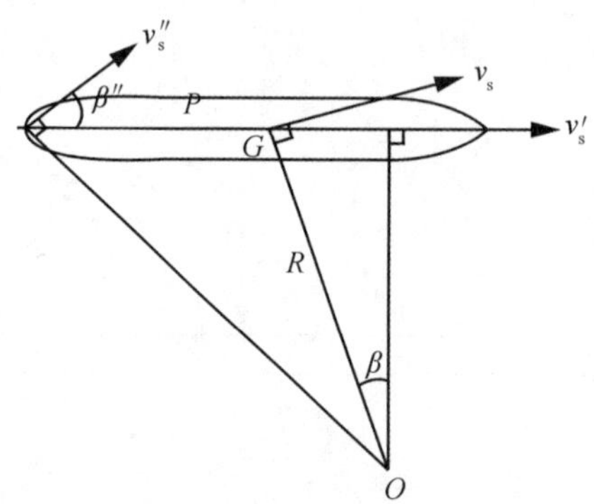

图2-4　船舶旋回时漂角β示意图

船舶首尾线不同点处的漂角值各不相等，转心处漂角为零，船尾处的漂角最大。随着回转的加剧，重心处的漂角由小到大，最后在定常旋回阶段趋于稳定。旋回中船舶所具有的漂角与舵角有关，一般船舶不同舵角时重心处的漂角在定常旋回阶段在3°~15°。

2. 转心

转心是由船舶旋回曲率中心O点作船舶首尾线的垂线，垂足P即为转心。如图2-4所示，P点处的线速度方向与首尾线一致，故该点的漂角为零；同时，由于船舶绕该点的竖轴旋转，该点的横移速度为零。

一般商船在定常旋回时，转心P在船首柱后1/5~1/3船长处，漂角越大的船，转心距首柱越近。而后退中旋回的船舶，其转心位于重心之后，约与前进旋回时的转心位置几乎对称。

3. 旋回中的降速

船舶旋回中，斜航使阻力增加，此外，舵力的纵向分力，惯性离心力的纵向分力引起的阻力增加以及推进器效率降低等原因都将引起船速下降。进入定常旋回后，船速稳定在一个定值上。

定常旋回时的船速v_t与操舵前的船速v_0的比值v_t/v_0(速降系数)与D_T/L(相对旋回初径)的关系如图2-5所示。D_T/L越小，v_t/v_0越小，即速降剧烈。也就是说，旋回性越好，速降越明显。肥大型船的D_T/L较瘦削型小得多，故旋回中的速度下降便要明显得多。同样，由于船舶在浅水中的旋回性变差，所以浅水中的旋回速降就小一些。

4. 旋回周期

船舶旋回360°所需的时间称为旋回时间。它与旋回初始船速、船舶排水量密切相关。船速越低、排水量越大，旋回所需时间越长。

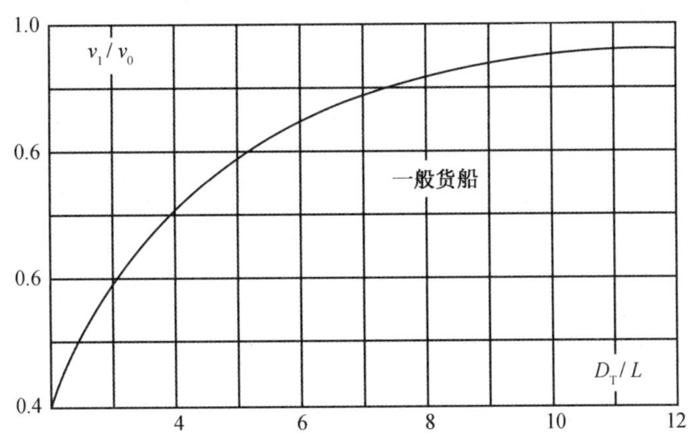

图 2-5 速降系数与相对旋回初径的关系

5. 旋回中的横倾

（1）船舶旋回时横倾的特点

①内倾

在旋回的初始阶段，舵压力作用点偏在重心之下，在舵力横向分力的推动下，船舶发生向操舵一侧横倾，成为内倾。此时，重心基本做直线运动，离心力尚未产生，因此，内倾与离心力无关。其特点是内倾仅出现在船舶旋回运动的初始阶段，持续的时间很短、内倾角很小。

②外倾

在旋回的渐变阶段和定常旋回阶段，重心做圆弧运动，从而出现惯性离心力，惯性离心力是造成船舶外倾的根本原因。其特点是外倾角大、持续时间长。一般货船在静水中满舵旋回时外倾可达 3°～5°。

（2）船舶旋回运动过程中出现外倾角过大的原因

旋回中船舶出现的横倾是一个应予注意的不安全因素。恢复力矩较小的船舶高速航进中操大舵角时，将会产生较大横倾，若再加上船内自由液面影响或出现货物移动以及强横风或横浪的影响，则船舶将有倾覆的危险。船舶在旋回运动过程中出现外倾角过大的原因有：

①船速过大，尤其是在全速满舵旋回时。

②船舶全速满舵旋回，并产生较大外倾角时，急回舵，甚至操反舵。

③船舶初稳性高度以及旋回半径都过小。

④船舶受自由液面、货物移动以及风动力等产生的横倾力矩促使船舶进一步外倾。

（3）防止船舶旋回运动过程中出现过大外倾角的措施

①在适当增大初稳性高度的同时采取措施减小自由液面影响，防止货物移动。

②降低船速，缓慢操舵，用较小舵角进行旋回，以增大旋回初径。

③防止风、流、浪作用于船舶产生的横倾力矩与船舶操舵回转产生的最大外倾力矩叠加。

④旋回中若已出现较大外倾角而危及船舶安全时，切忌急速回舵或急操反舵，而应逐渐降速，同时逐渐减小所用舵角。

（三）旋回圈要素在操船中的应用

1. 反移量在操船中的应用

（1）航行中有人落水时，为了防止落水者被卷入船尾螺旋桨，应立即停车，并向落水者一侧操满舵,使船尾摆开,以保证落水者的安全。

(2)避让本船前方较近距离的船舶时,应立即用舵使船首让开,当估计船首已能让过时,再立即操相反方向的舵使船尾摆开以避免碰撞。

(3)在横移驶靠码头或横移驶靠他船的靠泊操纵中,以及离泊操纵或近距离驶过系泊船时,应充分利用反移量来进行靠、离泊作业和避碰。例如,在离泊过程中,当船头已离开码头一定的距离时,如操大舵角转出,则由于尾外摆而将触碰码头,为此,应定向直线驶出一段距离后再使用小舵角慢慢转出。

(4)船舶过弯道时,快速大舵角转向,则会引起较大的反移量,因此,应注意保持足够的船岸间距并采用正确的操船方法。

2. 纵距在操船中的应用

纵距是判断船舶旋回过程中纵向占用水域范围的依据,当船舶航经弯曲航道、掉头操纵、避让障碍物和避碰时,能较好地把握用舵的时机。

3. 横距在操船中的应用

横距是衡量船舶航向角变化90°时横向占用水域范围的依据,它可以用来估算操舵转首后,船舶与岸或其他船舶是否有足够的间距。

4. 旋回初径在操船中的应用

旋回初径是衡量船舶旋回过程中横向占用水域范围的依据,可以用来估算船舶用舵旋回掉头所需水域。

5. 滞距在操船中的应用

滞距可以用来推算两船对遇时无法旋回避让的距离,即两船对遇时的距离小于两船的滞距之和,则用舵无法让开。

三、影响旋回圈大小的因素

(一)水线下的船型因素

1. 方形系数

方形系数 C_b 较小的瘦形高速船($C_b \approx 0.6$)较方形系数较大的肥大型船($C_b \approx 0.8$)旋回性差得多。即 C_b越大,旋回性越好,旋回圈也越小。

2. 水线下侧面积

船首水线下侧面积分布较多者有利于减小旋回圈,船尾水线下侧面积分布较多者有利于提高航向稳定性,而不利于减小旋回圈。例如船首有球鼻首或船尾比较削尖的船,旋回时阻矩较小,旋回圈较小,但航向稳定性变差。

3. 舵面积比

增加舵面积将会使舵的转船力矩增大,使旋回性变好,旋回圈减小。但同时也增加了旋回阻矩,超过了一定值后,旋回圈不能减小。因而一定类型的船舶都有一个最佳的舵面积比(或称舵面积系数)。

各类船舶因其实际使用目的不同,对其应具备的旋回性在要求上也各不相同,同时还需综合考虑舵机功率、船舶阻力、与船尾形状的配合、便于安全操船等多方面条件的制约。比如由于具有易于旋回的肥胖船型,不用很大的舵面积比;而旋回困难但又要求具有较高的机动性的高速货船则需要配备较大面积的舵;由于拖船和渔船需要优良的操纵性,所以舵面积比也较大。

(二)船舶吃水状态

1. 吃水

在船舶其他条件(吃水差、主机转速和船速)一定的情况下,一般船舶均有舵面积比随吃水增加而降低的趋势,因此,旋回初径也将有所增加。

2. 纵倾

船舶的纵倾变化,相当于较大程度地改变了船舶水线下船体侧面积的形状分布。尾倾增大,重心后移,使转船力矩减小,旋回圈增大;相反首倾增大时则回转加快,旋回圈减小。首倾每增加1%船长,旋回初径便可减小10%左右;尾倾量每增加1%船长,旋回初径则增加10%左右。

通常,满载时尾倾不大,但吃水增加了,舵面积比减小了;而空载时尾倾相当大,但吃水减小了,舵面积比增加了。所以总的看来,空船与满载时的旋回圈大小相差不多。

3. 横倾

总的来说,横倾对旋回圈影响不大。船舶在前进时如存在横倾,船首受其影响会发生偏转。低速时,推力-阻力转矩起主要作用,推首向低舷侧偏转,若向低舷侧旋回,旋回圈小;高速时,船首波峰压力转矩起主要作用,推首向高舷侧偏转,若向高舷一侧旋回,旋回圈小。

(三)操船方面的影响

1. 舵角

在极限舵角范围内,随着舵角的减小,旋回初径将会急剧增大,舵角越小,方形系数越小,舵的高宽比越小,旋回圈的增大率就越大,同时旋回时间也将明显地增长。操15°舵角旋回与操满舵旋回相比,旋回初径将增加到130%~170%,而掉头时间则增加到140%左右。

2. 操舵时间

操舵时间越短,即操舵速度越快,纵距越小,从而影响旋回圈的形状;但是,操舵时间的长短不影响旋回直径的大小。

3. 船速

船速对船舶旋回时间具有明显的影响,船速越快,旋回时间越短。然而,船速对旋回初径的影响却很小,船速增大,则旋回初径只稍稍增大一点。原因是船速增加,则离心力增大,从而会使旋回初径增大,但船速增加会使舵力矩增加,会使旋回初径减小。

值得注意的是,主机的使用方式对船舶旋回圈的大小有明显的影响,如图2-6所示。船舶在航进中减速旋回时,旋回圈将增大;相反,船舶在静止中或低速中加车进行旋回,旋回圈将减小,同时旋回圈中心也将落在施舵旋回时船舶重心位置的后方。

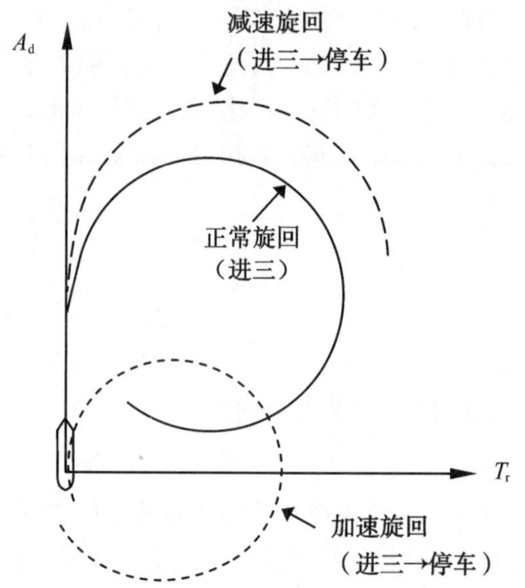

图 2-6　主机使用方式与船舶旋回圈大小关系示意图

(四)外界环境的影响

1. 浅水

船舶旋回圈在其他条件相同时随着水深的变浅而逐渐增大。当水深与吃水之比小于 2 时，旋回圈将明显增大。

2. 污底

船体污底越严重，摩擦阻力越大，旋回圈越大，但影响很小。

3. 风流

顶风顶流将使船舶旋回纵距减小，顺风顺流将使船舶旋回纵距增大。

第三节 船舶航向稳定性与保向性

一、船舶航向稳定性

(一)船舶运动稳定性的类型

正舵直航中的船舶，受到风、流、浪等外力因素的干扰后，将不可避免地偏离原来的直航运动状态。但当干扰过去后，船舶能否恢复到原来航线上去，即能否实现位置稳定；能否恢复到原来的航向上去，即能否实现方向稳定；能否最终稳定在新的航向上、具有新的直线运动，即能否实现直线稳定。位置稳定、方向稳定、直线稳定是船舶运动稳定性三种类型，如图 2-7 所示。

船舶本身不具备方向稳定性和位置稳定性，在实际营运中，只有通过操舵控制船舶才能实现方向稳定和位置稳定，因此，方向稳定性和位置稳定性也称为控制稳定性。但船舶本身具备

直线稳定性,因此,通常所指的航向稳定性,即直线稳定性。

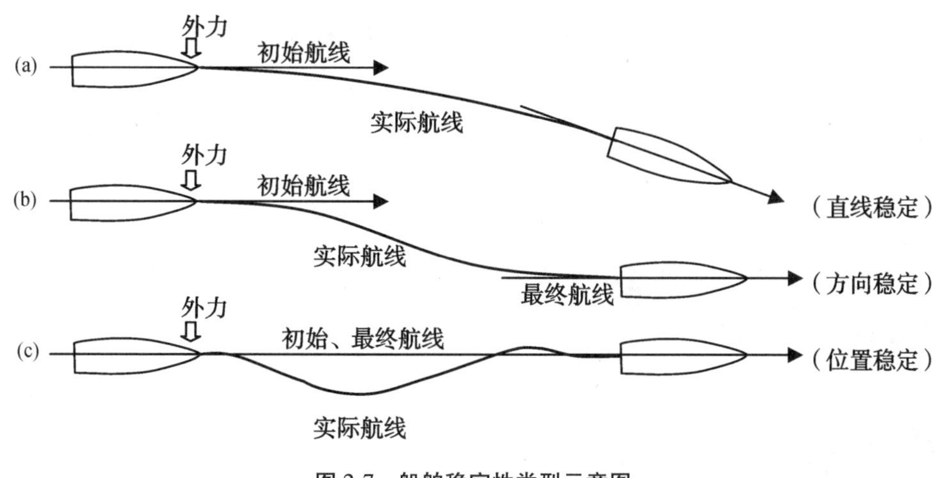

图 2-7　船舶稳定性类型示意图

(二)船舶航向稳定性的概念

航向稳定性是指正舵直航船在外界干扰下偏离原航向(原航线),当干扰消失后,能够稳定在新航向(新航线)上的性能。若在干扰消失后船舶能较快地稳定在新航向(新航线)上,即偏转惯性角(又称超越角)较小、船舶耐受干扰,则意味着航向稳定性较好;若在干扰消失后船舶不能较快地稳定在新航向(新航线)上,即偏转惯性角较大、船舶不耐受干扰,则意味着航向稳定性较差;若在干扰消失后船舶一直偏转不停、不能稳定在新航向(新航线)上,则意味着船舶不具备航向稳定性,这样的船舶几乎不存在。

(三)衡量船舶航向稳定性优劣的标准

船舶航向稳定性的优劣,可用中舵使船舶保持指定航向航行的距离和时间来衡量,也可用正舵航行的船舶在一定时间内偏离原航向的度数来衡量。

一艘航向稳定性较好的船舶,在直航中即使很少操舵或用小舵角也能较好地保向(为保向所操舵角小于 5°,每分钟操舵次数小于 6 次);当操舵改向时能较快地应舵;在转向过程中操正舵,航向能较快地稳定下来。

一艘航向稳定性较差的船舶,在直航中只有频繁操舵或用大舵角才能保持航向;当操舵改向时应舵较慢;转向过程中操正舵,航向要经较长时间才能稳定下来。

(四)影响航向稳定性的因素

1. 船型系数

(1)方形系数 C_b 较小,长宽比 L/B 较大的瘦削型船舶,回转时阻矩较大,航向稳定性较好;反之,方形系数 C_b 较大、长宽比 L/B 较小的肥胖型船舶,航向稳定性较差。

2. 船体水线下侧面积分布

船体水线下侧面积分布影响水动力作用中心的位置,因此对航向稳定性影响较大。船首水线下侧面积较大的船舶,斜航时水动力作用中心靠近船首,航向稳定性较差;反之,船尾水线下侧面积较大的船舶,斜航时水动力作用中心靠近船尾,航向稳定性较好。

3. 载态

轻载较满载时的航向稳定性好；尾倾较首倾时的航向稳定性好。但在受强风影响时，船舶空载或轻载时的受风面积大，故航向稳定性会降低。

4. 船速

对同一艘船舶而言，提高船速，航向稳定性提高。

5. 舵面积比

舵面积比越大，左右对称性越好，航向稳定性越好。

6. 其他因素

水深变浅、污底增加，将使航向稳定性变好。

二、船舶保向性

（一）船舶保向性的概念

船舶保向性是指船舶在外力干扰下（风、流、浪等），由舵工通过罗经识别船首偏向情况，再通过操舵抑制或纠正首偏使船舶驶于预定航向上的能力。简而言之，船舶保向性是指船舶在外力干扰下通过操舵保持定向航行的能力。

（二）影响船舶保向性的因素

航向稳定性的优劣主要取决于船体本身的客观因素，而船舶保向性属于控制稳定性，还取决于主观因素。

航向稳定性好的船舶，保向性也好，因此，上述所有影响航向稳定性的因素都属于影响保向性的因素。此外，保向性的优劣还取决于舵工技能、舵机性能、操舵罗经的性能、舵角的大小。

第三章 外界因素对船舶操纵的影响

第一节 风对船舶操纵的影响

风动力是指相对于船的风对船造成的作用力。船舶在风的影响下，顶风减速，顺风增速；当风向与首尾面斜交或垂直时，船舶将向下风漂移，同时其船首将向上风或下风偏转；尤其是在低速航行时，遇到强风甚至还会出现舵压力转船力矩不足以抵御的风动力转船力矩，因而使船舶陷于难以控制的境地；在风的吹压下，船还会发生横倾。

一、风动力及其风动力矩

（一）风动力

设船舶受风情况如图 3-1 所示。

1. 风动力大小

风动力大小与风速 v_a、风舷角 θ、受风面积大小和形状（包括空、满载，吃水差，上层建筑布置情况等）有关。其值可用式（3-1）估算：

$$F_a = 1/2\rho_a C_a v_a^2 (A_a \cos^2\theta + B_a \sin^2\theta) \tag{3-1}$$

式中：ρ_a——空气密度（1.226 kg/m³）；

C_a——风动力系数；

v_a——相对风速（m/s）；

A_a——水线上船体正面积（m²）；

B_a——水线上船体侧面积（m²）。

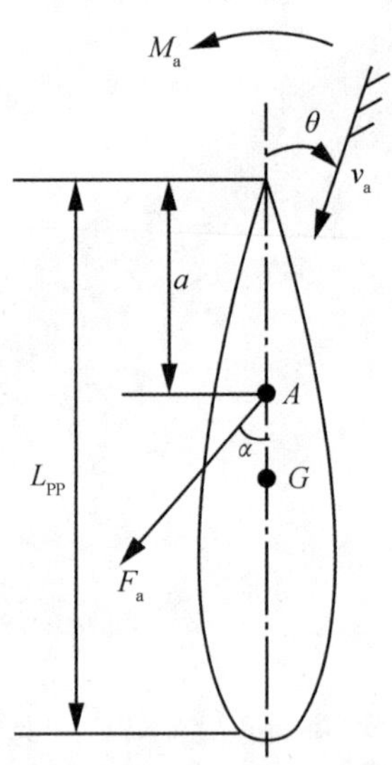

图 3-1　船舶受风情况示意图

θ—风舷角,即相对风舷角(°);F_a—风动力(N);A—风动力中心;α—风动力角(°);

a—船首至风动力中心的距离(m);L_{PP}—船长(m);M_a—风动力矩(N·m)

风动力系数 C_a 的大小随风舷角 θ、船舶上层建筑分布、船舶吃水变化而变化。

一般情况下,当 $\theta=0°$ 和 180°时,风动力系数 C_a 最小;当 $\theta=30°\sim40°$ 或 140°~160°时,风动力系数 C_a 最大。

三岛型货船由于总的看来受风面积较大,并且较为分散,所以该值较大;客船外形流线型较好,油船船体构造简单,所以该值较小。

对于同一条船,随着吃水的减小,该值一般略有增大趋势。

2. 风动力方向

风动力方向通常用风动力角 α 表示,即风动力方向与船舶首尾方向的夹角。它与风舷角、侧面受风面积 B_a 与正面受风面积 A_a 之比密切相关,并随吃水和船型的变化而变化。

通常船舶的侧面受风面积 B_a 总是大于正面受风面积 A_a,故风动力方向与船舶首尾线的夹角总大于风向与船舶首尾线的夹角。此外,风动力角 α 随风舷角 θ 的增大而增大 ,但当 θ 在 40°~140°之间时,α 大体在 80°~100°之间,因而变化不明显。

3. 风动力作用点

风动力作用点是指风动力合力作用点,简称风动中心。通常用风动力作用点 A 至船首的距离 a 受风舷角 θ、船舶上层建筑形状以及面积分布情况影响。船舶空载时该中心比满载时明显前移。

a/L_{pp} 值是随 θ 的增大而增大,B 由 0°~180°变化,其值在 0.3~0.8 之间。说明随风舷角增大,风动力中心将由船的前部移向船的后部移动。

当 $\theta<90°$ 时,A 在 G 之前;

当 $\theta=90°$ 时,A 在 G 附近;

当 $\theta>90°$ 时,A 在 G 之后。

油船和客船的上层建筑较多地集中在船中后部,所以在同样风舷角时,风动力中心比三岛

型货船要靠后，即 a/L_{PP} 值较大。而同一条船空载或压载时，吃水差较大，尤其是尾机型船，其风力中心位置比满载要靠前得多。

（二）风动力转船力矩

风动力转船力矩简称风动力矩，是指风动力与风动力作用线至船舶重心垂直距离的乘积。它反映了风动力对船舶作用效果的大小。

在已知风动力（包括该力的大小、方向及作用点）之后，欲求该风动力在具体操纵中的转船力矩大小，应根据操纵中的支点，即旋转中心位置才能正确求出。

当尾离泊时，以船首为支点，则风动力转船力矩 M_a 为：

$$M_a = F_a \cdot a \cdot \sin\alpha \tag{3-2}$$

当船舶处于水上漂浮状态时，以重心为支点，则风动力转船力矩 M_a 为：

$$M_a = F_a \cdot (L_G - a) \cdot \sin\alpha \tag{3-3}$$

式中：M_a——风动力转船力矩（N · m）；

F_a——风动力（N）；

α——风动力角（°）；

a——风动力中心至船首距离（m）；

L_G——重心至船首的距离（m），一般近似为 $L_{PP}/2$。

二、船舶在风中的偏转规律

船舶在风中的偏转规律是船舶所受的风动力矩与水动力矩（在下一节中将详细介绍）共同作用的结果。船舶的偏转情况可以分为两种，即迎（逆）风偏转和顺风偏转。

（一）船舶静止中受风

1. 风从正横前吹来

如图 3-2 所示，风动力中心 A 在重心 G 之前；在正横前来风的作用下，船舶大致后退，水动力中心（在下一节中将详细介绍）W 在重心 G 之后。此时，风动力矩、水动力矩共同促使船首顺风偏转，直至正横附近受风为止。由于正横受风时，风动力中心、水动力中心、重心三点几乎合一，船舶的偏转力矩消失，然后船舶向下风方向横向漂移。

2. 风自正横后吹来

如图 3-3 所示，风动力中心 A 在重心 G 之后；在正横后来风的作用下，船舶大致向前移动，则水动力中心 A 在重心 G 之前。此时，风动力矩、水动力矩方向相同，共同促使船尾顺风偏转，直至正横附近受风为止，然后船舶向下风方向横向漂移。

因此，船舶在静止中，不论风从正横前吹来还是从正横后吹来，船舶的迎风端均顺风偏转至接近正横受风状态，同时向下风方向漂移。但是，随水线以上受风面积和水线下船体侧面积分布的不同，还有以下几种情况：

（1）尾部浸水面积较大的船或前部受风面积较大的船，如尾纵倾船、拖船等，最后通常呈现尾迎风姿态并向下风漂移。

（2）首部浸水面积较大的船或尾部受风面积较大的船，如首倾船、尾机型船，最后通常呈现首迎风姿态并向下风漂移。

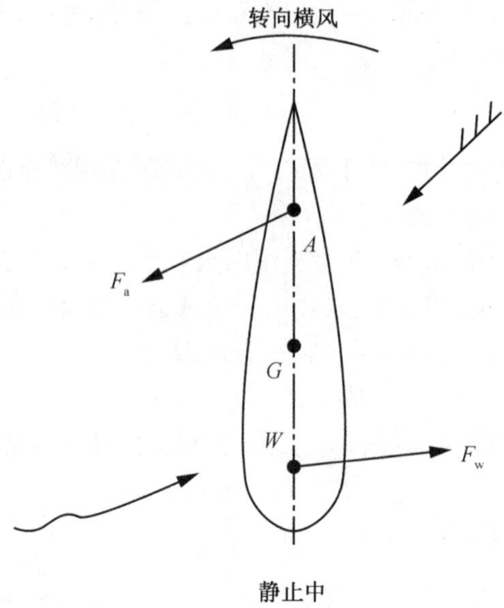

图 3-2 静止中的船在正横前来风作用下的偏转示意图

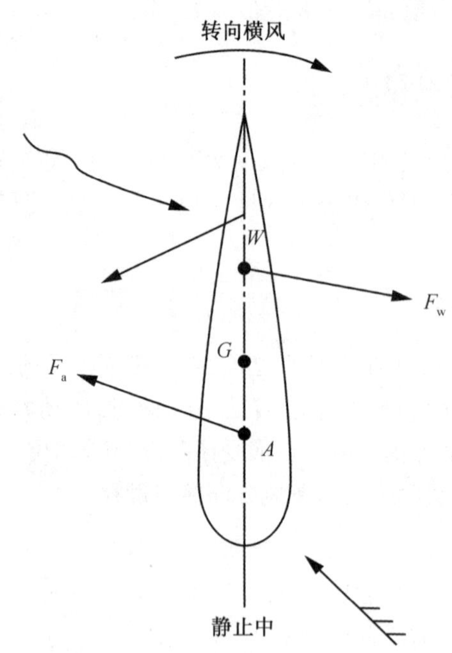

图 3-3 静止中的船在正横后来风作用下的偏转示意图

(3)船舶浸水面积和受风面积首尾较均匀的船,如客船,最后通常呈现横风状态并向下风漂移。

(二)船舶前进中受风

1. 风从正横前吹来

如图 3-4 所示,风动力、水动力中心均在船舶重心之前,风动力矩、水动力矩方向相反,船

首偏转方向取决于风动力矩、水动力矩的代数和。若风动力矩大于水动力矩，则船首顺风偏转；若水动力矩大于风动力矩，则船首逆风偏转。

（1）当船舶首部受风面积较大时（空载船、尾倾船），船速较慢时，通常是风动力矩较大，船首顺风偏转，船舶若需保向航行，须压上风舷舵。

（2）当船舶尾部受风面积较大时（满载船、首倾船），船速较快速时，通常是水动力矩较大，船首迎风偏转，船舶若需保向航行，须压下风舷舵。

由于风动力矩、水动力矩方向相反，总的转船力矩较小，船舶斜顶风航行比斜顺风航行容易保向。

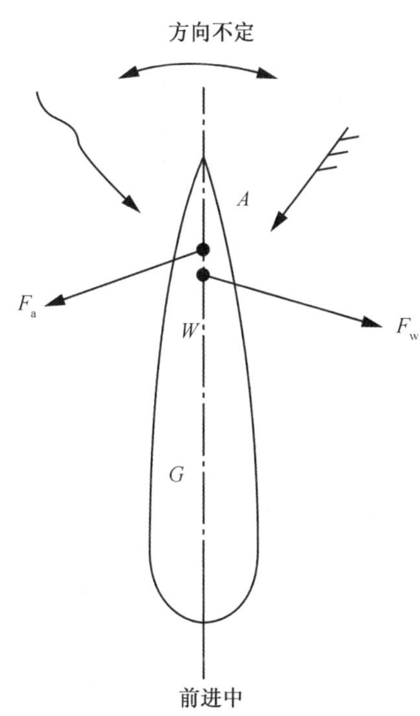

图 3-4　船舶前进风从正横前吹来风致船舶偏转示意图

2. 风从正横后吹来

如图 3-5 所示，风动力中心在重心之后、水动力中心在重心之前，风动力矩、水动力矩方向相同，共同促使船首逆风偏转，呈现出较强的迎风偏转的特性，这正是船舶斜顺风航行时不易保向的原因。

综上所述，前进中的船舶，在强风中大多呈现迎风性偏转，因此为了保向航行，需向下风舷压某一舵角。压舵后有时可以有效地保向，有时却不能，取决于相对风速、相对风向（风舷角）、船速等因素。

前进中的船舶，受斜顶风时保向比受斜顺风时来得容易；当风来自船舶正横附近时，保向最困难。

保向性随风速的降低、舵角的增大而提高；保向性随船速的降低而降低，在近岸水域尤其是在较窄的进港航道上，船舶往往低速航行，强风中低速航行时出现不能保向的问题将会导致

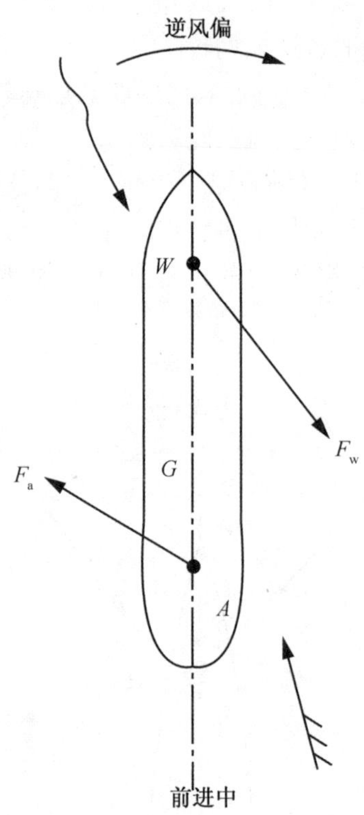

图 3-5　船舶前进风从正横后吹来风致船舶偏转示意图

灾难性后果;船体水线上、下侧面积之比值较大的船舶保向性较差。

(三)船舶后退中受风

1. 风从正横前吹来

如图 3-6 所示,风动力中心在重心之前、水动力中心在重心之后,风动力矩、水动力矩方向相同,共同促使船尾逆风偏转,尾找风现象明显。

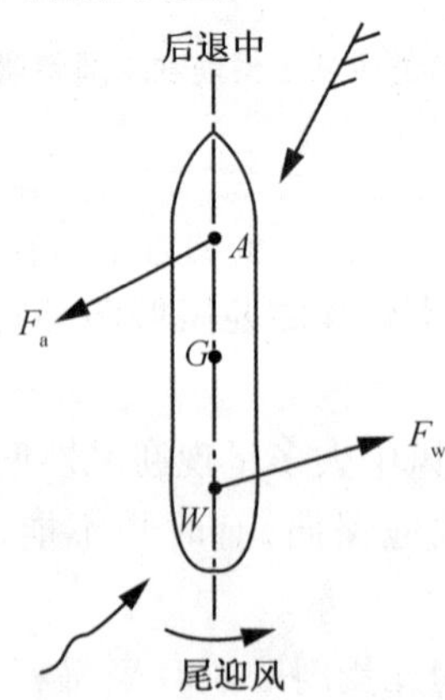

图 3-6　船舶后退风从正横前吹来风致船舶偏转示意图

2. 风从正横后吹来

如图 3-7 所示,风动力中心、水动力中心都在重心之后,风动力矩、水动力矩方向相反,船尾的偏转方向取决于风动力矩、水动力矩的代数和。由于船在后退,同时船尾肥大并装有车舵,水动力很大且水动力作用点更加靠后,水动力矩大于风动力矩,船尾逆风偏(尾找风)。

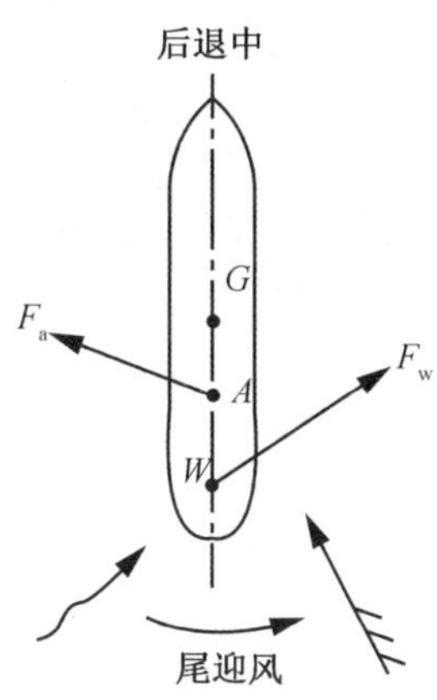

图 3-7 船舶后退风从正横后吹来风致船舶偏转示意图

船舶后退中,无论风从正横前吹来或从正横后吹来,船尾均出现迎风偏转的现象,船员常称为"尾找风"现象。驾驶人员在操船时,可充分利用船舶倒车尾找风现象来实现其操纵目的。

尾找风现象只在船舶具有一定的退速和一定的风力下才出现,否则船舶的偏转与"静止中的受风规律"相同。

三、风致漂移

相对风速越大,风致漂移速度越大;船速越低,风致漂移速度越大;船体水线上下侧面积之比值越大,风致漂移速度较大;船舶在深水中的风致漂移速度比在浅水中大得多。

船舶受风作用而向下风漂移,其漂移速度随船速降低而增加,当停船时,漂移速度最大。

(一)船舶停于水上的漂移速度

停于水上的船舶受风作用时最终将保持正横附近受风,并匀速向下风横向漂移,如图 3-8 所示。

其漂移速度可由式(3-4)估算:

$$v_y \approx 0.041 \cdot v_a \cdot \sqrt{\frac{B_a}{L_{wl} \cdot d}} \tag{3-4}$$

式中:v_y——深水中停船时受风横向漂移速度(m/s);

v_a——真风速(m/s);

B_a——水面上船体的侧面积(m^2);

L_{wl}——船舶水线长(m);

d——吃水(m)。

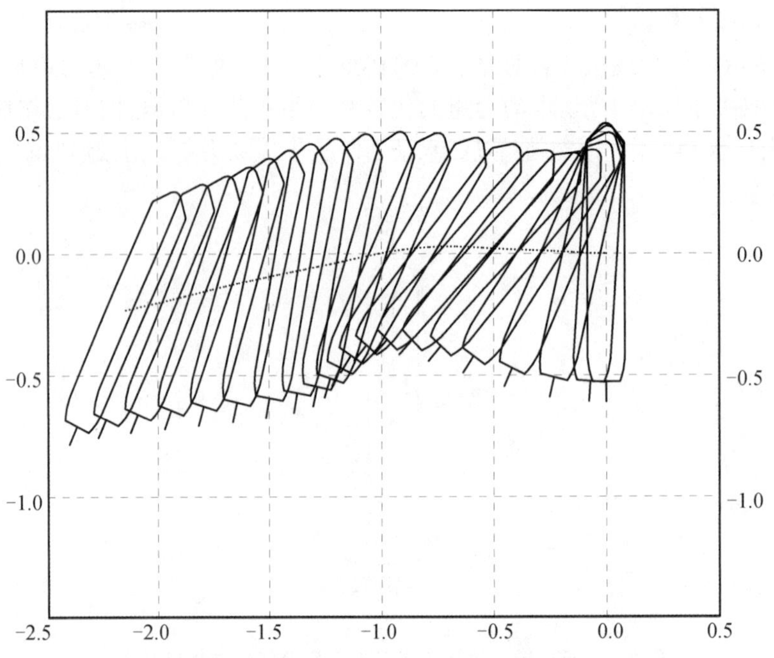

图 3-8　船舶停于水上的风致漂移轨迹示意图（风向 090°）

式中系数一般取 0.041，实际上因船型、排水状态及水深与吃水之比的不同而不同。但由于停船时的漂移速度与风速和船体水线上下面积比的平方根成正比，适合各船在不同状态下的系数亦可在总结经验中准确地得到。

（二）船舶航行中的漂移速度

影响船舶航行中漂移速度的因素除与影响停船时的漂移速度的因素相同之外，还与本船速度密切相关。船舶在航行中的漂移速度要小于静止中的漂移速度，船速越大，漂移速度越小；船速越低，横漂速度越大。

因此，在靠离泊或掉头操纵过程中，应根据船舶当时漂移速度及下风侧可供使用的水域大小，确定可供操纵使用的时间，与完成整个操纵过程所需的时间相比较，是否安全可行，做到心中有数。由于内河船舶受抗风能力等级和所配备的动力的制约，要时刻考虑其在极限天气时所能抗衡的最大风力，以免船舶受强横风的影响，导致船舶倾覆的事故。其航行中的漂移轨迹如图 3-9 所示。

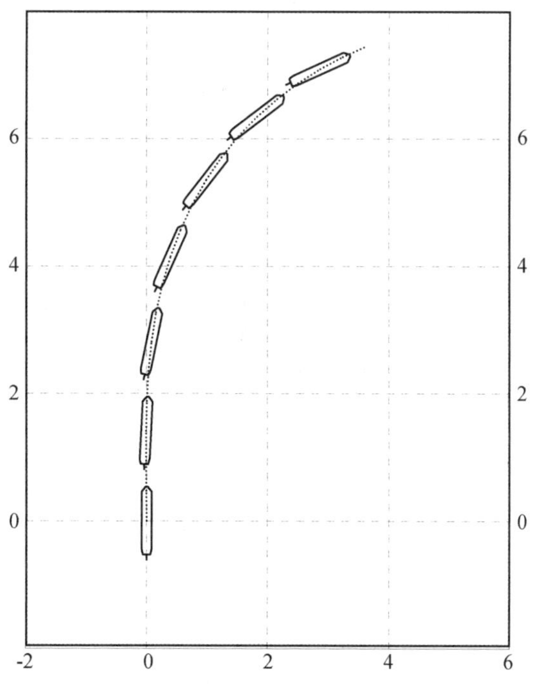

图 3-9 船舶前进中的风致漂移轨迹示意图(风向 090°)

第二节 流对船舶操纵的影响

一、水动力与水动力矩

(一)水动力

船舶与其周围的水做相对运动时,相对于船的水流对船的作用力称为水动力。船与水之间的相对运动,有的是由船本身自力(凭借车、舵、缆作用)所造成,有的是由外界条件(凭借拖船、风动力、水流作用)造成。船舶受水流作用的情况如图 3-10 所示。

1. 水动力大小

船体连续性水下比水上好,与风力估算式形式类似而且更为简单,水动力 F_w 估算式为:

$$F_w = 1/2\rho_w C_w v_w^2 L_{wl} d \tag{3-5}$$

式中:ρ_w——所在水域水的密度(海水标准值为 1025 kg/m^3,淡水标准值为 1000 kg/m^3);

C_w——水动力系数;

v_w——水对船的相对流速(m/s);

L_{wl}——船舶水线长(m);

d——吃水(m)。

水动力系数 C_w 随漂角 β 的增大而增大,当 β=90°左右时达到极大值,此时水动力 F_w 也达

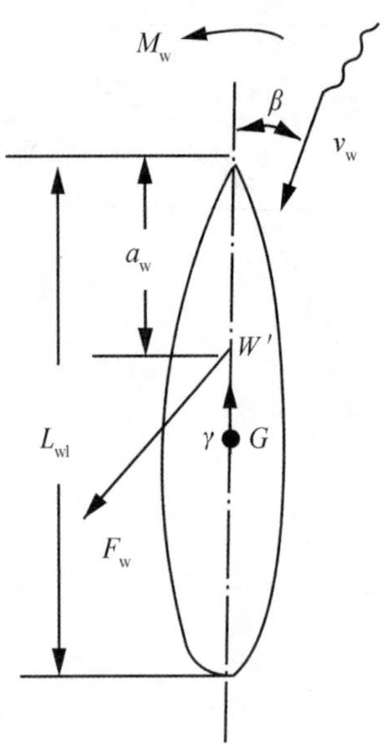

图 3-10　船舶受水流作用示意图

β—漂角，即水的来向与船首方向的夹角（°）；F_w—水动力（N）；W—水动力中心；γ—水动力角（°）；a_w—船首至水动力中心的距离（m）；L_{wl}—船舶水线长（m）；M_w—水动力力矩（N·M）

最大值，约为 $\beta=20°$、160°时水动力的 4 倍。此外，水动力还随水深与吃水之比的下降而上升。

水动力的大小与相对水流的速度、流向、船体水下形状与面积、水深有关，相对水流的速度越大、相对水流的方向越接近正横、船体水下面积越大、水深越小，则水动力越大。

2. 水动力方向

水动力方向通常用水动力角 γ 表示，即水动力 F_w 的作用方向与船舶尾向的夹角。

船体水下正面积很小，故水动力角 γ 在 90 °左右。因此，水动力的方向比相对水流的方向更接近于正横方向。

3. 水动力作用点

水动力作用点的位置受漂角、船体水下侧面形状及面积分布情况的影响。

a_w/L_{wl} 随漂角 β 的增大而增大，当 $\beta<90°$ 时，水动力作用点 W 在重心 G 之前；当 $\beta=90°$ 时，水动力作用点 W 在重心 G 附近；当 $\beta>90°$ 时，水动力作用点 W 在重心 G 之后。同一船舶，空载或压载时尾倾较大，水动力中心位置比满载时明显后移，尾机型船更甚。

（二）水动力转船力矩

在已知水动力三要素之后，欲求水动力转船力矩，如同求风动力转船力矩一样，也需视支点而定。

当以船首为支点尾离泊时，水动力力矩为：

$$M_w = F_w \cdot \sin\gamma \cdot a_w \tag{3-6}$$

当以重心为支点，相当于船舶在航行中时，该力矩为：

$$M_w = F_w \cdot \sin\gamma \cdot (L_G - a_w) \tag{3-7}$$

式中：M_w——水动力转船力矩（N·m）；

L_G——重心至船首的距离（m），一般近似为 $L_{wl}/2$；

a_w——船首至水动力中心的距离(m);

γ——水动力角(°);

F_w——水动力(N)。

二、流对船舶操纵的影响

流对船舶操纵的影响通常比风大得多,尤其是内河急流区航行的重载船舶影响尤为明显。

(一)均匀性水流对船舶操纵性能的影响

1. 对航速的影响

船舶在均匀流中航行,船舶对地的速度为船对水的速度与流速的几何和(矢量合成)。船舶顺流航行时,航速(对地速度)等于船速(对水速度)加流速;顶流航行时,航速等于船速减流速。因此,在船速和流速不变的条件下,顺流航行时的航速比顶流航行时的航速大 2 倍的流速。

2. 对冲程的影响

船舶顶流航行,对地冲程小,流速越大,对地冲程越小;船舶顺流航行,则对地冲程大,流速越大,对地冲程越大。因此,船舶顺流航行时,针对停车后降速非常缓慢的特点,不论是掉头操纵还是避让,都应及早停车淌航;另一方面,在顺流进港时,应及时地运用倒车、抛锚或拖船进行减速制动。

3. 对舵效的影响

船舶在均匀流中航行,当螺旋桨保持转速不变、船速(船对水的速度)不变、舵角不变时,不论顶流或顺流,舵叶对水的相对速度(舵速)是相同的,因而舵压力相同、舵力转船力矩也相同。

舵效却是个对地的概念,顶流时的航速(对地的速度)比顺流时的航速小 2 倍的流速,在使用相同的舵角前提下,顶流时船舶能在较短的纵横距内(较小的水域内)使船首转过一定的角度。因此,顶流时的舵效要比顺流时的舵效为好。

4. 对船舶旋回的影响

船舶在均匀水流中作旋回运动,由于受水流的影响,使船舶的旋回圈近似椭圆。顺流回转掉头,应估计下流力的安全漂移距离。漂移距离用流速与旋回 180°所需时间乘积的 80%进行估算。因此,顺流掉头所需纵距为漂移距离加船舶最大纵距和安全富余距离。

船舶在水流中旋回,顺流时的纵距大、逆流时的纵距小,因此有流时船舶的转向时机与静水时有所不同:静水中可在物标接近正横前转向,而顺流航行时应提前转向、逆流航行时应延迟转向。这样在不同的水动力作用下,船舶转向后船位才能落在预定的新航线上。

5. 对船舶漂移的影响

航行船舶在受到相对水流的作用时,流速越快、流舷角越大、船速越慢,则流压差角(船首向与船舶重心运动方向之间的夹角)就越大,漂移速度也越大;反之,流速越慢、流舷角越小、船速越快,则流压差角就越小,漂移速度也越小。驾驶人员在操纵船舶时,应注意斜流、横流的影响,尤其在通过急流、浅滩及桥区等航段时,应特别注意及时适当地调整流舷角。

（二）非均匀性水流对船舶操纵性的影响

船舶在内河航道航行时，不仅受到均匀性水流影响，也受到非均匀性水流的影响。非均匀性水流的种类很多，有回流、横流（斜流）、泡水、漩水、夹堰水等，这些水流对船的作用与均匀性水流不同。在非均匀性水流中，流速、流向复杂多变，可以增加或减少船舶的前进阻力、使螺旋桨的推力变大或变小、使舵压力增加或减小；如果非均匀性水流以较大夹角冲击船舶时，可使船舶迅速横移和因船体前后部分所受水动力不同而产生转船力矩，使船舶偏转而偏离预定航线，有时甚至超过车、舵控制能力而失控导致事故发生。

第三节 浮态对船舶操纵的影响

一、吃水变化对船舶操纵性能的影响

（一）影响螺旋桨水面效应横向力

对于单螺旋桨船舶而言，吃水深或重载船舶最明显的是螺旋桨水面效应横向力的减小，而其他效应横向力的变化不大；空载船的吃水小，螺旋桨临近水面工作，甚至可能部分露出水面工作，因此，螺旋桨水面效应横向力剧烈增加。对于右旋单桨单舵船，受螺旋桨水面效应横向力的影响，常须压右舵才能保持船舶稳向航行，且向右做旋回运动时的旋回直径比向左做旋回运动时的旋回直径大。

（二）影响舵效

对于空载船舶，若舵叶由于吃水浅而部分露出水面，则舵效明显下降。这是因为舵压力与舵叶的浸水面积成正比。重载船舶特别是顶推船队，平动惯性和转动惯性大，应舵慢、船舶起转后不易很快稳住，因而舵效差，因此，操纵时通常要早用舵、早回舵、用大舵角。

（三）影响船舶的旋回性能

在实际操纵中，重载船的旋回直径较大，旋回性较差。应当说明的是，对同一艘船舶而言，满载和空载时的纵倾状态是不同的，满载时虽然吃水大但尾倾小或是平吃水，空载时虽然吃水小但有相当大的尾倾，因此，无论对满载船还是空载船，吃水对旋回直径的影响与纵倾对旋回直径的影响是相互抵消的，所以，满载与空载时的旋回直径相差不多，满载时稍大一些。

（四）影响船舶的冲程

重载船舶吃水深，排水量大，则惯性大、冲程长，在靠泊时应及早慢车、停车。

二、横倾对船舶操纵性能的影响

（一）影响船舶偏转

船舶存在横倾时，船体入水体积与形状的左右对称性被破坏，因而改变了左、右舷各种作

用力的对称性，使船舶偏转。

1. 阻力-推力转船力矩

当船舶正浮时，船体的水线面左右对称，所以船舶航行时的水阻力与螺旋桨的推力大小相等，方向相反，且作用在同一条直线上，船舶作直线航行。

对于慢速船而言，当客货装载重量左右不对称时，船舶发生横倾，水阻力线向低舷侧偏移，与推力线不在同一条线上，构成了阻力-推力转船力矩（简称“推阻力矩”），使船首向低舷侧偏转，如图 3-11 所示。对于双螺旋桨船来说，这一转船力矩比单桨船要小一些。这是由于低舷一侧的螺旋桨因浸沉深度的增加，推力也增加；高舷一侧的螺旋桨因浸沉深度减小，推力则降低。两螺旋桨的推力合力作用线也略偏于低舷一侧，故推力作用线与水阻力作用线的间距较小，推阻力矩有所降低。

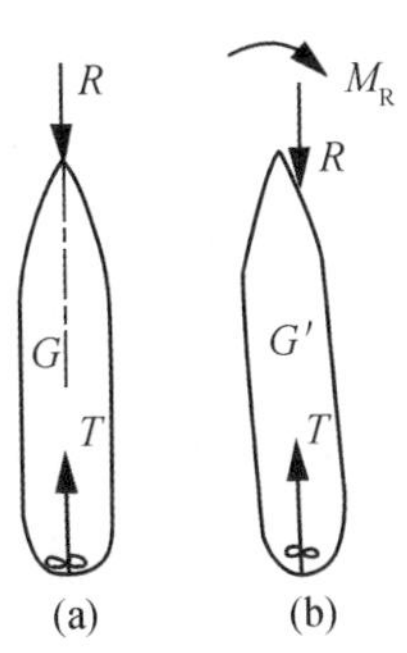

图 3-11 船舶横倾推阻力矩示意图

2. 船首波峰压差转船力矩

对于快速船而言，船首低舷一侧入水体积与形状较高舷一侧丰满，阻水力度增大，因而船首低舷一侧的波峰要比高舷一侧高、水动压力要比高舷一侧大，船首两侧的水动压力差产生向高舷侧的横向力矩，即船首波峰压力转船力矩（简称“首波峰矩”），使船首向高舷一侧偏转，如图 3-12 所示。

综上所述，横倾船低速时，推阻力矩起主要作用，推首向低舷侧偏转；高速时，首波峰矩起主要作用，推船首向高舷侧偏转。船舶横倾时，低速时船首偏向低舷一侧、高速时船首偏向高舷一侧，因此，船舶横倾时，高速船向高舷一侧操舵转向舵效较好，低速船向低舷一侧操舵转向舵效较好。

（二）影响船舶航速

船舶横倾航行，破坏了原来良好的水下线形，加之压舵以纠正偏航，增加了阻力，降低一定的航速。

（三）影响船舶吃水

船舶横倾时，船舶横倾一舷的吃水增加，影响船舶通过浅水区的航行能力。横倾一舷吃水的增加值与船宽、横倾角有关，船体越宽，横倾角越大，吃水增量越大。

（四）影响船舶舵效

船舶横倾航行时，由于舵叶倾斜，不再垂直于水面而使舵叶的有效受流面积减小，从而使舵压力有所降低，舵效降低。

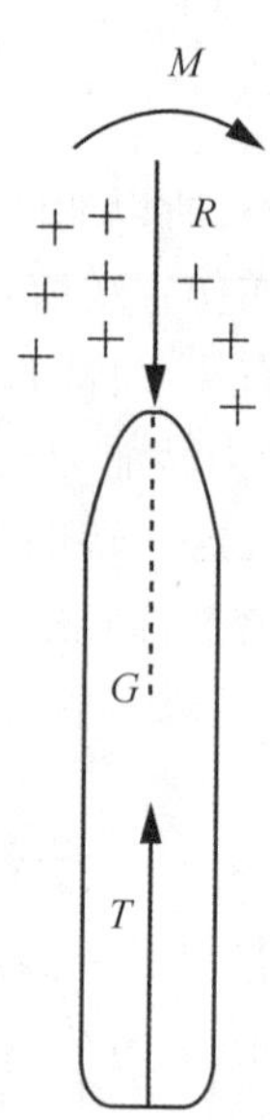

图 3-12　首波峰压力转船力矩示意图

（五）影响船舶回转掉头安全性

船舶旋回时离心力导致的长时间横倾（旋回致倾）是外倾，因此，船舶横倾时如果向高舷一侧回转掉头，则旋回致倾是向低舷一侧的，增加了船舶倾覆的危险。

三、纵倾对船舶操纵性能的影响

当客货装载重量前后不对称时，船舶将出现首尾吃水不等的现象，即纵倾现象。纵倾使船舶实际吃水大于平吃水，对通过浅区不利，并影响船舶的操纵性能。

（一）影响螺旋桨推进效率

过大的首纵倾会使螺旋桨沉浸深度降低，推进效率下降。尾纵倾使螺旋桨沉浸深度增加，从而保证了螺旋桨推进效率。

（二）影响舵效

船舶首倾时舵效较差，适当尾倾时舵效比较好。因为船舶航行中，水动力作用点在重心之前，水动力妨碍船舶转向；首倾时船舶浸水侧面积前部分布较多，使水动力作用点前移、作用力臂（重心与作用点之间的距离）加长，水动力妨碍作用增大，因而转向效果较差；而尾倾时船舶浸水侧面积后部分布较多，使水动力作用点后移（向重心靠近），作用力臂缩短，水动力妨碍作用减小，因而转向效果较好。因此，在货物配载时，应考虑保持适当的尾倾。

（三）影响航向稳定性

适当尾倾时航向稳定性比较好。因为船舶航行中，水动力作用点在重心之前，首倾时船舶浸水侧面积前部分布较多，使不正常水流作用点前移、作用力臂加长，从而增大了直航船的偏向力矩；而尾倾时船舶浸水侧面积后部分布较多，使不正常水流作用点后移、作用力臂缩短，从而减小了直航船的偏向力矩。

（四）影响船舶的旋回性

尾纵倾船舶旋回中时，旋回圈增大、旋回性能变差。航行于山区河流的船舶，要求有较好的旋回性，因此常使船舶适当首纵倾。

第四节 受限水域对船舶操纵的影响

受限水域是指对于不同吃水、不同船宽的船舶水深相对较浅、航道宽度相对较窄的水域。在受限水域中航行的船舶会出现有别于在宽深水域中航行的现象。水深相对较浅而使船舶运动特点发生的变化，称为浅水效应；航道的宽度相对较窄而使船舶运动特点发生的变化，称为岸壁效应。浅水效应和岸壁效应统称为受限水域效应。

一、浅水效应及防控措施

（一）浅水水域的界定

内河航道是否属于浅水域，应依据相对水深（实际水深与船舶吃水之比 H/d）的大小来界定：

（1）以船舶航行阻力额外增加为基准：当低速船以 $H/d \leqslant 4$、高速船以 $H/d \leqslant 10$ 时即可作浅水域对待。

（2）以船舶横移阻力额外增加、船舶操纵性受到影响为基准：当 $H/d \leqslant 2.5$ 时可作浅水域对待。

（3）以船舶操纵性明显受到影响为基准：当 $H/d \leqslant 1.5$ 时可作浅水域对待。

（二）浅水效应及其影响

船舶驶入浅水区时，在船体和水面上将会出现特有的现象；反之，如果出现这种现象，也就说明船舶已驶入浅水区，驾驶人员应采取相应措施，以避免船舶发生吸浅或搁浅等事故。

1. 浅水对船速的影响

船舶在深水中航行时，相对水流从两舷和船底向后运动流过船身，具有三个维度，但在浅水中航行时，由于船底水深受限，相对水流主要从两舷向后运动流过船身，原三维空间内的流动不得不变为二维平面式的流动，相对流速加快，引起摩擦阻力增加；另一方面，船体下沉也引起摩擦阻力增加；再者，在浅区涡流和兴波阻力也增加。基于上述三点，进入浅区船速会下降。

2. 浅区船舶的虚质量及虚惯矩增加

船舶在水上运动，必然同时带动周围水的运动，不论是纵移运动、横移运动还是转动均是如此。船舶的运动负担加重了，这就相当于增加了船舶的质量和惯矩，这种增加了的质量和惯矩称为附加质量和附加惯矩，它们与船舶本身的质量、惯矩之和称为船舶的虚质量和虚惯矩。

船舶的附加质量及附加惯矩的大小均以船舶质量及船体惯矩的倍数来表示，并与船舶的运动方向相关。在深水中，船舶纵移时的附加质量仅为船舶本身质量的 0.07~0.1 倍；横移附加质量为船舶本身质量的 0.75~1 倍;转动时的附加惯矩则为船舶本身惯矩的 1 倍左右。

船舶在浅水域时的附加质量和附加惯矩比深水中的大;相对水深(水深吃水比)越小,附加质量和附加惯矩增加得越多。

3. 浅区航行船舶遭遇的水动力增大

同一艘船舶,在船型、吃水相同的情况下,若给船舶以相同的力或力矩的作用,根据牛顿第二定律和合力矩定理,船舶在浅水域中所得到的加速度和角加速度要比深水中低。这就是说,在给船舶施加相同的力和力矩时,船舶在浅水域中的运动速度要比深水中运动速度低。或者说由于在浅区船舶遭遇的水动力增大,运动困难。

4. 浅区航行船舶周围的兴波变化

(1)流水声失常

船舶从深水区刚驶入浅水区时,由于惯性作用,船速不会立即下降,而船体周围相对平均流速增加,产生的兴波和破浪声也较大,但这一段时间较短,随着浅水阻力的作用,船速下降浪花声将变小。船员通常说的“流水无声”就是指后一种现象。所以,船舶航行时应随时注意水声的变化。

(2)出现赶浪与拖浪

①赶浪

船舶在浅区航行时,在满足一定的条件下,船行波中的散波波峰线与船身的夹角(散波夹角)会增大,这种夹角增大了的散波,就像在向前追赶船舶一样,因此船员常称之为“赶浪”(如图 3-13 所示),与此同时兴波阻力也增大。

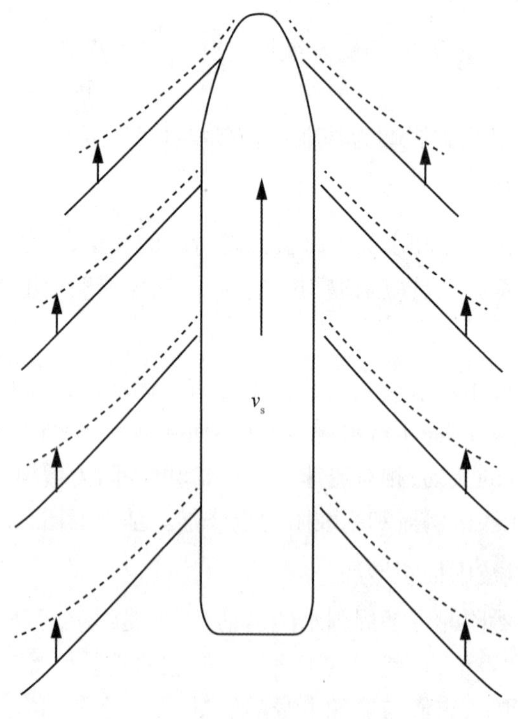

图 3-13 赶浪示意图

②拖浪

船舶在水深很小的浅区航行时，在满足一定的条件的情况下，散波夹角会达到90°，散波与横波叠加在一起，形成了一个横向移动的巨大横波（独立波）。独立波的波峰分别位于船舶的首、尾处，并随船一起移动，就像被航行中的船舶拖着走一样，因此船员常称之为“拖浪”（如图3-14所示），这时兴波阻力达到最大值。

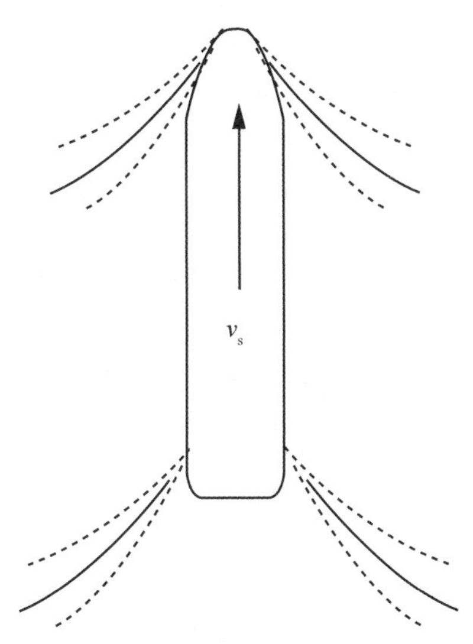

图3-14 拖浪示意图

5. 船体下沉、纵倾、纵摇、跳动、振动

船底过流面积下降导致流速加快，从而出现水压力下降、船体下沉；船体下沉量的大小主要取决于相对水深、船速和船型，相对水深越小、船速越快、方形系数越大的船舶，船体下沉量越大。另一方面，由于船身前后的线型不一，导致船体下沉增量不一，出现纵倾；当船经过水深不一的浅区不同点时，纵倾还会发生变化，引起纵摇。

随着船体的下沉，浮力增加，当浮力的增加值与水压力的减少值达到相等时，船舶还要在惯性作用下继续向下运动，但这时浮力已大于重力，于是船体又向上浮起，而后船体又下沉、上浮，船员常称之为“船体跳动”。

6. 斜坡效应

浅区航行船舶还会出现斜坡效应（俗称“跑舵”）。当船舶驶于水底沿船宽方向有明显倾斜的浅水域时，船首较浅一侧的垂向过流面积减小，排向船首较浅一侧的相对水流不能得到及时扩散，造成水位升高推首偏向较深一侧；另一方面，船身较浅一侧的垂向过流面积减小，造成相对流速加快，水压减低，造成船身两侧的压力差，促使船身向较浅一侧靠拢。这一现象船员称为“跑舵现象”或“斜坡效应”。为了避免搁浅，驾驶人员常让船“跑舵”，必要时降低航速，使船向深水区航行一段距离后，再调顺航向，继续航行。如果偏向失控而横卧航道，必要时抛锚抑制。

7. 浅水对船舶操纵性的影响

（1）舵压力略有降，舵效变差

在浅水中航行，舵力有所下降但下降不大；由于在浅区船舶遭遇的水动力增大，在舵力矩一定时，在一定的时间内船舶完成的转头角较小，舵效变差。

（2）旋回性下降，航向稳定性提高

船舶在浅区遭遇的水动力增大，因而遭遇到的转头阻矩也增大，最终导致圆弧轨迹曲度变小，旋回直径变大，旋回性下降。但在浅区船舶遭遇的水动力增大，因此直航船在外力干扰之后的转头惯性角较小，航向稳定性提高。

（3）冲程减小

由于阻力增大，在用车制动时，冲程减小。

（三）预防浅水效应的措施

1. 保持足够的富余水深

为了保证船舶在浅水区的安全航行，航行船舶必须留有足够的富余水深。富余水深是航道水深与船舶实际吃水的差值。

富余水深＝图示水深＋当时当地水位－船舶静吃水

确定富余水深应考虑船体下沉量、船体的纵倾变化、船体在波浪中的摇荡、河床的底质和航行图的精度等因素。

2. 减速行驶

船舶如果在浅水域快速航行，会导致浅水阻力急剧增加，主机负荷加大、吃水增加进而增加了吸浅的危险，因此必须减速行驶，避免上述现象的发生。

3. 连续测深

连续测深是船舶驶入不适航浅水区的必要措施。连续测深的目的是探明航路水深，使船舶航行于深水水域。

4. 提高船舶控制能力

提高船舶控制能力，一是要早用舵，早回舵，用舵舵角要适当增大；二是慢车与常车要交替应用，以保证船舶拥有足够的控制能力。

5. 备锚

为防止船舶驶入不适航浅水区，因操纵灵活性降低或船舶出现“跑舵”等而发生“倒头”、失控等危险局面，在船舶驶入浅水区前，应通知水手长备锚，必要时使用。

二、岸壁效应及防控措施

水道宽度受限，船舶偏航接近水道岸壁时，因船体两舷所受水动力不同，而出现的船舶整体吸向岸壁、船首转向中央航道的现象称为岸壁效应。

水道宽度对操船的影响：航道宽度与船长之比 $W/L \leq 2$ 时，出现岸壁效应，这个值可作为狭窄水域的判别标准；当 $W/L \leq 1$ 时，操纵性受到明显影响。这里所述的水道宽度是指航道的底部宽度。

（一）岸推与岸吸

如果船舶偏至航道某一侧距离岸壁较近时，航行中船首排开的水分向左右两舷侧，近岸一舷由于岸壁阻挡水流扩散缓慢；同时一部分需从船底流过的水也因水浅而流动不畅。因此在船首近岸舷形成高水位,产生转船力矩推首转向航道中央,这种现象称为岸推。该力矩称为岸推力矩,如图 3-15 所示。

岸推产生的同时,船体被岸壁"吸拢"的现象称为岸吸。其原因在于船中尾部由于船体靠近岸壁,近岸侧过水断面小,流速增大,压力下降;此外,螺旋桨正车时,把前方的水吸入盘面然后排向后方,使吸入流的一面(即船中尾部两侧),尤其是内舷侧形成较低水位,压力下降。因此,船中尾部近岸一舷水流流速快、压力低,船舷两侧构成推船向岸靠拢的压力差。这个作用于船体而方向指向岸壁的力称为岸吸力,这种现象称为岸吸,如图 3-15 所示。

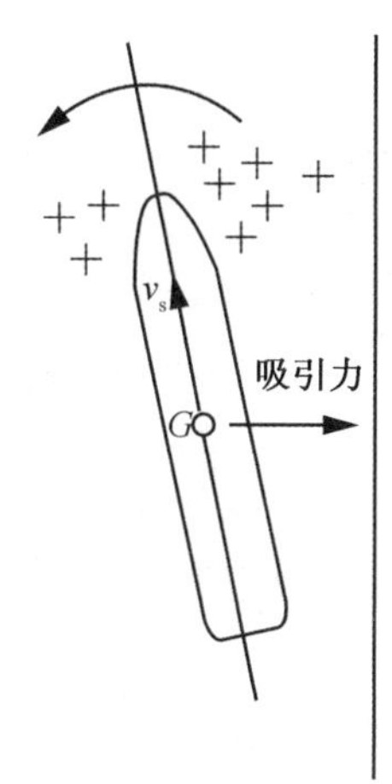

图 3-15　岸推、岸吸示意图

(二)岸壁效应的影响因素

1. 船岸距离

距岸越近、偏离中心航道越远,岸壁效应越激烈。船岸间距达 1.7 倍船宽时,便可显出岸壁影响。

2. 航道宽窄

航道宽度越窄,岸壁效应越激烈。

3. 航速

航速越高,岸壁效应越激烈。

4. 船型

船型越肥大,岸壁效应越明显。

5. 水深

水深越浅,岸壁效应越明显。

6. 岸壁形状

岸壁越陡峭,岸壁效应越明显。

(三)防范岸壁效应的操船措施

(1)近岸壁航行时,保持岸距、慢速行驶。

(2)船舶接近岸壁航行时,向岸壁方向压舵能有效地抑制船首向外偏转,同时也能利用舵力的横向力来抵消岸吸力，如上述平均压舵舵角达到5°及以上仍不足以保向，应引起驾驶人员高度重视，需尽可能增加船舶岸距或降低航速，以确保船舶安全。

(3)驶离岸壁时宜用小舵角慢慢摆开，不宜操大舵角。

第五节 船间效应对船舶操纵的影响

一、船间效应产生的原因

船舶在航行中，船首阻挡向后的相对水流，造成船首相对流速降低、压力增高、水位上升，呈现最高水位；相对水流过船首之后，由于船身的流线型原因水流一路顺畅，船中流速最大、水压最小、水位最低；在船尾处，因船身两侧水流会合，流速较慢、水压较高、水位较高。

两船在对驶、追越或并进的过程中，若两船之间的距离较近，将会出现吸引、排斥、偏转、波荡等现象，这种现象称为船间效应。船间效应容易造成船舶碰撞，在船舶操纵中应引起充分重视。

(一)波荡产生的原因

当两船之间的距离较小时，以处于追越关系中的船舶为例，一船受到另一船掀起的船行波的作用，如图3-16所示，追越船当处于被追越船掀起的发散波的波峰上时被加速，当处于波谷上时被减速。当两船间距较小时，被他船的船行波增速或减速的现象称为波荡(或无索牵引)。

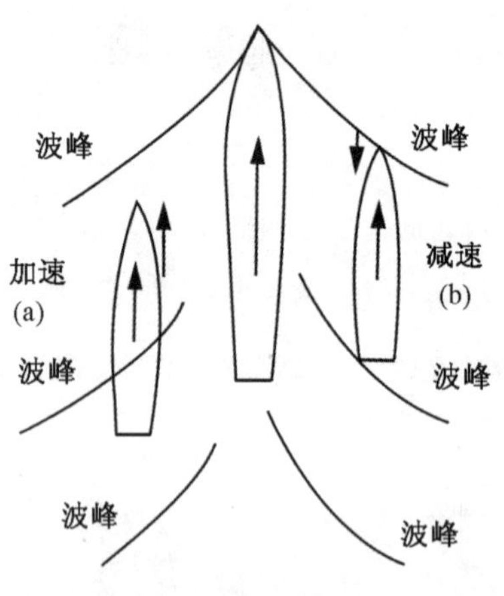

图3-16 波荡示意图

(二)吸引、排斥与偏转产生的原因

1.两船对驶相遇时吸引、排斥与偏转产生的原因

设A、B两船长度相同，对驶相遇平行驶过，当两船首接近时，船首高压使两船相互排斥而向外偏转，如图3-17中①所示；当B船首处于A船中部时，双方船首都受对方中部低压区的吸

引而都向内偏转，如图 3-17 中②所示；当两船处于并列时，两船内侧流速加快、流压降低，各船内外两侧形成水压力差，使两船相互吸拢，如图 3-17 中③所示；当两船船尾处于对方中部时，双方船尾都受对方中部低压区的吸引从而船首都向外偏转，如图 3-17 中④所示；当两船船尾相平时，船尾都在较高压区而相互排斥，从而两船船首均向内偏转，如图 3-17 中⑤所示。

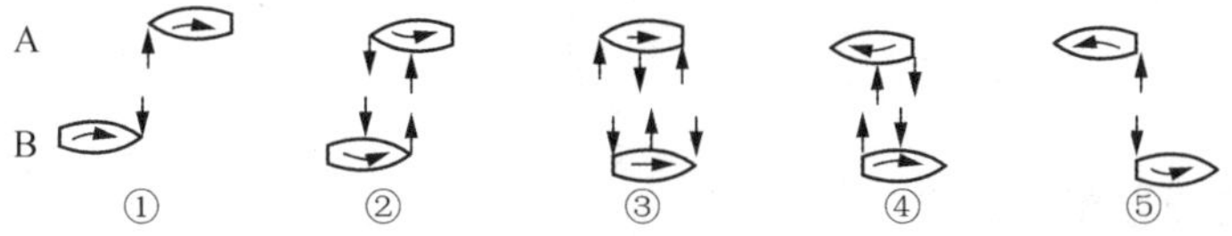

图 3-17 船舶对驶相遇的船间效应示意图

2. 追越中两船对吸引、排斥与偏转产生的原因

追越船 B 船首接近被追越船 A 船尾时，A 船船首内转、B 船船首外转，如图 3-18 中①所示；两船重叠一半时，B 船首内转、A 船尾内转，如图 3-18 中②所示；两船并列时，相互吸拢，如果 A、B 两船排水量、尺度等条件相同，则由于双方首部高压的相互排斥力大于尾部较高压的相互排斥力，故双方首部各自略有外偏，如图 3-18 中③所示；当 B 船首追过 A 船首，两船重叠一半时，B 船尾内转、A 船首内转，如图 3-18 中④所示；当 B 船尾刚追过 A 船首时，B 船首内转、A 船首外转，如图 3-18 中⑤所示，此时如果 B 是小船、A 是大船，则 B 船首内转明显、A 船首外转不明显，B 船将一头扎向 A 船的前方航路，造成碰撞，因此此位置最危险。

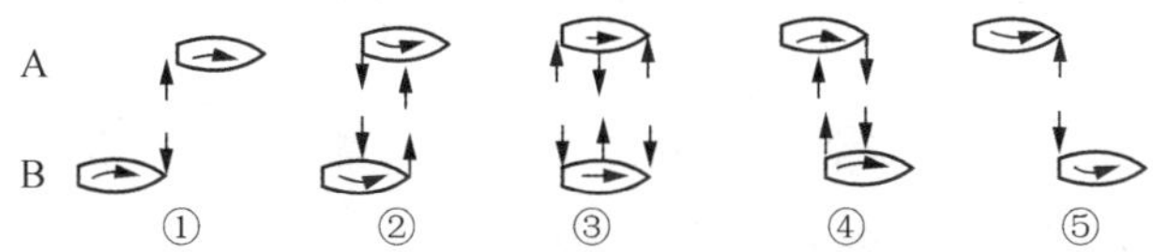

图 3-18 船舶追越中的船间效应示意图

二、影响船间效应的因素

1. 两船间距

两船间距越小，相互作用越大。当两船间距小于两船船长之和时，就会出现船间效应；当两船间距为两船船长之和的一半时，就会出现明显的船间效应。

2. 两船航行方向（相对速度）

两船航向相反时（对驶相遇），由于会遇持续的时间较短，船间效应存在的时间也较短，影响较小；而处于同向追越时，由于相互作用持续时间较长，尤其当两船并行时，持续时间更长，船间效应也就更明显。

3. 船速

船速越大，兴波就越强烈、船体周围流压差异越为明显，故船间效应也就更为明显。

4. 排水量

船舶排水量越大，给他船造成的影响越大，他船遭受的船间效应越明显。两船排水量差异较大时，大船受到的影响较小，小船受到的影响较大。

5. 航道尺度

在浅窄的受限航道中航行，由于船体周围流压变化及兴波较深敞水域更为激烈，船间效应也就比深水中更为明显。

6. 船型

方形系数大的船受到的影响大。

三、船间效应的防控措施

（一）追越中预防船间效应的措施

尽量避免在狭窄、弯曲、浅滩河段处追越，应选择顺直、通航密度小的允许追越的河段进行追越。

应尽量保持足够的横距，在深水、宽阔航道中如果要快速追越，则两船之间的横距至少要大于较大一船的船长。

追越前必须用 VHF 电话与被追越船联系，并按照《中华人民共和国内河避碰规则》有关规定，鸣放声号，征得被追越船同意后，方可进行追越。

被追越船如果同意追越，应尽量让出航道并适当减速，追越船应适当加速以缩短两船相互作用时间；尽可能增加两船的横距，当两船之间横距受到水深或其他限制时，双方均应酌情降低航速。

一旦出现船间效应并有碰撞危险，追越船应减速，并操适当舵角抑制偏转。

（二）对驶中预防船间效应的措施

两船对驶相遇，若两船横距过近、速度过快，当船舶一端处于他船内舷的高压区或低压区，则有可能因激烈的偏转而使该船首或船尾部碰撞他船。因此应减速缓慢行驶，尽量增大两船间的横距，避免在复杂航道中会船。

待两船船首平行时，切忌用大舵角抑制船首向外偏转，否则将导致船首进入对方船中部低压区时加速内转而引起碰撞。正确的措施是适当加车以增加舵效，稳定船首向，减少通过的时间，使相互作用迅速消失而安全通过。

（三）驶过系泊船时的相互作用及其预防

当船舶近距离驶过系泊船时，除船间作用的影响之外，系泊船也会受到驶过船的船行波及其岸壁反射波的影响。这种影响常表现为船舶的首摇、横摇、纵摇，以及横荡、纵荡、垂荡等运动，对船舶影响最大的则是纵荡，其结果可能造成系泊船靠岸舷侧的擦损、挣断系缆等问题。根据经验，水深越浅，越接近系泊船，通过的船速越高，这种影响也就越大，风强流急又将助长这种影响。为此，船舶近距离驶经系泊船时，宜减速行驶，同时尽可能加大与系泊船的横距以减弱这种影响；而系泊船则应加强值班，必要时对系缆和碰垫做必要的调整，以增加船舶系泊稳定度。

第四章 船舶系离泊操纵

船舶操纵是指船舶驾驶员根据本船的操纵性能，结合航道上的客观环境条件，正确运用操纵设备(车、舵、锚、缆、辅助拖船等)，保持或改变船舶运动状态的作业。船舶操纵广泛应用于船舶进出港、靠离泊、系离浮筒、抛起锚，以及船舶在大风浪航道、狭窄航道、船闸航道、桥区航道中安全航行和船舶应急操纵等作业中。

第一节 船舶掉头作业

将船首向改变180°的操纵称为船舶掉头操纵。掉头操纵是船舶在营运过程中常见的操纵作业之一。如船舶起航后顺流航行，顺流船舶航行途中遭遇浓雾、大雪等能见度不良情况需抛锚扎雾时，顺流航行船舶途中遭遇大风需抛锚扎风时，顺流航行船舶在单行控制航道被他船占据不能继续航行时，顺流航行船舶靠泊操纵或离泊后顺流航行时以及逆流船掉头为顺流船等均需进行掉头操纵。操纵船舶掉头时，驾驶人员应根据掉头的目的、航道条件和风、流及本船操纵性能等主客观情况，选择好掉头地点和时机，正确选择掉头方向，拟定具体掉头操作方案，做到安全迅速完成掉头操纵。

在掉头作业前，应密切注意航道情况和周围环境，及时悬挂、显示信号及鸣放声号，在无碍他船航行时，方可掉头。在掉头操纵过程中，应谨慎操纵，随机应变，避免触岸、搁浅及碰撞等事故发生。

一、船舶掉头地点及掉头时机的选择

船舶应选择在障碍物少、水流平缓、航道宽阔及过往船舶少的水域进行掉头。

1. 山区河流船舶掉头

选择山区河流船舶掉头的地点，首先应避开明暗礁浅较多、航道弯曲狭窄的河段；其次应避开回流、泡水、横流等不正常流态的航段。尽可能选择障碍物少、流态平缓、航道顺直、宽阔的水域掉头。顺流航行船舶回转掉头，掉头时机的选择应充分估计下流方向漂移距离，流速越大，漂移距离越大，操舵掉头时机也应提前。

2. 顺流航行船舶为靠泊掉头

顺流航行船舶为靠泊指定泊位或为进行其他作业而需掉头时，应根据泊位附近航道、水流及本船操纵性能，选择好掉头转舵地点，以保证船舶在掉头后既具有调整船位的余地，又离指定的泊位不远。操舵时机除与本船旋回纵距有关外，还与流速密切相关。若流速大、船速快，则纵距增加，掉头船舶应适当提前操舵；反之，则可适当延迟转舵。

3. 船舶在港口专用掉头区掉头

船舶在水域狭窄、船舶密集、情况复杂的港口，常指定供船舶掉头的专用区域，掉头船舶应驶往指定的掉头区域进行掉头操作。

4. 船舶在潮汐河段掉头

船舶在潮流河段掉头时，选择掉头时机，使得船舶抵达掉头地点时，潮流已趋缓和，切忌在急涨或急落时掉头。

5. 船舶在大风浪河段掉头

在大风浪河段掉头时，应选择适当的掉头时机，使船舶在掉头过程中处于横浪时的波浪达到最小，以减小船舶因波浪引起的横倾与船舶掉头产生的外倾叠加，确保掉头操作安全。

二、船舶掉头方向的选择

正确选择船舶的掉头方向是完成掉头操纵的关键，船舶掉头方向的选择应根据本船操纵性能、航道条件、风、流等影响因素来决定。

（一）根据螺旋桨效应横向力的综合作用方向选择掉头方向

1. 单螺旋桨船掉头

单螺旋桨船在螺旋桨综合效应横向力的作用下，使得船舶向左或向右的旋回直径不完全相等。若采用连续进车掉头，应向旋回直径较小的一舷掉头；若采用进、倒车掉头，右旋单螺旋桨船应选择向右掉头，左旋单螺旋桨船则应向左掉头。

2. 双螺旋桨船掉头

双螺旋桨船掉头，可选择向左或向右掉头，掉头方向视其他影响因素而定。

（二）根据航道水流流速的分布选择掉头方向

内河航道面流水流速度的分布是不均匀的，有主流和缓流之分，掉头时应充分利用面流流

速分布差异的特点，以获得水动力转船力矩，帮助船舶掉头，缩小掉头所需水域，减少掉头所需时间。

1. 顺流船掉头为逆流船

顺流航行船舶掉头时，应从主流向缓流掉头，如图 4-1 所示。当船舶回转船首部处于流速小的缓流区，船尾部处于流速大的主流区时，作用于船体的水动力所产生的转船力矩与舵压力转船力矩方向相同，帮助船舶掉头，加速船舶回转，缩小掉头所需水域。

若驾驶人员错误地选择顺流航行船从缓流向主流掉头，则船首驶入主流区后，水流作用于船体所产生的水动力转船力矩的方向与舵压力转船力矩方向相反，阻碍船舶回转，使船舶掉头困难；若水动力转船力矩与舵压力转船力矩相抗衡时，则造成船舶直冲对岸而发生事故。

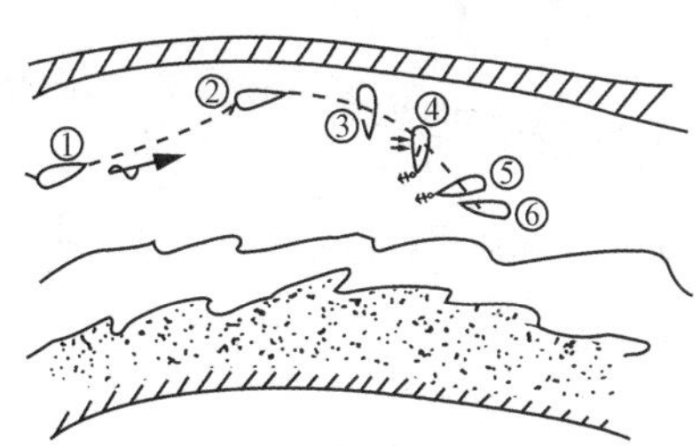

图 4-1 顺流船掉头方向选择示意图

2. 逆流船掉头为顺流船

逆流航行船舶掉头时，应从缓流向主流掉头，如图 4-2 中 Ⅰ 所示。当船首达主流区，船尾处于缓流时，水流作用于船体所产生的水动力转船力矩与舵压力转船力矩方向相同，帮助船舶掉头，加速船舶回转，缩小掉头所需水域。

若驾驶人员错误地选择由主流向缓流掉头，如图 4-2 中 Ⅱ 所示。当船首达缓流区，船尾处于主流区时，水流作用于船体所产生的水动力转船力矩与舵压力转船力矩方向相反，阻碍船舶回转。尤其是主、缓流区流速差异越大，船舶长度越长时，阻碍船舶回转越明显，甚至使船舶无法掉头。

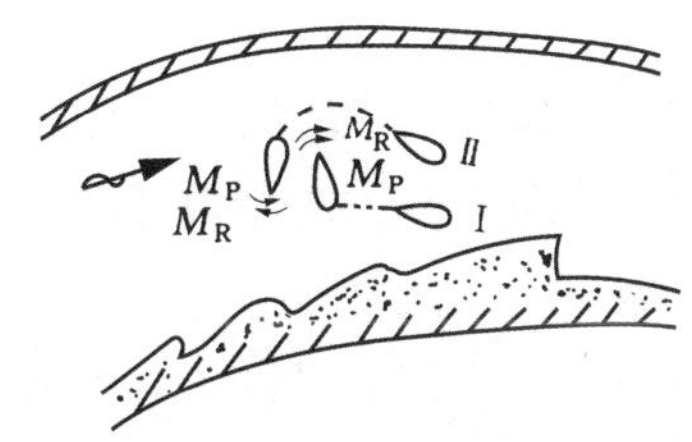

图 4-2 逆流船掉头方向选择示意图

M_P—舵压力转船力矩；M_R—水动力转船力矩

（三）有侧风作用时掉头方向的选择

1. 风致偏转

船舶在侧风作用时掉头，在整个回转掉头过程中，随风舷角的变化，风对船舶偏转的影响通常都会出现助转、无影响和碍转的情况。只是掉头方向不同，助转、无影响、碍转出现的先后顺序不同而已，从而影响掉头操纵各阶段的实际效果。

如图 4-3 所示，船舶逆风掉头时，随风舷角的变化，风动力转船力矩对船舶掉头的作用依

次为助转、无影响和碍转作用。如图 4-4 所示，船舶顺风掉头时，随风舷角的变化，风动力转船力矩对掉头的作用依次为碍转、无影响和助转作用。

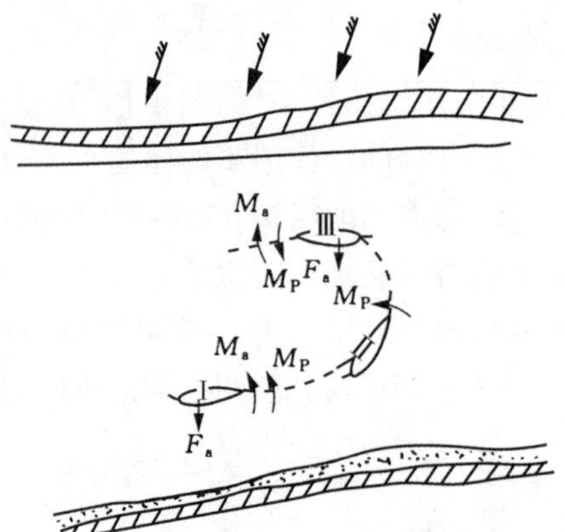

图 4-3　船舶逆风掉头风致偏转示意图

F_a—风动力；M_a—风动力转船力矩；M_P—舵压力转船力矩

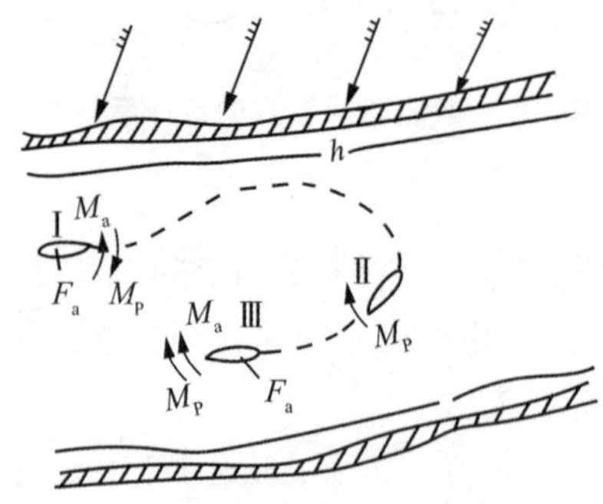

图 4-4　船舶顺风掉头风致偏转示意图

F_a—风动力；M_a—风动力转船力矩；M_P—舵压力转船力矩

2. 风致漂移

船舶在回转掉头过程中，在风动力作用下，船舶向下风向漂移。船舶掉头方向不同，掉头所需水域的大小则不同。如图 4-5、图 4-6 所示，图中虚线为船舶在无侧风作用时掉头所需的水域，实线分别为顺风掉头和逆风掉头所需的水域。

船舶掉头所需水域大小，一般用船舶旋回初径的大小来衡量。船舶顺风掉头时的旋回初径大于逆风掉头时的旋回初径。当船舶空载时，或水线面以上侧面积与水线面以下侧面积比值较大且风速较大时，顺风掉头与逆风掉头两者所需的水域差值更大。

综上所述，从风致偏转角度来看，无论逆风掉头还是顺风掉头，风动力转船力矩都存在助转和碍转两方面作用，只是出现的先后顺序不同而已。从风致漂移角度来看，逆风掉头所需水域小于顺风掉头所需水域。因此，船舶在侧风中掉头时，一般选择逆风掉头，避免船舶一旦掉头不成或掉头时间较长而发生触坡或扫岸事故。

当侧风来自船首，宜采用顺风转并使用倒车后退“船尾找风”的原理进行掉头。当侧风来自船尾，采用抛锚逆风掉头为好。

船舶在回转掉头时，螺旋桨效应横向力、风动力和水动力所产生的转船力矩往往同时存

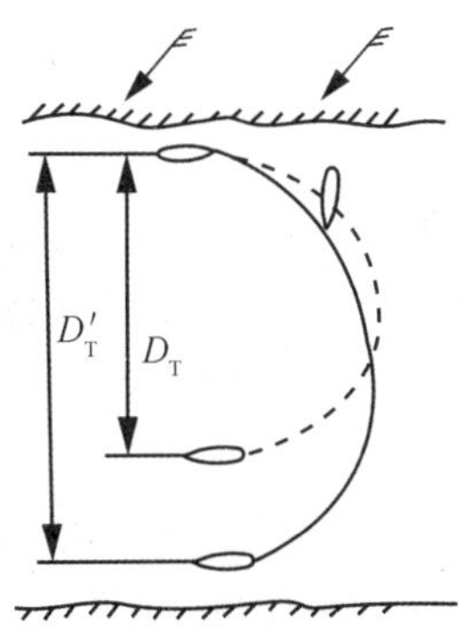

图 4-5 船舶顺风掉头风致漂移示意图

D_T—船舶无风掉头时的旋回初径;D'_T—船舶顺风掉头时的旋回初径

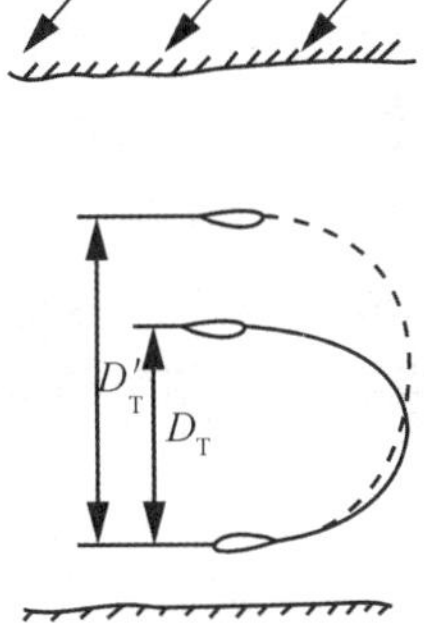

图 4-6 船舶逆风掉头风致漂移示意图

D_T—船舶无风掉头时的旋回初径;D'_T—船舶逆风掉头时的旋回初径

在,在风、流影响较小的情况下,螺旋桨效应横向力是提供选择回转掉头方向的主要因素;船体受风面积大或风力较大时,风动力是考虑选择回转掉头的主要因素;重载船且流速较大的情况下,水动力是考虑选择回转掉头的主要因素。

驾驶人员做出船舶掉头方向和方法的决定后,应通知有关船员,以便协调地进行掉头操作。在进行回转掉头之前,驾驶人员还应观察周围是否有对驶、追越或尾随的船舶,尤其是在船舶密度较大的水域或在夜间掉头时,更应加以注意,以防不测。

三、常用掉头操纵方法

不同的掉头方法适用于不同的船舶和外界环境条件,驾驶人员应根据本船的操纵性能和当时当地的环境条件,正确选用合理的掉头操纵方法。

(一)连续进车掉头

1. 适用条件

在航道宽度大于船舶旋回初径的条件下,可采用连续进车回转掉头方法。该方法的特点是操作简便,需时最短。

2. 操纵要点

(1)单螺旋桨船

①对于单螺旋桨船,在驶抵选定的掉头地点之前,先向掉头的相反方向操舵,拉大档子,腾出水域,以供船舶安全回转之用(在狭窄河段中掉头更为必要)。

②降低车速以降低航速,减小回转运动的纵距、横倾和旋回初径,并增加储备功率,以备急需之用。

③向掉头方向转舵,当船首改向 35°~40°时,恢复常速,增加螺旋桨排出流速度以提高舵压力,增加舵压力转船力矩,加大船舶回转角速度。

④当掉头接近完成时,应及早回舵,必要时可操反舵,以调顺船身,防止船尾扫岸或触礁。

(2)双螺旋桨船

①在驶抵选定的掉头地点之前,先向掉头的相反方向操舵,拉大档子,腾出水域。

②两部主机同时改为慢速或中速,减小回转运动的纵距、横倾和旋回初径。

③将舵转向回转掉头一侧,待船回转改向 20°~30°时,将外侧主机增至中速或常速,以便在回转掉头过程中两部主机转速保持一个差值,形成一定的推力偏心转船力矩帮助船舶回转。

④当船舶回转改向 90°时,应减速以减小横倾和回转水域。

⑤待船舶回转改向 160°~170°时,将两侧主机开到相同转速,及早回舵,必要时可操反舵调顺船身。

(二)进、倒车掉头

1. 适用条件

航道宽度较窄时,可采用进、倒车进行掉头。

2. 操纵要点

(1)船舶在驶抵选定的掉头地点之前,先向掉头的相反方向操舵,拉大档子,腾出水域,以供船舶安全回转之用,如图 4-7 中位置①②所示。

(2)进车操满舵,当船首逼近航道边线时,停车、然后开倒车,操正舵。

(3)当船舶在螺旋桨反转拉力的作用下后退时,利用船舶在侧风中后退“尾找风”的原理,使船尾向左偏转,船首继续向右偏转,如图 4-7 中位置④⑤所示。

(4)待船尾退至接近航道上风侧边界时,又改为进车,操右舵,船首继续向右回转,直至整个掉头作业完成,如图 4-7 中位置⑥所示。

3. 注意事项

(1)采用进、倒车掉头时,应了解本船螺旋桨倒车拉力能否克服当时风动力对船尾的作用和船舶的后退惯性。

(2)单螺旋桨船采用进、倒车掉头时,应充分考虑螺旋桨效应横向力的影响,右旋单桨船应选择向右掉头,左旋单桨船应选择向左掉头。

(三)抛锚掉头

1. 适用条件

当航道宽度不足、水深适宜、水流平缓,采用连续进车掉头或进、倒车掉头操纵困难时,顺

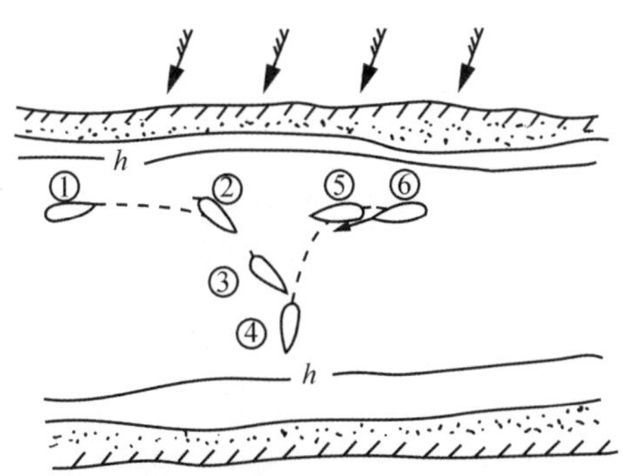

图 4-7 进、倒车掉头示意图

流船可采用抛锚掉头方法掉头。

2. 操纵要点

(1)船舶在驶抵选定的掉头地点之前,通知人员备妥掉头相同方向一舷的首锚。

(2)向掉头的相反方向操舵,拉大档子,腾出水域,并及时减速慢车,如图 4-8 中位置①②所示。

(3)船舶至掉头地点,操舵回转,当船首转过一个适当角度后及时停车或倒车,待首尾线与流向接近垂直时,抛下掉头方向一舷首锚,松链约 1.5 倍水深长度时,即行“刹车”呈“拖锚”状态,如图 4-8 中位置③所示。

(4)密切注意船位和船身的前冲后缩,及时用车、用舵控制,此时,船舶在锚和水流的共同作用下就可顺利完成掉头。

(5)起锚,按所需航路航行或进行其他操纵作业,如图 4-8 中位置⑥所示。

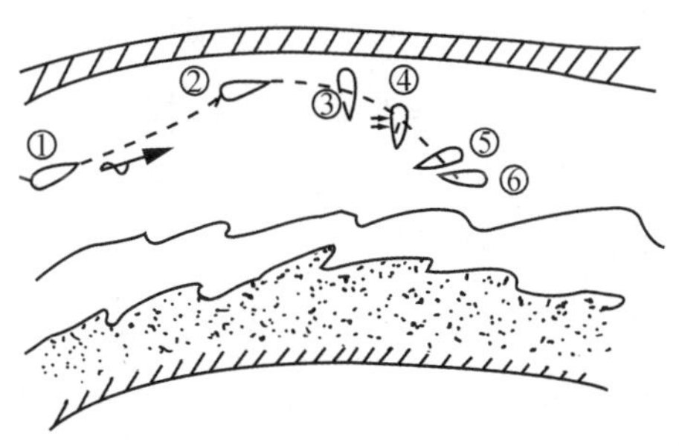

图 4-8 抛锚掉头示意图

3. 注意事项

(1)下行船在选定掉头地点和掉头方向后,应立即下令备妥相应一舷首锚,即向右掉头备右舷首锚,向左掉头备左舷首锚。

(2)在无流狭窄水域采用抛锚掉头时,当抛下掉头方向一舷首锚后,应用舵和断续的微速进车,以获得舵压力转船力矩,使船在舵压力转船力矩和锚抓力的作用下,顺利完成掉头作业。

(3)抛锚前,余速应控制至最低程度,为此,应根据本船停车淌航的距离适时停车,控制船舶惯性。

(4)船舶掉头时,要处理好落锚时的船位及船身与流向的夹角。一般首尾线与流向接近垂直时,是抛锚掉头的最佳时机。

（四）双螺旋桨船正倒车掉头

1. 适用条件

正倒车掉头又称“鸳鸯车”掉头，是内河船舶在航道狭窄的水域中最常用的掉头方法。该方法不仅操作简单，而且若用车、用舵得当，船舶几乎可原地回转掉头。因此，旋回初径较小，所需水域小。

2. 操纵要点

（1）船舶在驶抵选定的掉头地点之前，先向掉头的相反方向操舵，拉大档子，腾出水域，以增加供船舶回转的水域面积。

（2）慢车减速，减小回转运动的纵距、横倾和旋回初径，并储备舵力。

（3）向掉头一舷操舵，将掉头一舷的车停止，然后开倒车，另一舷开进车，以获得推力偏心转船力矩，增加回转角速度。

（4）待船舶回转改向 160°～170°时，及时停掉头一舷的倒车，再将两侧主机开到相同转速，及早回舵，必要时可操反舵，以调顺船身。

3. 注意事项

（1）双螺旋桨船采用正倒车掉头的原理是：除操舵使船舶获得舵压力转船力矩外，可采用一进车一倒车产生推力偏心效应横向力和分水前效应横向力，增加转船力矩和回转角速度。

（2）在掉头过程中，应根据航道和水流条件调整进车或倒车车速，从而控制船舶前伸后缩的惯性。若船舶前冲速度过大以至于有可能逼近航道边界时，应增加倒车车速，减小进车转速；若船首距航道边界距离较远时，则可增加进车车速，以获得较大的舵压力转船力矩。

（五）利用系缆掉头

船舶利用码头系缆掉头有两种方法，一种是离码头时利用系缆掉头，另一种是航行中驶向码头利用系缆掉头。其操纵方法如下：

1. 离码头利用系缆掉头的操作方法

离码头利用系缆掉头的操作方法，如图 4-9（a）所示。

（1）留下首倒缆，解去其他各缆。

（2）向码头方向操舵，如图 4-9（a）中位置①所示，使船尾受水动力作用而转离码头，如首倒缆得力，随时松动；当船身与码头垂直时，如图 4-9（a）中位置②所示，将另一舷首缆系上，再松开原首倒缆，待船转动后再解去。此后船受水动力作用自然掉直，如图 4-9（a）中位置③所示。

2. 航行中驶向码头利用系缆掉头

航行中驶向码头利用系缆掉头，有船首贴拢码头和船尾贴拢码头两种方法。

（1）船首贴拢码头

船首贴拢码头，如图 4-9（b）所示。

①船舶斜向驶向码头，到图 4-9（b）中位置①时，带上首缆。

②倒车，首缆松到一定长度，船荡向河心时紧住首缆，如图 4-9（b）中位置②所示。

③待船身荡到与水流垂直时停车，如图 4-9（b）中位置③所示。

④当船被水流推压与码头成45°左右时解缆用车,如图4-9(b)中位置④所示。

(2)船尾贴拢码头

船尾贴拢码头,如图4-9(c)所示,

①先以船尾贴拢码头,带好尾缆,使其受力。

②操外舵,略用慢进车,利用流压力甩头回转。

③当船身与岸成45°左右,即可解去尾缆驶向主航道。

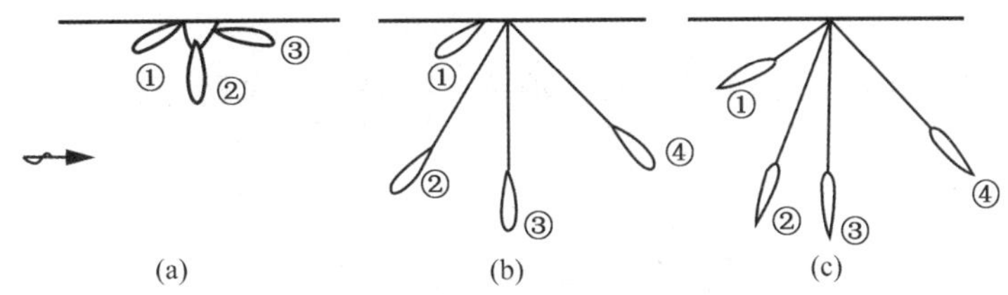

图4-9 利用码头系缆掉头示意图

(六)顶岸掉头

1. 适用条件

在航道狭窄且岸边有足够水深,风、流影响较小,无水下障碍物的条件下,可采用顶岸掉头方法掉头。

2. 操纵要点

(1)当船舶选择好掉头地点和掉头方向后,拉大档子,减速慢车,然后停车,以大于45°的夹角滑行至岸边,如图4-10中位置②③所示。

(2)若速度过大,可开倒车或抛拖锚,使船舶以安全速度轻抵岸边,此后操舵,开慢进车(若双螺旋桨船,则可用一进车一倒车),使船舶在舵压力和推力偏心效应横向力转船力矩的作用下,以船首顶岸点为转心做回转运动,如图4-10中位置④⑤所示。

(3)待一舷与岸边约成45°夹角时,如图4-10中位置⑤所示,停车,继开倒车,操正舵,船身即可逐渐驶离岸边;当船舶驶至图4-10中位置⑥时,调顺船身,掉头操纵即告结束。

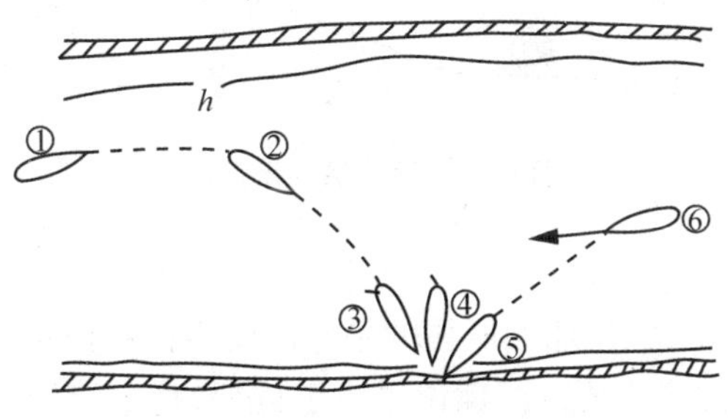

图4-10 顶岸掉头示意图

第二节 船舶靠离泊作业

一、泊位的种类

在内河港口为船舶停泊专设的水域称为泊位。按泊位结构形式划分，内河泊位主要有两大类。

（一）固定式码头

1. 岸壁式码头

重力式、板桩式、减压承台式码头等均属岸壁式码头。码头靠船的正面受水的压力，背面受土的压力，水底深层用钢筋混凝土或钢板桩构筑的直立岸壁，实心而不透水。船舶靠码头时，受水的推力作用，离开码头时受吸引作用。

2. 基桩式码头

直桩顺岸式、叉桩顺岸式等均属基桩码头。它是在打桩的基础上构筑的桩腿式结构码头，水可透过，船舶靠离码头较易操作。

3. 浮码头

浮码头由趸船、跳板等组成，用抛锚、系缆等方法固定在常年水位变幅较大的江河岸边（如山区河流）或在潮差变化较大的岸边，其位置随水位变化而移动。趸船与岸边用跳板等连接，船舶停靠在趸船外侧进行作业，如图4-11所示。

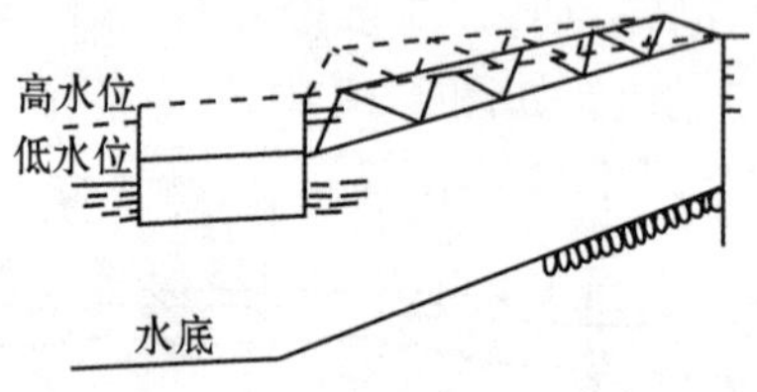

图4-11　浮式码头示意图

（二）系船浮筒

系船浮筒如图4-12所示，大型船舶所用的系船浮筒多为沉锤锚链式，主要由浮筒的筒体、链、沉锤、锚等构成。浮筒位置主要由沉锤位置决定，锚起稳定沉锤的作用。为防止船与沉锤碰撞，浮筒水上部分的周围有固定的圈形碰垫镶嵌。锚的数量和固定方式依风流方向概率最高的方向确定。船舶在系浮操纵时，驾驶人员应牢记以浮筒为中心周围60~70 m是可能存在浮筒锚链的水域，避免在此范围内抛锚。内河港口常沿其流向设置一系列浮筒。系于两浮之间的船舶尚可在两舷进行驳载作业。

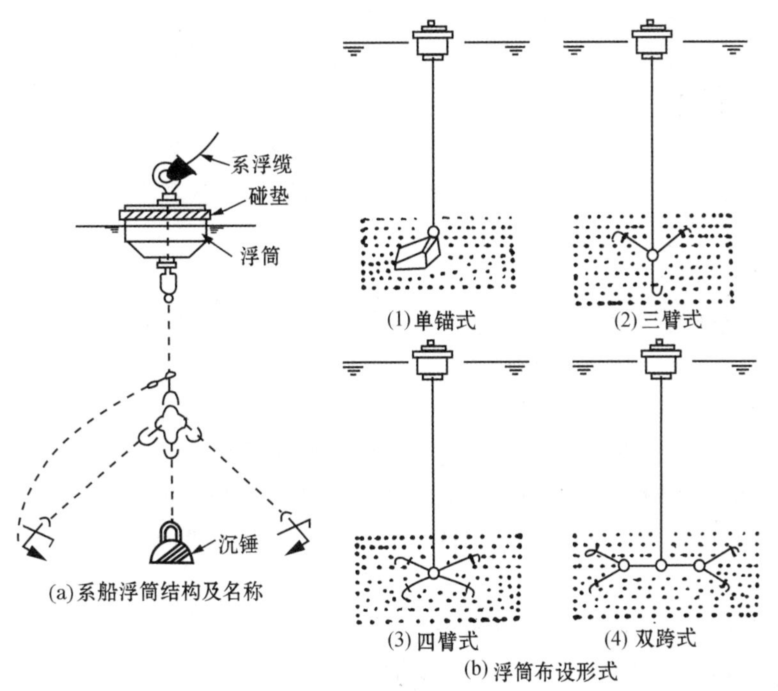

图 4-12 系船浮筒示意图

二、船舶靠泊操纵

(一)靠泊准备工作

船舶驶靠码头时,处于低速运动状态,加上水域受限,受力情况较为复杂,其运动状态及船位航向控制均较困难,且作业要求较高。这就要求驾驶人员应根据本船的实际操纵性能,结合风、流情况以及当时泊位条件和他船运动状态等,制订完整的靠泊操纵方案。在实际靠泊中,巧妙而灵活地运用操纵设备,正确操纵船舶,完成靠泊任务。

1. 掌握有关情况

船舶驶靠码头前,驾驶人员应掌握的有关情况是指与船舶驶靠码头密切相关的情况,掌握的情况是否充分将决定船舶驶靠码头的成败。

(1)环境情况

环境情况包括港口、航道、码头的情况,泊位附近的风、流、水深以及港内和泊位附近的船舶动态等情况。

①港口情况

掌握港口航道的实际深度、宽度;掌握掉头区的范围、禁锚区以及诸如分道通航制、港内限速、甚高频无线电话(VHF)使用及导航、通信设施的使用等规定;掌握各航段航道的航向、航程及航标的配备情况等。

②泊位情况

掌握码头种类、码头的走向、泊位长短、水深、前后停泊船的多少、实际泊位空当的大小(一般不小于船长的 115%~120%)及泊位附近的水域宽度等。

对于浮式码头,应掌握趸船的强度和尺度,锚链水深和出链方向及出链长度。

掌握船舶驶抵泊位时当地的风、流等情况,同时还应注意到港内,特别是泊位附近因受地域、地形制约,风向、风速、流向、流速等情况与港外的差别及多变等特点。

对于静水港口,主要考虑泊位附近风向与风速的变化;有流港口在考虑风的同时,还应考虑泊位附近流向、流速,尤其对于流速较大的泊位或重载船舶,更应着重考虑水流的影响;潮汐港口还应掌握潮高、潮流及转流时机等。

③船舶动态

通过港口调度部门、海事部门以及瞭望、联系等手段,及时掌握驶经泊位附近的船舶动态,以便安全避让,并为安全顺利靠泊创造条件。

(2)本船情况

驾驶人员应充分掌握本船情况,主要包括本船的操纵性能、载重量的大小、船舶吃水的深浅、实际运动状态以及各种操纵设备的有效性及可靠程度等情况,尤其是船舶在各种载重情况和航速时的冲程和舵效。另外,对船员的技术业务能力也应全面了解。

2. 制订靠泊计划

靠泊操纵计划应包括进港准备、港外和港内航道航行操纵、靠泊操纵各阶段内的总体安排、各阶段内的主要操纵环节以及可能遇到的困难和对策。敏锐地观察、科学地分析、周密地布置是制订靠泊操纵计划的基本原则。

良好的靠泊计划必须在时间、空间、操纵措施、关键问题和对策上做出明确的规定。例如,起锚并驶出锚地、驶进浅水区、港外和港内航道、掉头、抵泊和靠泊等。

3. 做好靠泊部署

执行靠泊计划需要全船人员的协同配合和操纵设备的综合运用两项条件。为此,需做好靠泊部署工作。

(1)人员到位

在进行靠泊操纵前,船长应将靠泊计划、操纵意图、关键环节清楚地向相关驾驶员明确交代,详细地给出必要的指示,使他们心中有数,以利于充分发挥他们的主动性。在到位的人员中,应更多注重其能力与特长的发挥。操舵、撇缆、带缆、抛锚等操作岗位的人员必须具有较高的业务技术水平和认真的工作态度。

(2)设备到位

锚设备和系泊设备的准备工作,应按靠泊计划进行,混乱则可能导致靠泊失败或引发事故。操舵、盘车以及操纵主机的各种准备工作也应按靠泊部署要求进行。船长应通过严密的准备和组织工作,严格防止在关键时刻出现诸如锚不能及时抛出、链不能按要求刹住、缆不能按要求带上或松出,乃至要车给不出、舵失灵等问题的发生。

考虑到各船的船员、设备情况各有特点,靠泊条件也各不一样,在靠泊部署方面既应坚持有统一标准,也应允许有具体的调整,这是对靠泊部署的进一步完善和补充。

（二）靠泊操纵要领

1. 靠码头操纵要领

（1）控制好速度

船舶驶靠码头控制速度是关键。控制船舶速度的原则是在能保持舵效的前提下，船速越小越好。其理由一是避免船舶在驶靠码头时频繁使用倒车而影响船位或驶靠角；二是靠泊过程中可以使用短时间的进车以增加舵效；三是能够提供比较充分的时间进行观察和判断，并对当时发生的情况有足够的时间采取相应对策。

余速的判断可根据码头物标移动的快慢来判断，如发现余速较快，可用倒车或拖锚抑制。控制速度应注意以下几点：

①余速的控制应根据船舶装载情况、冲程，并结合当时当地风、流方向和速度以及本船倒车功率确定。

②船抵码头下端位置，如图 4-13 所示，是控制余速的关键，应不断目测船速，及早用车控制。

③船舶空载且吹开风较强时，为降低风致漂移速度，可适当提高船速。

④重载船舶的余速应比空载船舶低；顺流时的余速应比顶流时低。

⑤船舶在静水泊位靠泊比顶流泊位靠泊，在控速、倒车以及抛拖锚的时机要早。

⑥船舶由航道淌航至码头边时，会发觉余速较大，对此驾驶人员应有所估计。

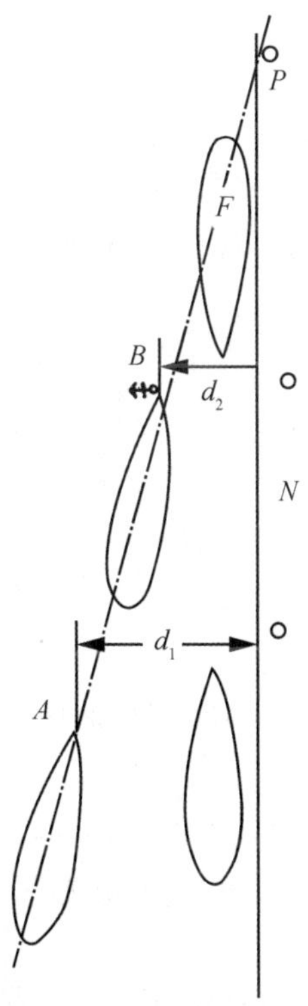

图 4-13　无风流影响船舶驶靠模式示意图

d_1—初始横距；d_2—驶靠横距

(2)摆好船位

摆好船位通常是指船舶驶靠码头,使用慢车、停车时的船位,要求船舶在此位置停车滑行至泊位外档能处于合理的位置。摆好船位通常用纵距和横距来衡量。

①纵距

纵距是指靠泊船的船首在停车淌航时至泊位上端点的纵向距离。一般情况下,纵距一般为2~3倍船长,并视风、流情况及船舶冲程大小做适当调整。

②横距

横距是指靠泊船的船首在停车淌航和驶抵泊位时,正横外距码头外缘线的垂直距离,包括靠泊横距和初始横距,如图4-13所示。

a. 靠泊横距

靠泊横距是指船舶停于码头外档时,船首距码头外缘应保持的横距(图4-13中d_2)。该横距为20 m左右,再通过调整船位,抛上撇缆带上首倒缆。

b. 初始横距

初始横距d_1较靠泊横距大,主要由船首至位置A淌航至位置B的过程中船舶横向移动距离来确定,如图4-13所示。其中,既包括淌航驶至泊位过程中的风致漂移距离,也包括流速与船速的合速度使船身向码头横向移动的距离。

在确定初始横距时应注意以下几点:

一是根据泊位附近风向而定。吹开风时,横距适当缩小;吹拢风时,横距适当增大。

二是根据泊位下方是否有他船停靠而定。泊位下方有他船停靠时,横距可大些;泊位下方无他船停靠时,横距可小些。

三是根据船舶与码头外缘延长线的夹角大小而定。船舶与码头外缘延长线的夹角较大时,横距应适当放宽;夹角较小时,则横距适当缩小。

下行船舶须回转掉头进行驶靠,应选择好合理的船位和掉头操舵点,以便使船舶掉头结束后的船位正好处于码头外档最合理的位置。

(3)调整好驶靠角

驶靠角是指船舶驶靠码头时,首尾线与码头外缘延长线之间的夹角。

①驶靠角与船身向码头横移速度的关系

在船舶淌航速度一定时,减小驶靠角,可以减小船身向码头边缘的横移速度;增大驶靠角,可以增加船身向码头边缘的横移速度;驶靠角为零,船身向码头边缘的横移速度为零。

②驶靠角的调整

为了确保船舶安全、平稳地靠妥码头,船舶在淌航滑行过程中,需要不断地调整驶靠角。驶靠角的调整主要通过下列途径实现:

a. 通过船舶淌航过程中操舵来实现。操内舵,则增加驶靠角;操外舵,则减小驶靠角。

b. 抛倒锚驶靠的船舶,可以通过适当松紧锚链来实现。松锚链,操内舵,则增加驶靠角;紧锚链,则减小驶靠角。

c. 船舶带上首倒缆后,可以通过绞收系缆实现。收绞首倒缆,操内舵,则增加驶靠角;松首倒缆,操外舵,则减小驶靠角。

d. 进江海船在某些特殊情况下还可以通过港作拖船协助操纵实现。

③确定驶靠角大小的原则

a. 重载船在急流港口顶流驶靠时，驶靠角度宜小，以降低驶靠横移速度，减小船舶向码头或趸船的驶靠力。

b. 空载船、缓流或吹开风时，驶靠角宜大，以减轻风致漂移，并保证船舶有足够的驶靠速度。

c. 嵌档驶靠时，应使船舶到达泊位档子正横外处，使船身与码头边缘线接近相平行。

d. 在码头或趸船附近有困档水（或内拖水）时，应将船首略向外扬，以减小驶靠角。

e. 船舶在淌航滑行中，应不断调整风、流压差，并减小船舶与风或流的夹角，而获得较好的驶靠角。

f. 船舶驶近码头时，力求平行靠拢，前后位移应用车、舵、锚、缆予以配合，调整适当。

上述控制驶靠速度、摆好船位和调整好驶靠角，是船舶驶靠码头操纵的三个基本要领，在驶靠操纵中相互联系、相互影响。当驶靠速度过大，必将频繁而长时间地使用倒车，并影响到驶靠角和船位；驶靠速度过小，则必然导致风致漂移增加，难于按选定横距淌航于串视线上；驶靠角的调整，横距的选定，均需由操舵和用车来实现，因而又将影响到对船速的控制。由于靠泊中的船舶始终处于运动之中，驾驶人员必须针对船舶运动中出现的动态变化，紧紧抓住上述三个操纵要领，恰当地给予必要的调整和控制，使之与客观条件的要求相适应，才能最终使船舶平稳地停靠于指定的泊位上。

2. 靠码头注意事项

（1）山区河流驶靠码头注意事项

山区河流由于水流流速大，流态紊乱，水位变幅大，码头主要以浮码头为主，结构强度差。因此，船舶驶靠码头时应注意：

①急流码头

驾驶人员应掌握好驶靠横距和驶靠角，控制好流舷角，减小水动力转船力矩和船舶向码头的横移速度，以减小船舶靠泊力，必要时抛拎水锚驶靠。

②回流区码头

驾驶人员应掌握好驶靠速度，控制好船舶余速和冲程，早停车或倒车，必要时抛倒锚驶靠。

③内拖水码头

驾驶人员应掌握好驶靠横距，控制好船舶向码头的横移速度，通过用车、用舵减小首尾线与流向间的夹角，必要时抛开锚驶靠。

④结构强度差的码头

若船舶吨位大，码头结构强度差，应采用抛拎水锚驶靠，以减小码头的承受负荷。

（2）平原河流驶靠码头注意事项

①风、流影响的靠泊

码头附近风、流作用方向相反时，驾驶人员首先应判断当时船舶所受风压和流压究竟哪个大，若流压大于风压，则船舶顶流顺风驶靠码头；若风压大于流压，则船舶顶风顺流驶靠码头；若条件许可，则船舶应顶风、流合力方向驶靠码头。

②静水港的靠泊

在静水港靠泊，则主要考虑风的影响，通常以顶风驶靠为宜，并保持船舶首尾线与风向的夹角越小越好。若强吹拢风，要注意抢占上风船位，在接近码头时，应紧住开锚锚链，以防止船舶撞击码头;若强吹开风,驶靠角宜大,并控制好船舶惯性,及时撇缆,迅速带上首缆和首倒缆。

(3)锚和缆绳配合

在靠泊过程的操作中,应注意锚或系缆的受力情况,防止缆绳破断和注意锚链是否受力。若锚链不得力,船首会撞击码头;若锚链得力,船首不易被绞拢,应及时松链,在松链时,应停绞或慢绞首倒缆,以免船首撞击码头。

(4)泊位附近船舶动态

船舶在驶靠码头时,不要只顾操纵本船而忽视瞭望周围船舶的动态,尤其要注意泊位前后方船舶的动态,避免在泊位外档与他船交叉会让。

(5)码头情况

靠泊前若发现泊位不清,应及早在泊位后方将船稳住或抛锚等候;若泊位后方不能抛锚,应用车控制速度,用舵增加与泊位之间的横距,待泊位清楚后再驶靠。

(6)主机的使用

对于内燃机船舶,若频繁用车,应注意机舱压缩空气是否备足,防止用车时开不出车。因此,船舶在驶靠码头前要提早备好车,在备车条件下操纵船舶。

3. 船间靠泊操纵要领及注意事项

船舶傍靠他船时,由于两船船型、尺度、吃水不同,干舷高低不一,在护舷设备各方面也不及趸船可靠,如驶靠时操作不当,极易发生碰损事故。船间驶靠准备工作和操纵方法,与船舶驶靠码头相近,但须注意以下问题:

(1)驶靠前的准备

①收进两船内舷所有突出的活动部件,准备好防撞垫和手提碰垫。

②了解被靠船有无开锚,若抛有开锚,应了解其锚链方向和出链长度,如条件许可应驶靠未抛锚的一舷,以防靠泊时本船用锚而发生锚链绞缠。

③尽可能采取平行驶靠,防止船首冲击他船,使船体受损。

④船舶靠泊前或驶靠中,要求两船把船身调直,不得向内舷倾斜,如有可能,最好调向外倾 $1°\sim2°$。

(2)船间靠泊操纵要领

①驶靠靠泊船或系浮船操纵要领

a. 驶靠船舶以缓速驶近泊位,纵距 2~3 倍船长处停车,控制余速,做到不用或少用倒车,并以 10°左右的驶靠角接近靠泊船或系浮船,如图 4-14 中位置①所示。

b. 当船首平被靠船船尾时,掌握横距在半个船长左右,如图 4-14 中位置②所示。

c. 船首至被靠船中点时,可抛外档拖锚,以稳住船首和减少挤压力,如图 4-14 中位置③所示。

d. 当船舶拖锚至船首与被靠船船首平行时,横向距离 20~30 m,使船身与被靠船平行靠拢,如图 4-14 中位置④所示。

e. 先带首缆和首倒缆,待两船平行靠拢后,再带尾缆和尾倒缆,各缆均要缓慢收紧,平均受力。

f. 在上述各缆系桩后,还应从首、尾各出一缆带至码头上,以增加系泊力。

②驶靠锚泊船操纵要领

单锚泊船或系单浮筒的船,在有风浪的情况下所产生的偏荡运动,给驶靠操纵增加了一定

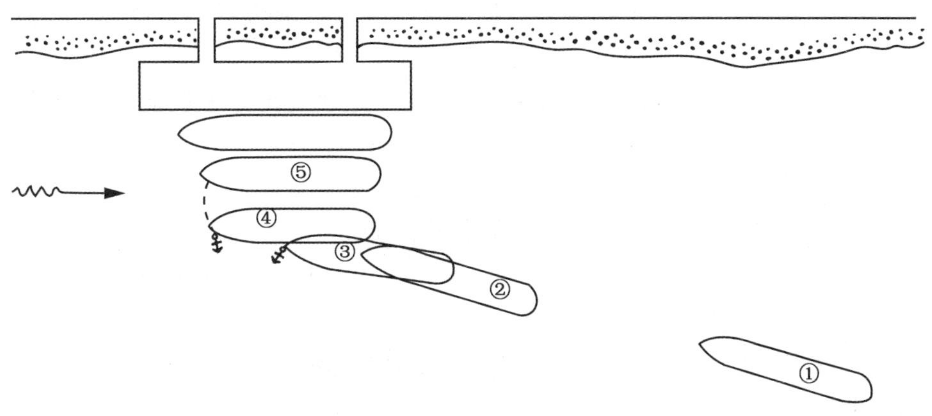

图 4-14 船舶驶靠靠泊船示意图

的难度。因此,在锚地傍靠锚泊船,应选择风小、流缓的时机进行,避免在强吹拢风时驶靠。

a. 当锚泊船有少量偏荡时,驶靠船宜逆风、逆流、缓速,以 10°~20°驶靠角,如图 4-15 中位置①所示,单螺旋桨船以左舷驶靠有利。

b. 当船舶驶至锚泊船船尾时用倒车拉直船身,以平行方向微速靠拢,如图 4-15 中位置③所示。

c. 先带上首缆以防止船首外偏,再带上首倒缆及尾缆。若锚泊船偏荡较大,须在锚泊船船尾附近,观测该船摆动的极限位置,以平行方向驶靠,必要时可抛外档拖锚,以控制船舶的惯性和减小向下风漂移的速度。

d. 系靠结束,应将外档锚绞起,以防两锚绞缠。如为了固定船位,减小在风中的偏荡和漂移,可松链垂直于河底,但不宜松链太多,以能拖动为度。

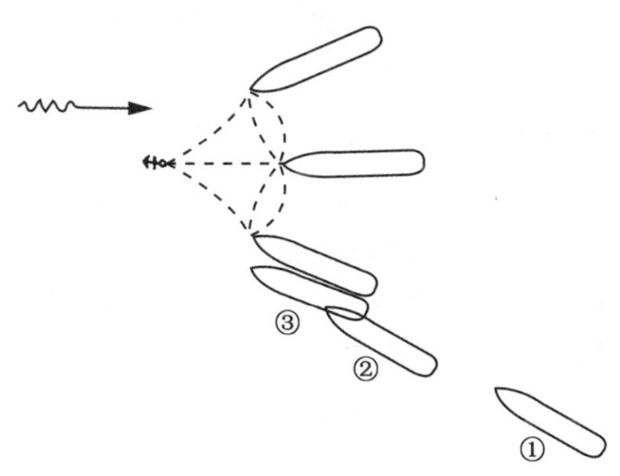

图 4-15 船舶驶靠锚泊船示意图

③驶靠在航船操纵要领

在流速较大或风、流不协调的情况下,两船在航行中并靠,要比大型船舶先抛锚后由小船去傍靠更安全,因为双方都在前进,可维持各自的操纵能力。同时,在航行途中,短时间傍靠,运送人员或物资,可以减少系泊作业。傍靠在航船时,在整个靠、离泊过程中,由较小的驶靠船船长指挥。

在驶靠操纵时,大船应选择水势平稳的水域以微速稳向航行,小船在大船的尾后以稍快的航速驶近,当船首平大船船尾保持 1~2 倍船宽的横距时,调整航速和航向,使前面第一只大碰垫与大船首前舷先接触,并保持船向稳定。带上首缆后,调顺船身平行靠拢,系上各缆,如图4-16 所示。

当风向与流向夹角较大时,傍靠操纵较困难,并靠后将产生不同步横摇,应特别注意。

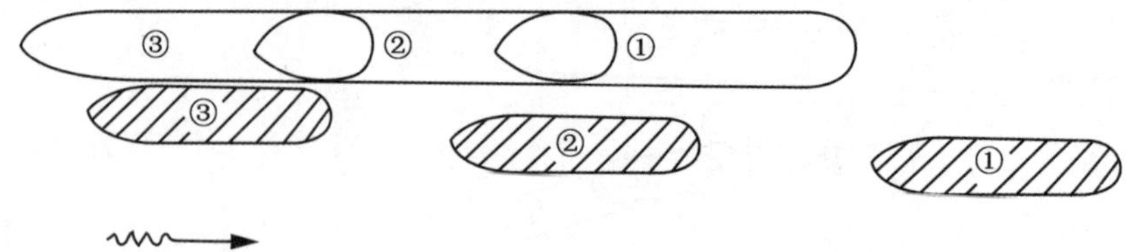

图 4-16　船舶驶靠在航船示意图

(3)注意事项

①并靠的两船应保持正浮,最好不存在向并靠一舷的横倾。舷间突出干舷外的部分,如舷梯等一律收进。同时应准备好固定靠垫或手提碰垫。在锚地过驳或过载时,为防止波浪引起的船间撞击,可使用专用的橡皮防冲击碰垫。

②靠上他船时,应尽量平行靠拢,使两船平直的部分相互接触,以避免一点接触伤及船体。干舷高的船首或船尾不要凌驾于干舷低的船舷上方,以防止损及栏杆、舱面设施或甲板建筑。

③驶靠船抛锚时,应预先掌握对方船的锚位及出链长度和方向,以避免使锚和锚或锚和链之间相互缠绕。

④并靠系浮筒的他船时,一般先带好两船之间的系缆,即固定用缆,后带浮筒缆,以防止两船之间相互移动及错位。各系缆应尽量均匀受力,系紧挽牢,防止从导缆孔跳出或严重摩擦。

⑤锚泊船在风大流急时会产生严重偏荡,这给靠泊带来一定困难。但是,在一般情况下,偏荡周期较长,所以偏荡速度除中间平衡位置以外,在两边极限位置处最低,而且往往造成顶风态势,故驶靠偏荡船舶时,应选择在该位置进行。波浪较强,船舶颠簸剧烈时,则不宜靠泊,应等待条件好转时再行靠泊。

4. 陡岸(平坡)靠泊操纵要领及注意事项

在某些河段若无固定港口,亦无靠泊设施,以及船舶在航行途中突然遇浓雾或应急情况下而无锚地等,船舶可采用靠泊陡岸(平坡)的方法做短时间停泊。

(1)驶靠陡岸操纵要领

①选择水流平缓、有足够水深、无障碍物的陡岸。

②距泊位纵距 2~3 倍船长,横距约 1 倍船长处停车,以与岸线保持 30°左右的夹角驶近泊位,如图 4-17 所示。

③在船首到达驶靠点下方抛下外档锚,然后慢车操内舵使船首轻微触岸,这时停放锚链,送上首缆、首倒缆,调整船位使船身平行靠拢。

(2)注意事项

①船舶驶靠陡岸,驶靠点最好选择在陡岸凹进部分的下方或小凸嘴的上方,以便靠泊后,船后方有较大回旋余地和避免受不正常水流的影响。

②船首抵达驶靠点下方是控制余速的关键,必要时抛拖锚控制余速,使船首轻微接近岸壁。

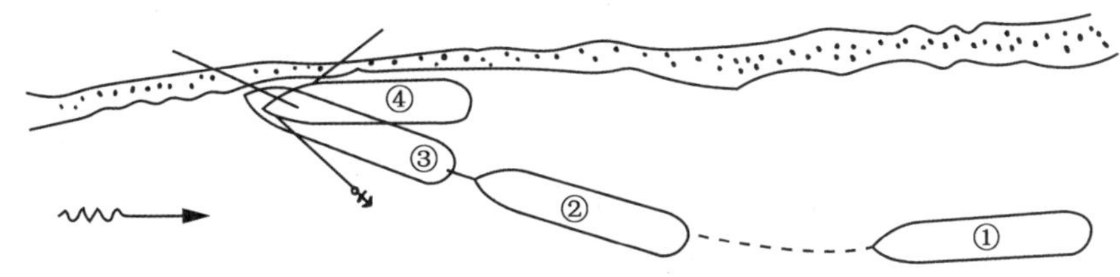

图 4-17 船舶驶靠陆岸示意图

5. 船舶进船坞操纵要领及注意事项

船坞分为干船坞和浮船坞两种。

(1)准备工作

①根据要求调整船舶首尾吃水至合适的吃水差,一般纵倾不大于船长的 1/100。

②调整船舶的横倾。干船坞要求进坞船的横倾角不大于 1°,浮船坞须保持正浮无横倾状态。

③收妥双锚及舷外突出设备或物体。

④准备好系缆和碰垫。

⑤进坞前停止使用各种排水管。

⑥出坞前应把各海底阀门封妥。如不准备用舵,应将其放在正舵的位置,并固定好。

⑦按厂方要求做好其他准备工作。

⑧船舶在浮船坞中修理时,应按时收听气象预报,如有大风警报,应争取在大风袭来以前出坞,等大风过后再进坞继续坞修。

(2)进干船坞操纵要领

①进坞操纵的关键在于掌握好船舶在坞门外的船位。在静水港,主要考虑风的影响;在潮流港口应选择在高潮后潮位高而流缓的时刻进行。

②一般情况或吹拢风时,进坞角度应对坞门的上流角。吹开风时应对坞门的下流角,并及时带好顶风缆,以防止船首被吹开。

③船首切勿过于接近坞门,可在一定距离内由带缆艇递缆上岸。两侧首缆必须用钢缆,以便在坞边的绞缆桩上绞进或溜放。另一根首缆可用尼龙缆,由船坞前方的绞车绞船入坞。

④船首部进坞后随时用左、右首缆校正船首,以保持不离开船坞中心线位置,而提尾拖船保持拎正船身进坞。船尾带缆时,须先带上风缆,不断收紧和调整左、右尾缆,以防止尾部左右偏转,如图 4-18 所示。

(3)进浮船坞操纵要领

浮船坞机动性大,能上浮、下沉,船舶进出船坞操作方便,解决了干船坞深度受到限制和坞口横向受流的影响。但浮船坞造价昂贵、成本高、维修保养困难。

①大船由拖船 A 拎首,拖船 B、C 分别在左右舷傍拖,顶流缓速对准坞门中心线驶去。

②距坞 2~3 倍船长时,令拖船 A 减速,适时停车。必要时令拖船 B、C 倒车,以控制船位,如图 4-19 中位置①所示。

③船首距坞门口 20 m 左右处,惯性消失,拖船 A 解缆。送上左、右首缆及引缆至浮船坞,在船坞绞缆机绞引下缓慢进坞,如图 4-19 中位置②所示。

④半个船身进坞后,停绞引缆,令拖船 B、C 解缆离去,并迅速带上左、右尾缆,如图 4-19 中

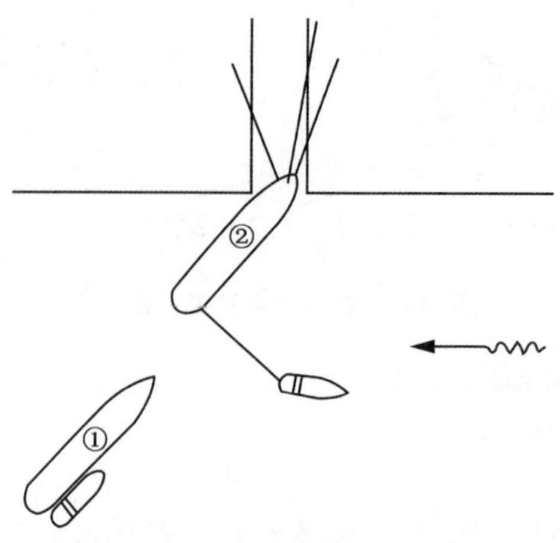

图 4-18　船舶进坞操纵示意图

位置③所示。

⑤继续绞引，待船身全部入坞后，调整好船位，使首尾与浮坞中线重合，及时固定好首尾的左、右系缆，并根据坞方要求加带系缆，如图 4-19 中位置④所示。

⑥在坞身起浮过程中，需要有人在前后观察系缆，以防止船身偏荡，待船身坐墩后，进坞操作完成。

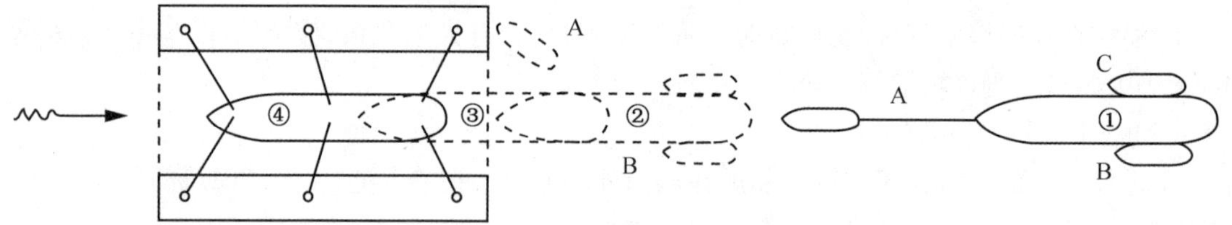

图 4-19　船舶进浮船坞操纵示意图

(4)注意的事项

①船坞的进口处一般比较狭窄，容易发生碰撞、摩擦。

②进坞的船舶通常是空船，受风影响较大。

③在有流港口，一般干船坞的方向与岸线接近垂直，船舶在进坞前受横流的影响大。

④较多的船舶为了缩短坞修时间，主机早已拆卸修理，故进坞时大都没有动力，需要拖船协助，并配合绞缆操纵。

6. 船舶进船闸操纵要领及注意事项

船闸是拦河建筑物的重要通航设施，它能使船舶通过有集中水位落差的航道。船闸上、下设有闸首，中间设有闸室的过船建筑物。

船闸的类型多种多样，按照地理位置和使用性质分为海船闸、河船闸和运河船闸；按照闸室横向平行排列数目分为单线船闸、双线船闸和多线船闸；按照闸室数目纵向排列分为单级船闸、双级船闸和多级船闸（又称为单室船闸、双室船闸和多室船闸）；按照船闸所在地区的特殊条件或特殊要求可分为具有中间闸首的船闸、广室船闸、井式船闸、闸梯和省水船闸等。

船闸主要由闸室、闸首（包括上、下闸首）和引航道（包括上、下游引航道）三部分组成。随

着河流的综合开发,我国内河水道的船闸日益增多,因此船舶驾驶人员必须熟练掌握过闸的操纵方法。

(1)准备工作

①检查船舶或船队的尺度与船闸尺度是否相适应。

②收进舷外设备,关闭好舷窗,以免进闸充水时,水花溅入船舱。

③保证主机进、倒车能正常使用。

④做好系缆准备和碰垫等护舷设备。

⑤备好双锚,以便进闸前应急之用。

⑥船舶过闸前应密切注意设置在船闸上、下两端的船闸通行信号,即红光灯或红旗表示停止进闸,黄光灯或黄旗表示准备进闸,绿光灯或禄旗表示允许进闸。

⑦常用甚高频无线电话与船闸指挥台保持联系。

(2)操纵要领

①进闸前摆好船位。一般沿引航道轴线行驶,有横风时应使首尾线与引航道保持一个风压差。

②控制速度。因为闸区水流极缓甚至是静水,余速过大,容易碰撞船闸设施;余速过小,船舶进入闸室不能滑行至指定泊位,且舵力不足无法纠正船位。

③及时调整船位。一般以闸门中缝为吊向点,当首尾线对准闸门中缝,且距左右闸门的距离大小相等时为最佳。

④船舶驶抵泊位前倒车制动。船舶驶抵泊位前 30 m 左右,倒车制动,防止船舶冲撞闸门,如图 4-20 所示。

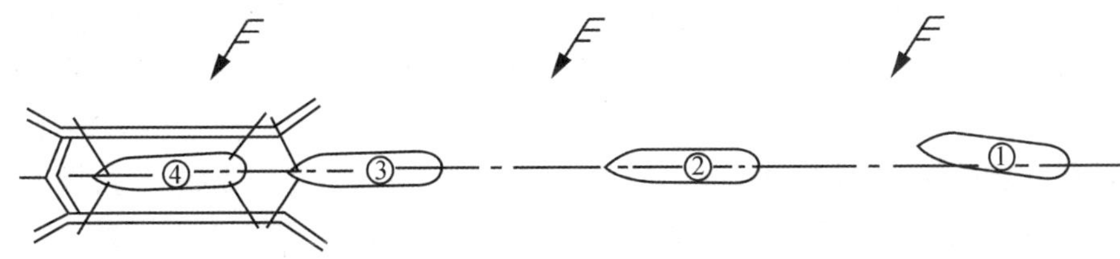

图 4-20 船舶进船闸操纵示意图

(3)注意事项

船舶进入闸室后,前后系缆绞紧,使其平均受力;在闸室等候调整水位过程中,室内水位迅速升降,应有专人看管前后系缆,及时调整系缆长度,防止船舶动荡或前冲、后退使系缆过分受力而发生事故。

(三)靠泊操纵方法及注意事项

1. 滑行驶靠方法及注意事项

(1)适用条件

滑行驶靠又称小角度驶靠或游移驶靠,主要适用于水流平缓,风力较小,码头下方水域宽敞的泊位。

(2)操纵要点

①如图 4-21 中Ⅰ所示的逆流船,以及如图 4-21 中Ⅱ、Ⅲ所示的顺流船掉头后,沿着码头所在的一侧,与码头外缘线保持 0.5~1.0 倍船长的横距,慢车航行,视船速的大小决定停车时

机。一般情况下，当船首与码头的下端点距离 2~3 倍船长时停车，用舵对准码头上端外侧，使首尾线与码头外缘长线夹角不大于 15°，借船舶惯性淌航滑行。

②当船首与码头尾端接近正横时，向外操舵，调顺船身。此时，应观察正横物标的后移速度，以此来测定余速，若余速过大，应适当开倒车制动，船舶未到位，可用慢车，调整余速。

③当船舶停下来时，递上首倒缆，在车、舵、缆的配合下，使船稳妥地靠上码头，然后系妥各系缆后，用“完车”令通知机舱，驶靠操纵即告结束。

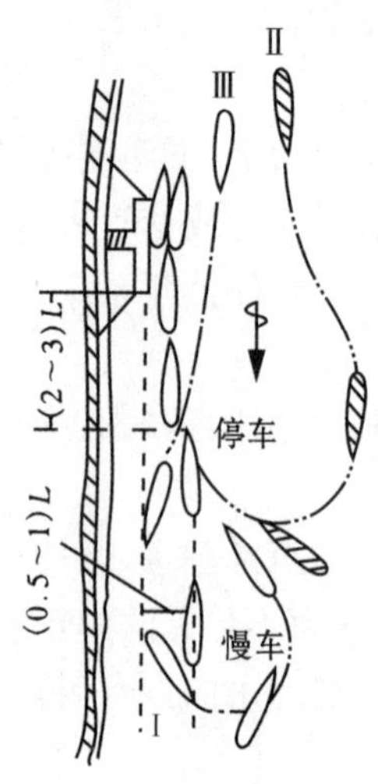

图 4-21　船舶滑行驶靠示意图

(3)注意事项

①在滑行驶靠过程中，船首始终对准码头上端点，船舶与水流保持一小角度，水流使船身稍许向码头方向横移，随着船舶的前移运动，横距越来越近，因此，首尾线与水流的夹角也要随之减小。

②右旋单螺旋桨船采用倒车驶靠时，应关注倒车船首右偏。左舷靠码头时，靠拢角可适当大些，因为倒车时船首向右舷偏转可使船身近乎平行地靠拢；右舷靠泊时考虑到为停船而必须使用的倒车会使船首右转，因此倒车前应尽量减小靠拢角，并适当加大横距，以便倒车时船首右偏横向码头；右舷靠泊时如果不希望船首右偏，那么在用倒车前，应先操左舵，使船首预先产生向左偏转的趋势。

2. 横移驶靠方法及注意事项

(1)适用条件

横移驶靠又称嵌档驶靠或平移驶靠，主要适用于码头附近水域水流较急或泊位上、下方均有他船靠泊的情况。横移驶靠可分为顶流渐转渐移驶靠和吹拢风横移驶靠两种。

(2)操纵要点

①顶流横移驶靠

顶流横移驶靠是在码头附近有流无风或流的作用大于风的作用时采用的方法。

a. 根据水流作用的强弱和船舶冲程，及时使用慢车和停车，船舶借惯性滑行至靠泊码头的外档停住并调顺船身，如图 4-22 中位置①所示。

b. 操左舵开慢车，使首尾线与流向成一恰当的流舷角，如图 4-22 中位置②所示。此时，船

舶在推力与水动力合力的横向分力作用下向码头方向横移靠拢。若横移过快,宜减小流舷角和车速;若横移过慢,宜增加流舷角和车速。一般情况下,控制船舶的前后移动以调整车速为主;控制船舶横向移动速度以调节流舷角的大小为主。操舵的方向及舵角的大小主要视流舷角的大小而定。

c. 当船舶接近码头时,应谨慎操纵,宜采用较小的流舷角和车速,采用边转边稳边顺身的操纵方法,如图 4-22 中位置③④⑤⑥所示。

d. 船到达图 4-22 中位置⑤时,带上首倒缆,调顺船身,系上各缆,驶靠操纵即告结束。

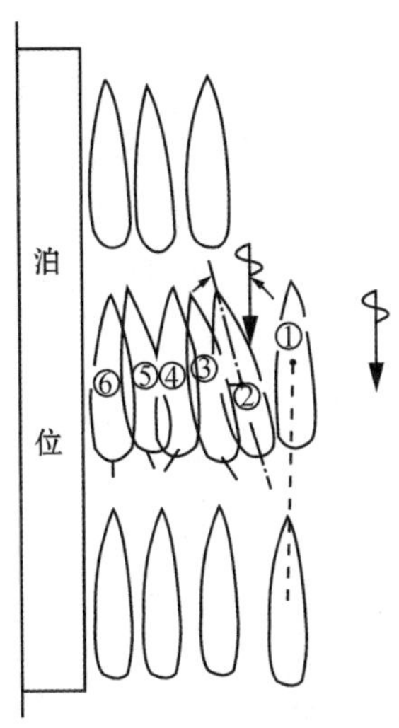

图 4-22 船舶顶流横移驶靠示意图

从理论上讲,若选取流舷角适当、用车和操舵得当,顶流横移驶靠可一举成功。但在实际操纵中,由于水流流速在泊位的垂直方向上分布不均匀,加上诸如驾驶人员判断的偏差和操舵人员熟练程度等人为因素,顶流横移驶靠演变成了渐移渐稳的横移驶靠。对于双螺旋桨船而言,通过调整内外舷车速既可达到调整船舶进退的目的,又可配合操舵达到调整流舷角和转船力矩大小的目的。

②吹拢风横移驶靠

吹拢风横移驶靠是指泊位无流有吹拢风作用,或吹拢风作用大于流的作用时采用的横移驶靠方法。

船舶适时慢车、停车,于码头外档停住并调顺船身,控制船舶相对于码头不进、不退、不偏转,确保船舶向码头慢慢平行靠拢。若船舶向码头横移较快,宜及时停车用舵,以减小水动力作用和减小横移速度。若吹拢风太强,船舶漂移速度过快,则不宜采用吹拢风横移驶靠,可采用抛开锚法或其他方法驶靠码头。

3. **大角度驶靠方法及注意事项**

(1)适用条件

在有强吹开风情况下,或遇弱流和尾吹开风时,船舶驶靠码头的操纵较为困难,如果采用滑行驶靠和横移驶靠,船不易靠拢码头,宜采用大角度驶靠。

(2)操纵要点

①逆流航行船舶可直接从航道上以 30°~60°的角度,中速对准码头的下端点驶向码头。

若条件允许,首尾线应与风、流合力的方向相反。如风力不大或流速较急,可对着码头的中部驶去,使风、流对船体的动力作用相互抵消,以减小偏航。如图 4-23 中位置①所示。

②当船驶距码头的距离约为 2 倍船长时,根据船舶转向 30°~60°的纵距、横距和反移量,改开慢车,向外舷操舵,如图 4-23 中位置②所示。此时船舶作曲线航行产生的惯性离心力与风压漂移相抵,使船舶到达码头旁边时,能与码头边线相平行。

③仔细测定船速,及时停车或倒车制动,要求船首到达码头上端点时能把船停住,如图 4-23 中位置③所示。

④抛上撇缆,带上首倒缆及相应的各缆,绞收各缆,驶靠即告结束。

若带好首倒缆后,船尾因带缆迟缓而被风吹开,可将首倒缆固定,开慢进车(双螺旋桨船可开内档进车,外档倒车),并将舵转向外舷,使船尾向码头靠拢。

顺流航行船舶可在码头下方逆风掉头,再采用上述方法驶靠。如果码头下方较宽敞,无他船靠泊,且码头一侧的岸壁较高具有避风条件,这时风对船的作用较小,船舶可尽量靠拢码头所在的一侧航行,采用滑行驶靠的方法进行驶靠。

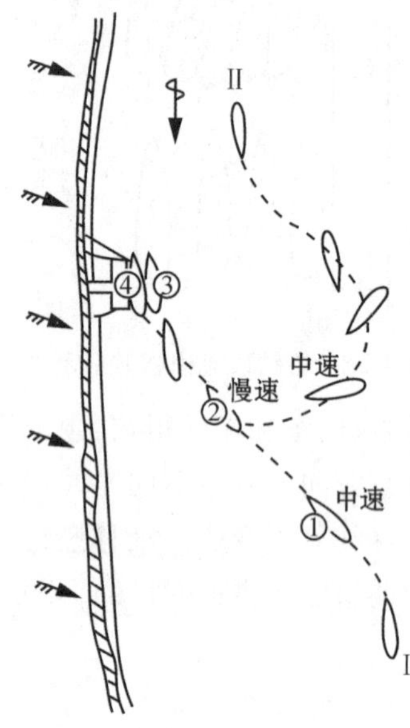

图 4-23　船舶大角度驶靠示意图

(4)注意事项

①采用大角度驶靠必须切实根据本船倒车的制动能力,谨慎掌握停车时机,必要时可抛锚配合操纵。

②必须切实掌握本船旋回时的纵距、横距和反横距,及时操舵,保证船舶在码头旁能顺利地完成大角度转向,调顺船身,靠向码头。

③当流弱且有强吹开风时,驶靠角度可大些;当流大风弱时,驶靠角度可小些,最好沿风、流合力的相反方向驶靠。

4. 抛锚驶靠方法及注意事项

抛锚驶靠码头可分为:抛开锚驶靠、抛拎水锚驶靠、抛倒锚(背锚)驶靠和抛锚掉头驶靠。

(1)抛开锚驶靠

①适用条件

在强吹拢风的情况下,为了控制船舶向码头靠拢的速度,并为离泊提供方便,可采用抛开锚(即船舶驶靠码头时,在泊位正横外侧抛下的外档首锚)驶靠。

②操纵要点

a. 船舶停车后借惯性克服水动力作用滑行至码头上端点外档 3~5 节链处,如图 4-24 中位置①所示,向码头方向操舵,使船首略斜向码头一侧并且有较小的回转角速度,抛下外档的首锚。

b. 缓慢松出锚链,船在舵压力和水动力作用下,逐渐靠向码头。

c. 当横距约为 2 倍船宽时,刹住锚链,回舵调顺船身,如图 4-24 中位置③所示。

d. 用撇缆送出首倒缆,待系妥后即可用车、舵、锚、缆配合操纵,使船舶前移、后退、转首、拢尾、横移及调整船舶靠拢的速度,当船贴拢码头,带上系缆,驶靠即告结束,如图 4-24 中位置④所示。

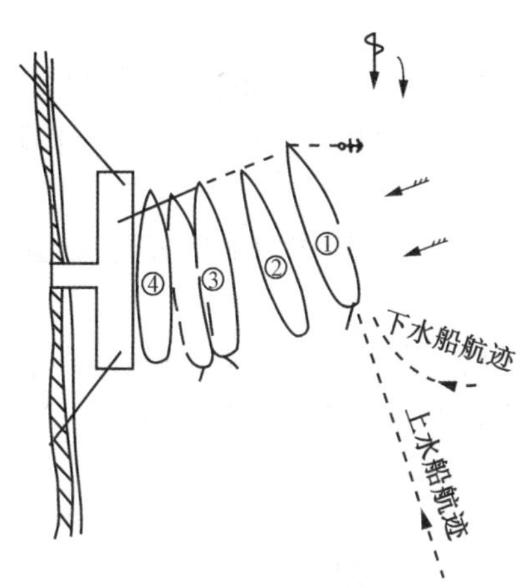

图 4-24 船舶抛开锚驶靠示意图

在山区河流,若泊位附近存在内拖水或困档泡情况下采用抛开锚驶靠时,在抛下外舷开锚后,有控制地逐渐松链,使船舶在水动力的作用下缓慢向码头靠拢。对于双螺旋桨船,则可应用鸳鸯车和舵来控制船尾,先使船尾慢慢地靠上码头再松链,让船首在水流的作用下也贴拢码头,带上系缆,驶靠即告结束。此法也称抛开锚扬头驶靠,如图 4-25 所示。

(2)抛拎水锚驶靠

①适用条件

若遇首吹强拢风、困档水、急流或码头结构强度较弱的情况时,可抛拎水锚(即船舶靠泊时,位于码头或趸船上游方向抛下的外档首锚)驶靠,用以承受吹拢风或强流水动力的作用,以减轻码头负荷。

②操纵要点

a. 逆流船舶沿码头所在的岸边中速对码头上方某一物标 Z 行驶,如图 4-26 中位置①所示。

b. 当船首驶至距码头尾部 2~3 倍船长时,根据风动力、水动力的大小继续对准码头上方物标 Z,由于船体外舷受到水动力的作用,船身向码头一侧横移靠拢,如图 4-26 中位置②

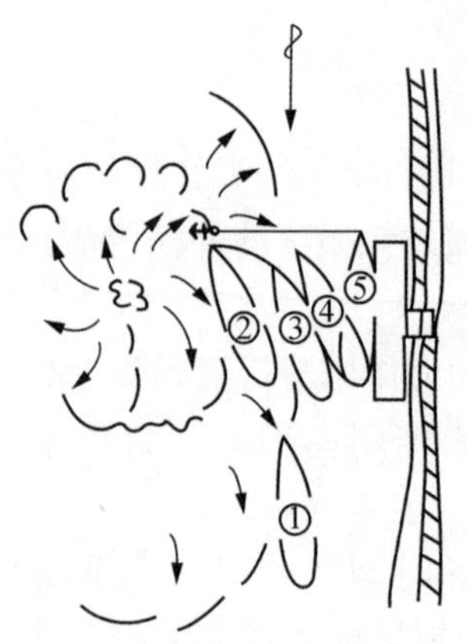

图 4-25　船舶抛开锚扬头驶靠示意图

所示。

c. 当船首达码头尾部时，向外舷操舵，使船首向外舷偏转，减小流舷角，如图 4-26 中位置③所示。

d. 待船首约达码头首部正横时倒车，待船略有后退趋势，抛外档首锚，如图 4-26 中位置④所示，使锚位位于码头上方 0.5~1 倍船长处（在码头水手长的指挥下抛锚，防止本船锚爪钩住码头的锚链）。

e. 然后逐渐松长锚链，船尾在风、流的作用下接近码头，如图 4-26 中位置⑤⑥所示，并在船尾放下碰垫，防止碰坏船尾。

f. 当整个船舷靠拢码头，送出所有系缆并系牢，驶靠即告结束。

顺流船宜先在码头下方掉头，然后再按上法进行驶靠。

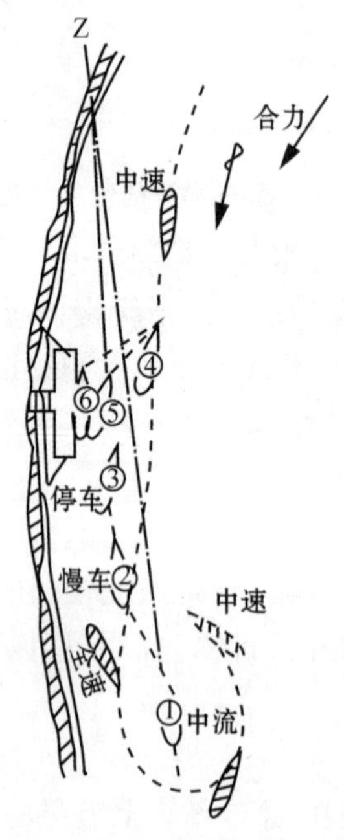

图 4-26　船舶抛拎水锚驶靠示意图

(3)抛倒锚驶靠

①适用条件

当船舶驶靠码头遇到强后八字风,或码头边的水域内有困档水、弱回流时,可采用抛倒锚(船舶靠泊时,抛下的锚和锚链方向位于船首后方的外档首锚)驶靠。该方法主要是通过锚来控制余速,便于利用车、舵灵活操纵船舶。

②操纵要点

a. 如图 4-27 中位置①所示,停车滑行,以 N 为参照物,横距 30~40 m 为抛锚点,选定串视线。

b. 至图 4-27 中位置②所示时,船首进入泊位下端,向码头一侧转舵。

c. 至图 4-27 中位置③所示时,船首至抛锚点,抛锚松链入水拖锚,用车、舵稳住船首,船首约对 N 参照物,迅速带上首缆及首倒缆,开进车,操外舷舵,使船尾靠拢。

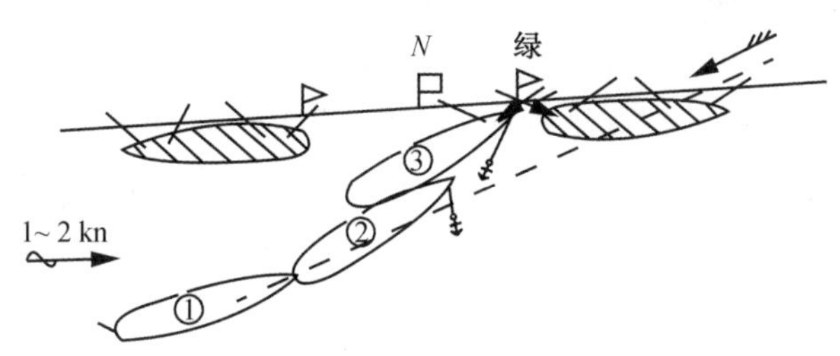

图 4-27　船舶抛倒锚驶靠示意图

③注意事项

a. 抛倒锚驶靠码头的船舶,船尾应正对风向,若内舷受风,船身可能打横,特别是流小风大时;若外舷受风,船尾易扫碰码头。

b. 为了增强控制能力,船速不宜太慢,但船速太快,泊位处水域狭小,船位又难于控制。

c. 为充分利用螺旋桨的滑失比,只有在抛锚制动的情况下开车,以充分利用螺旋桨的诱导速度,以提高舵效。

d. 抛倒锚制动驶靠是在有侧风或船舶进速较快的情况下抛锚。所以,松出的锚链长度不宜太长,以免锚抓牢河底而断链失锚。一般出链长度为水深的 1.5 倍左右为宜,以使锚能被拖动。反之,锚又能制动船舶,使船舶在较低的航速下应用车、舵操纵船舶安全驶靠码头。

(4)抛锚掉头驶靠

①适用条件

在顺风、流航行且航道又较狭窄的情况下,需要掉头驶靠时,可采用此法。此法有大角度抛锚掉头驶靠和小角度抛锚掉头驶靠两种形式。

②操纵要点

a. 大角度抛锚掉头驶靠,如图 4-28(a)所示。右旋单螺旋桨船左舷靠泊时,以大角度驶近码头,距预定泊位稍前,约一个船长时,抛下右锚。开倒车,松链后刹住,使船尾在舵压力横向力、尾流螺旋性效应横向力和水面效应横向力作用下,向左回转掉头。掉头后送出首缆,同时使用车舵靠拢码头。

b. 小角度抛锚掉头驶靠,如图 4-28(b)所示。右旋单螺旋桨船右舷靠码头时,可距码头 1/2 倍船长左右平行地慢速滑行驶进,到达泊位稍前,抛下左舷锚。松出锚链拖锚驶进。掉头后使用车、舵靠泊码头。

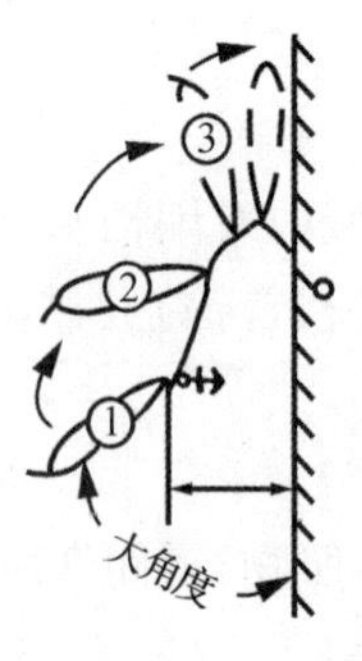

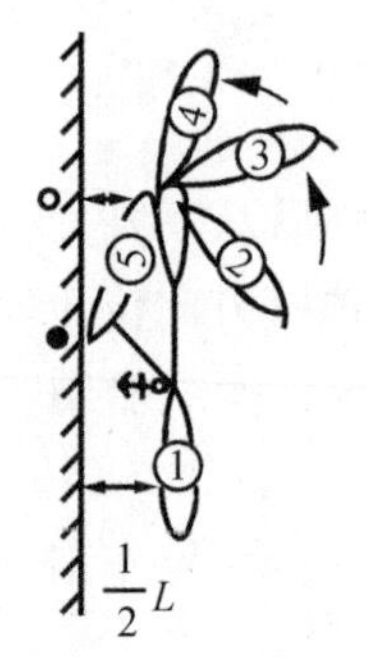

(a)大角度抛锚掉头驶靠　　(b)小角度抛锚掉头驶

图 4-28　船舶抛锚掉头驶靠示意图

5. 扬头驶靠方法及注意事项

(1)适用条件

在有困档水或首吹拢风的情况下驶靠码头时,常使船首扬头顶着风、流合力作用线的方向,再在风、流动力作用下,使船尾先靠上码头,随后船身也靠上码头。这种驶靠码头的方法称为扬头驶靠,也称为垫艄驶靠。

(2)操纵要点

①当船舶驶近码头下方约距离趸船尾 2 倍船长时,如图 4-29 中位置①所示,停车并向河心方向操舵。此时船首外扬,顶着风、流合力作用线的方向,如图 4-29 中位置②所示,以减小船舶漂航和偏转,使船舶顶流,用舵操纵船舶,避免船舶碰撞码头。

②利用车、舵、困档水或吹拢风的力量,使船尾先轻轻地靠上码头,最后回舵使船身也相继轻轻地靠上码头,如图 4-29 中位置③④所示。

③当整个船舷靠拢码头,送出所有系缆并系牢,驶靠即告结束。

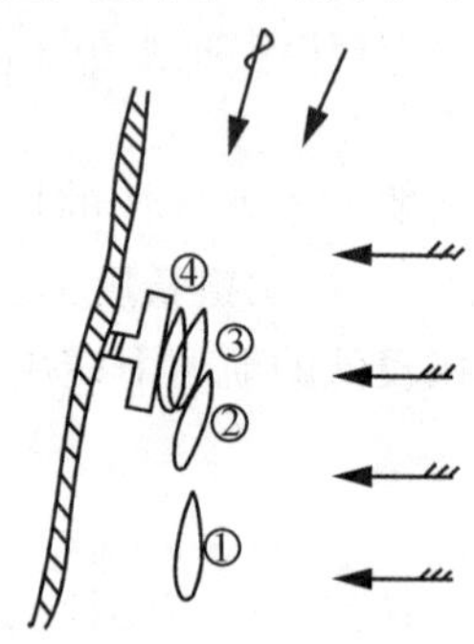

图 4-29　船舶扬头驶靠示意图

6. 顺流驶靠方法及注意事项

(1)适用条件

在流速很小的运河中,或涨潮末的转潮期间,或在弱回流区中,由于航道狭窄,或为了避免复杂的掉头操纵,可采用顺流驶靠。

(2)操纵要点

①船舶驶靠前,应及早慢车、停车,降低航速,使船尽早利用惯性靠泊位一岸滑行前进,如图 4-30 中位置②所示。

②当船接近码头时，应开倒车制动，如图 4-30 中位置③所示，并尽快地送出尾缆和首倒缆。对此两缆应做到带得快、溜得出、刹得住、解得脱。

③待船舶贴靠码头后，再带妥其余各缆，如图 4-30 中位置④所示。

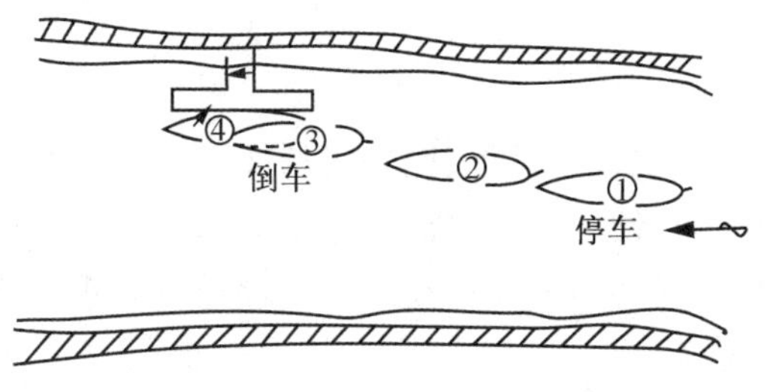

图 4-30 船舶顺流驶靠示意图

7. 船舶系浮筒操纵方法及注意事项

为了补充泊位，在我国一些内河港口设置了系船浮筒，供船舶系留停泊或进行编队作业。在有潮汐影响的港口，为了避免船舶受到涨落潮的影响发生偏荡或回转而阻碍航道造成对他船航行的影响而前后串联设置浮筒以固定船位。船舶系离浮筒具有安全稳定、船位准确、离浮筒方便，但操作费时等特点。

(1)系单浮筒操纵方法及注意事项

①准备工作

系浮筒的准备工作主要有系浮缆的准备和必要时进行的带锚链的准备工作，后者多用于长期系浮或有大风浪时的情况。

a. 系浮缆的准备

为使船舶安全、稳妥地系泊在浮筒上，使用的系浮缆必须具备足够的长度。按照一般原则，单头缆与回头缆应具备相同，至少为相近的弹性系数。在船首接近浮筒之前将其从缆车拉出，前端从船首导缆孔穿出，经栏杆上方折回，放置甲板上并接上递缆。

单头缆在其端部装有系浮钩，可以直接钩在系浮环上；有的备有卸扣以便连接浮筒环；有的则使用另备的套索来连接系浮缆和浮筒环。

b. 系浮锚链的准备

大型船舶若遇浮筒水域风大、流急，或停泊时间较长，系浮筒应使用锚链，为此，应将锚链准备好。用制链器将锚扣牢，把制链器后边锚链上的连接链环打开，然后将锚链从船首中央导缆孔松出，直至水面为止，如图 4-31 所示。如船首中央没有可供放出锚链的导缆孔，则用锚机将锚放低一些后，用制链器扣牢，打开锚链，将锚链从锚链孔直接放出至水面。为避免锚与船体产生碰击，应用系缆将锚固定，或事先移挂于舷侧并固定好。此外，另一锚应做好抛锚准备。

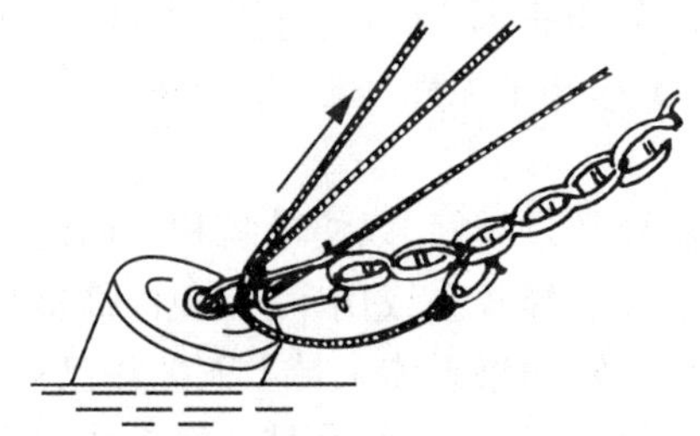

图 4-31 解开锚链方法示意图

②系单浮筒操纵方法

a. 适用条件

一般船舶可以自力系单浮筒，大型船舶则应有拖船协助，以解决对船舶的控制和系缆问题。

b. 操纵方法

操纵船舶接近浮筒：在无风、流条件下，船舶可从任意方向接近，把浮筒放在正前方或稍偏一点，慢速进车，适时停车、倒车使船首在浮筒旁停止下来。

带系缆：船首接近浮筒需带缆艇完成系浮缆和系浮链的带缆操作；如无专用的带缆艇，也可用本船机动艇完成该项操作。

船首接近浮筒时便可抛撇缆，浮筒上人员接到撇缆后，将之穿过系缆眼环，然后与船上撇来的第二根系缆相连接。前甲板人员通过绞收撇缆、递缆，把系缆前端眼环套拉到系缆眼环边，如图 4-32 所示，浮筒上人员用卸扣将系缆连接于浮筒眼环上，本船用绞车绞收系缆，使船首贴近浮筒。

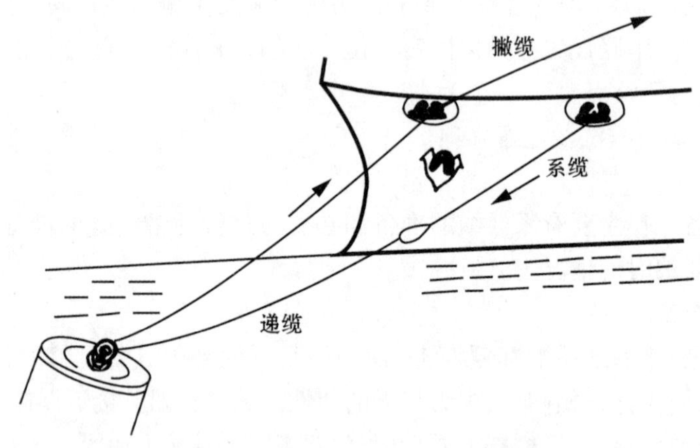

图 4-32　带系浮缆方法示意图

系锚链：应先绞收系缆，使船首尽量靠近浮筒，再从船上放下一根递缆，浮筒上人员将它穿过系缆眼环后连接于锚链前端第 5、6 个链环上，甲板上人员收进递缆，将锚链拉至系缆眼环边，由浮筒上人员用卸扣将它连接于系缆眼环上，放出适当长度（15～20 m）的锚链，用制链器扣牢，如图 4-33 所示。锚链系好后，将系缆改成回头缆，打开卸扣，将系缆穿过系缆眼环后送至船上，用制链器扣住，准备离浮筒时使用，系浮筒操作即告结束，如图 4-34 所示。

受风、流影响：船舶应顶流或顶风接近浮筒，这样便于操纵和保持船首在浮筒旁边，使之有足够的带缆时间。风、流方向和大小不一致时，应顶着作用力较大的风或流前进，并将浮筒置于作用力较小的风或流的下侧，如图 4-35 所示。有风、流而港区地形不允许顶风、顶流接近浮筒时，船舶可横着风、流从浮筒上风和来流侧接近，如图 4-36 所示。

③注意事项

a. 船舶接近浮筒时，首柱不要超过浮筒，以便带缆和系锚链。

b. 在浮筒人员未离开浮筒前，不能绞缆或用车，以免浮筒被带动打转，造成人员落水。

c. 带系缆是系浮筒的关键环节，如果系缆未带上而船舶已被风、流压开，则必须重新接近，这不仅浪费时间，有时还会形成被动局面。因此，带系缆动作要求迅速。

d. 如船舶停泊时间较短，风、流影响不大，系缆系好后，加带 2～3 根单头缆和一根回头缆。

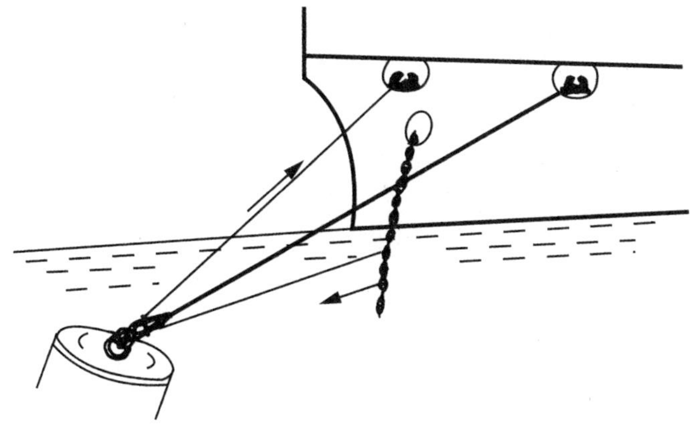

图 4-33 船舶系锚链方法示意图

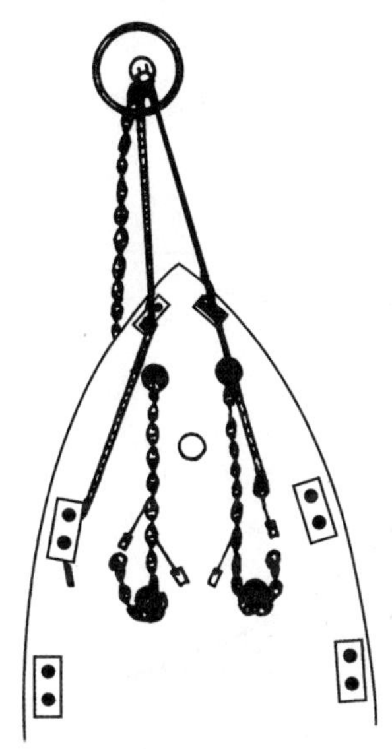

图 4-34 船舶系好浮筒后示意图

e. 各缆受摩擦部分应妥善包扎，防止磨损。

(2)船舶系双浮筒操纵方法及注意事项

船首、尾各自系在一个浮筒上的系泊方法称系双浮筒。系双浮筒与系单浮筒相比，因系双浮筒能使系泊船舶较好地保持在既定的系泊位置上，具有过驳装卸之便，且易于进行管理，对扩大港内作业面和增加吞吐量及提高船舶周转率都有帮助。其缺点是带缆操纵较为复杂。

①系双浮筒操纵方法

a. 顶流系双浮筒

系浮船舶顶流缓速驶往泊位，将近尾浮筒处停车，如图 4-37 中位置①所示，借余速淌航前进，以与浮筒连线小于 10°的夹角接近首浮筒。当船首与首浮筒纵距 10 m、横距 20 m 左右时，稳住船首，如图 4-37 中位置②所示。通过带缆艇系上首单头缆，再把回头缆送上浮筒，穿过浮筒眼环后收回船。松船首系缆使船尾接近尾浮筒，如船尾偏向下风离浮筒过远，可用倒车（双螺旋桨船用进、倒车调整），当船尾接近尾浮筒时，系上尾单头缆和尾回头缆。松船尾系缆绞收船首系缆，调整首尾系缆长度使船位处于首、尾浮筒中点略偏后，前后系缆平均受力，完成系

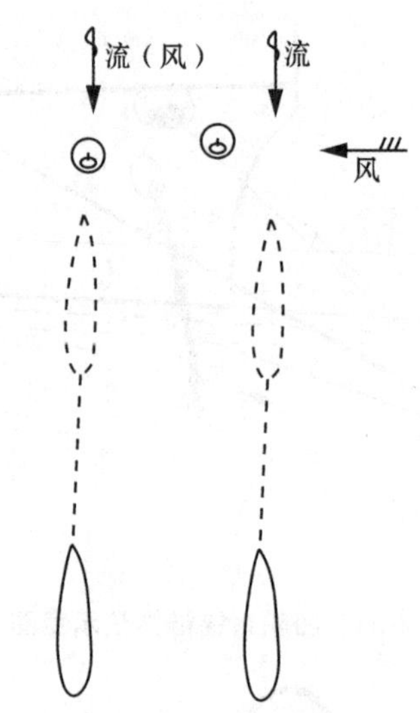

图 4-35　船舶顶流或顶风接近浮筒示意图

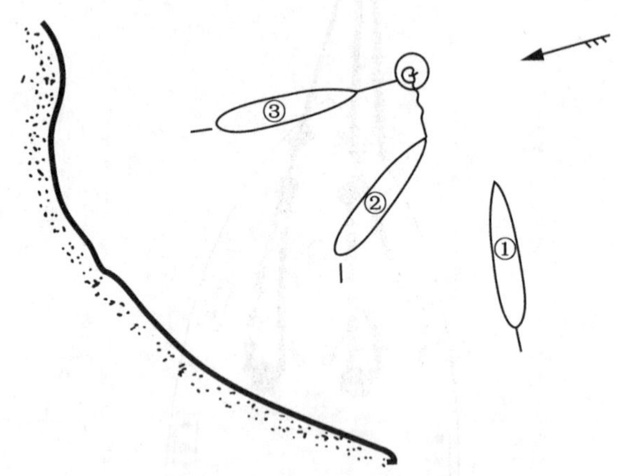

图 4-36　船舶在横风影响下接近浮筒示意图

双浮筒操作，如图 4-37 中位置③所示。

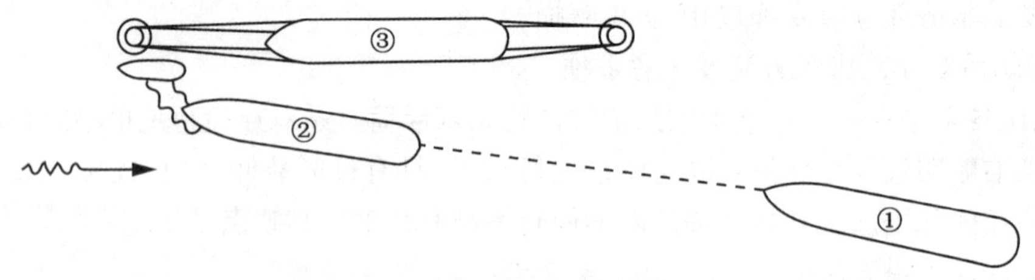

图 4-37　船舶顶流系双浮筒示意图

b. 顶流、吹开风系双浮筒

船舶顶流缓速驶向泊位，当船首距尾浮筒 3 倍船长时可操舵靠近浮筒连线，将近尾浮筒停车淌航。船首平尾浮筒时，如图 4-38 中位置①所示，向上风方向操舵，保持船首对首浮筒。当船首到达浮筒连线中点，横向距离约 30 m 处，如图 4-38 中位置②所示，抛外档锚，仍向上风方向操舵，必要时开进车以提高舵效，拖锚慢慢驶近首浮筒。距首浮筒 20 m 处，把船停住，继续控制船位，通过带缆艇带上首单头缆，再带上首回头缆。船首各缆带妥挽桩后，令拖船顶推尾

部下风舷,如图 4-38 中位置③所示,船尾接近浮筒时,带上尾单头缆。随后绞船首缆、松船尾缆,调整船位至首、尾浮筒中点略偏后,绞紧首、尾缆并上桩,如图 4-38 中位置④所示,再带好尾回头缆。待拖船、带缆艇离去,本船完车。

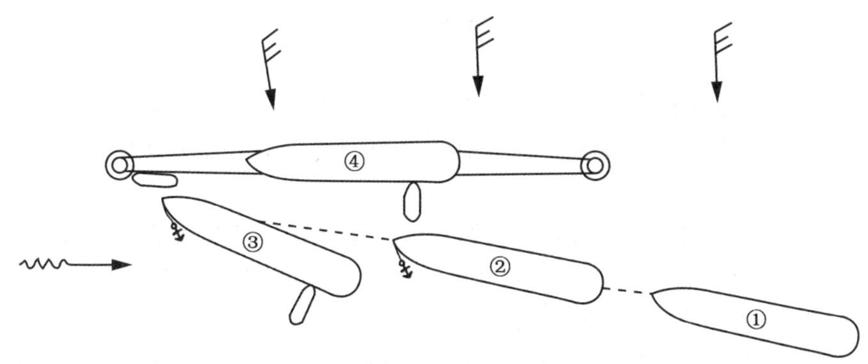

图 4-38 船舶顶流、吹开风系双浮筒示意图

c. 顶流、吹拢风系双浮筒

船舶以缓速驶向浮筒,当船首距尾浮筒 3 倍船长时,逐渐操舵驶近泊位,可用倒车控制,如图 4-39 中位置①所示。船首将平首浮筒,要求横向距离不少于 80 m,以便留有船舶向下风漂移的余地,如图 4-39 中位置②所示。当船首与首浮筒横向距离达 50 m,抛外档锚,然后随船舶漂移略松锚链至 1.5 倍水深,并适时开进车以抵抗船身受流压而后退的趋势,如图 4-39 中位置③所示。船舶后退至船首与首浮筒纵距 20 m 左右处,待锚链受力,船首稳定在风、流合力作用线上时,通过带缆艇带上首单头缆和回头缆,如图 4-39 中位置④所示。首单头缆全部带妥挽桩后,令拖船顶推船尾下风舷,顶推至船尾偏在浮筒连线上风一边约 10 m 时稳住船位,带尾单头缆,如图 4-39 中位置⑤所示。绞进尾单头缆,松首单头缆及锚链,调整船位至适中位置,如图 4-49 中位置⑥所示,挽好桩。再带尾回头缆,待拖船、带缆艇作业完毕,本船完车。

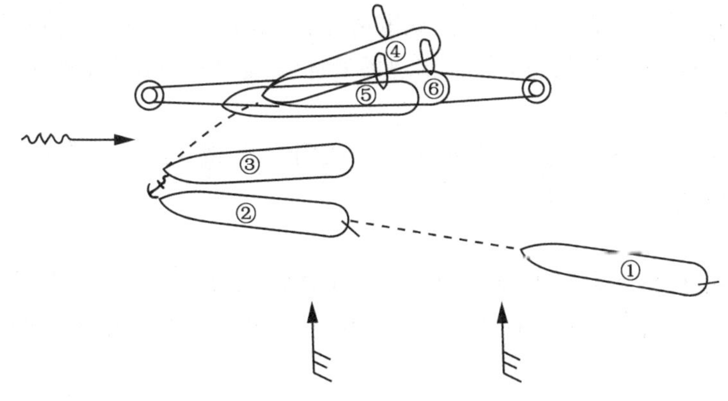

图 4-39 船舶顶流、吹拢风系双浮筒示意图

②系双浮筒注意事项

a. 系浮筒前应弄清浮筒的位置、编号、间距及连线方向,潮汐涨落及转流时间,风力、风向对操纵的影响。

b. 船舶系浮筒应迎风、顶流,并显示泊位信号,以便往来船舶避让和通知带缆艇协助。

c. 船舶系浮筒作业,在时间上要留有充分余地,以防在操纵带缆中遇到转流,特别是大潮汛期间,转流后不久将出现急流,应做好估计。

d. 船舶抵达泊位前,要观察浮筒附近的流向,周围船舶动态,泊位前后系船情况。驶近浮筒要控制余速摆好船位,注意船位变动。

e. 当浮筒连线与流向存在夹角时,应防止船舶困压尾浮筒。船身与水流的夹角也不宜过大,一般控制在 10°左右。

f. 首尾浮筒的连线,可作为靠拢、甩尾角度的基线。系带首单头缆前,宜在浮筒边抛外档锚,以减少冲力,控制船位,稳住船首向。尤其遇横风时可借锚的抓力拖住船首,以利带缆艇作业。

g. 抛锚时须注意浮筒锚链情况,防止绞缠锚链。抛锚点一般选在基线上离首浮筒约 1/4 的档子,横距 30~40 m。空船、吹拢风或吹开风的抛锚点可适当后移并增加横距。系浮筒完毕应收进锚或松链,以利其他船舶的安全航行。

h. 系带首缆时的船位,应控制在船首与浮筒的横距 10 m 左右、纵距 20 m 左右,以便带缆作业。

i. 带缆艇驶向浮筒带缆时,船上应配合松缆,切不可使缆受力。绞缆时,须待带缆艇离开后,方可进行。前后缆绳系妥,再调整各缆长度,首尾适中,首缆比尾缆长,回头缆略松于单头缆,左、右平均受力。

j. 回头缆和单头缆上桩时,应做“∞”形盘绕,以免离泊时缆绳处于紧张状态,不能迅速解缆。

三、船舶离泊操纵

(一)离泊准备工作

1. 掌握本船情况

离码头前,必须掌握本船的操纵性能、载重情况、船舶吃水、船舶长度(包括驾驶台离船首和船尾的距离)和盲区等。船长还应亲自到现场了解锚、缆和泊位情况,做到心中有数。

(1)锚的情况

了解锚链的受力情况;锚链方向是横锚、前锚或倒锚;出链长度是几节锚链入水,是否在离泊前先绞起部分锚链等。

(2)系缆情况

了解系缆的强度、角度和根数;系缆是否处于正常状况,如系缆是否有物体妨碍、系缆是否被物体压住、系缆是否有解不开的现象等;前倒缆的位置和质量等。若有不符合离泊操纵要求的,都应事先加以调整。

(3)做好机舱备车前的准备工作

机舱备车前驾驶人员应到船首、船尾查看系缆的受力情况以及螺旋桨附近是否清爽,舷梯、吊杆及岸上装卸设备是否有碍,确认无碍后,方可试车、试舵、试声光信号,并按规定悬挂信号。

2. **掌握离泊环境情况**

(1)泊位情况

了解码头是浮码头或固定式码头;码头护木或橡胶碰垫是否损坏;泊位前后余地是否满足离泊操纵要求;泊位附近水域宽度是否满足船舶离泊后掉头操纵要求;码头边系缆桩的位置和间距是否适合系缆的调整和有利于开航离泊等。

(2)水流情况

了解泊位附近水流是急流还是缓流,是涨潮流还是落潮流;流态是平稳还是紊乱,是否存在内拖水、泡水或回流水等。

(3)风的情况

了解泊位附近风力的大小;风向,即是吹拢风、吹开风、前八字风还是尾八字风等。

3. **做好离泊部署**

根据气象、潮汐、泊位特点,船舶动态、装载情况,按照本船实际的操纵性能,正确决定离泊时机、离泊操纵方法,并于开航前的会议上向有关人员进行部署。

(二)离泊操纵要领

1. **离码头操纵要领**

(1)确定开首或开尾

开首是指使船首先离开码头的离泊方法;开尾是指使船尾先离开码头的离泊方法。确定船舶开首或开尾的基本原则是:

①码头附近水流平缓,一般采用开首驶离;有缓回流时,采用开尾驶离。

②码头前方无障碍物或有少量障碍物,且外伸量很小时,一般采用开首驶离;前方障碍物较多并外伸较开,不利于开首驶离时,则采用开尾驶离。

③码头附近水深足够,水域较宽时,采用开首驶离;码头前方水深不够,且不足以供船舶开首后驶入航道航行时,则采用开尾驶离。

④离泊时,外档有他船停泊,应采用开尾驶离。

⑤船舶顶岸靠泊,离泊时应采用开尾驶离。

⑥在潮汐河段,由于转流的原因,离泊时潮流来自船尾,则采用开尾驶离。

⑦有吹开风或尾吹拢风作用时,采用开首驶离;有尾后来风,且风动力大于水动力时,采用开尾驶离。

⑧抛开锚、拎水锚和倒锚驶靠的船舶,离泊时采用绞锚驶离。

(2)掌握驶离角

驶离角又称摆出角,是指进行后续船舶操纵前,船首(开首时)或船尾(开尾时)应摆出的角度。开首或开尾时,其驶离角的大小决定于当时外界环境影响程度和摆出后的操船需要。驶离角的大小可按下列原则确定。

①开首驶离角

常流及船首前方水域较清爽时,开首驶离的角度可小些;船首前方有他船靠泊或有吹拢风时,开首驶离的角度应大些。

②开尾驶离角

顶流靠泊船,若开尾驶离角太小,则当船首扬出时,船尾可能甩回码头;若开尾驶离角太大,可能使船首扬不出来。顺流靠泊船,开尾驶离角太大,可能使船身打横,导致船舶失控。因此,在不同的客观条件下,对开尾驶离角大小的要求也不相同。

(3)控制船舶的前后移动

船舶离泊时,由于船舶在泊位档子内,前后活动余地有限,而船舶的惯性一经产生,又不能马上克服。为了避免触及泊位前后停泊船舶,在离泊过程中对船舶的前后移动以及船舶前、后、外档的余地,事先应有所估计并能敏锐地察觉。

船舶的前后移动应靠滞缆、溜缆和车、舵来控制,并要求用车不能过大,单绑离泊的系缆不能松得过长,应使系缆逐渐得力,避免承受动力负荷。

(4)防止系缆绞缠螺旋桨

解缆时应尽快收进,特别是尾部系缆,要求船尾和驾驶台之间取得密切联系,在船尾部系缆未收清前切勿动车。对于双螺旋桨船,为防止系缆绞缠桨叶,一般应先动外舷车。

2. 离码头注意事项

(1)离泊前除做好一切准备工作外,还需要用 VHF 通报船舶动态,认真观察航道上是否有影响开航的来往船只。若要在码头附近进行掉头操纵,应在动车前悬挂好掉头信号。

(2)离泊单绑时,尤其是使用首倒缆甩尾时,应对其受力和负荷多加注意,以防一紧一松使首倒缆受顿力而绷断。

(3)溜缆是用来阻滞船首、尾的偏转,或拟制船身的前冲后缩,需将其做出一时溜出,一时刹住的操作。溜缆一般只用钢缆;溜缆的速度不宜过快,一次溜出的长度不宜过长;溜缆应由熟练的人员担任,以确保人身安全。

(4)离泊前还应向码头管理人员介绍离泊方案和解缆要求,并使解缆人员能积极配合解清缆绳和及时准备靠把,确保船舶离泊安全。

3. 船间离泊操纵要领及注意事项

(1)船间离泊操纵要领

①驶离靠泊船或系浮船

船舶驶离傍靠船时,一般采用留尾倒缆开首驶离或留首倒缆开尾驶离。如遇较强吹拢风,可用港作拖船协助操纵,避免两船间发生挤擦。

②驶离锚泊船

船舶离泊时可绞紧尾缆、松首缆,使两船首分开一定角度后,迅速解掉尾缆并收进,开进车操内舵,调直船身驶离。

③驶离在航船

小船驶离傍靠船时,一般采用小角度开首驶离或采用留首倒缆开尾的方法驶离。

(2)注意事项

①船间离泊,不论采用开首或开尾驶离,驶离角不宜过大,最好能保持平行离开,避免船间相互挤压或摩擦,损伤船体。

②驶离偏荡锚泊船时,离泊时机应选择在船舶荡动到两边极限位置处驶离。波浪较强,船舶颠簸剧烈时,则不宜驶离,应等待条件好转时再驶离。

4. **陡岸(平坡)离泊操纵要领及注意事项**

(1)驶离陡岸操纵要领

离泊时,先解缆,然后在车、舵配合下甩尾,将船身倒出与岸线呈 30°夹角左右,绞倒锚,当锚出水面后进车驶离。

(2)注意事项

操作中要特别注意,当锚出水面,开进车操舵船首外扬时,应密切注意船身与岸线的横距,防止船尾扫碰陡岸而损坏车、舵。

5. **船舶出船坞操纵要领及注意事项**

(1)出干船坞操纵要领

船舶出坞可先解去首缆,留尾倒缆,船舶倒车退出坞门口处。解去上流一舷尾倒缆,仅留下流一舷尾倒缆,以下流转角处为支点旋转,尾倒缆移向下流方缆桩,借车、缆和水动力的力量,使船舶迎流贴靠坞门口背流岸边。临时系上首缆、首横缆,然后采用留尾倒缆开头法驶离,如图 4-40 所示。

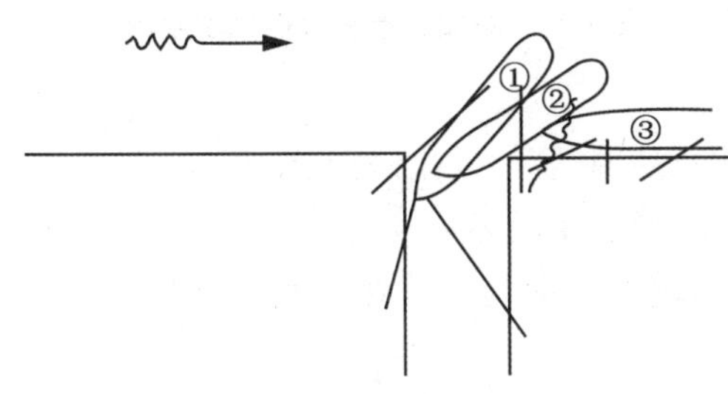

图 4-40 船舶出坞操纵示意图

船舶出坞若用拖船牵引时,拖船牵引方向应稍偏上风、上流,待船首出坞清楚,内档有足够横距时,才能解去尾拖船。若风大流急,单靠尾拖船提尾不能使大船大角度退出时,可用另一艘拖船顶尾,调整船身以防太早迎流以致距岸太近不便操纵,如图 4-41 所示。

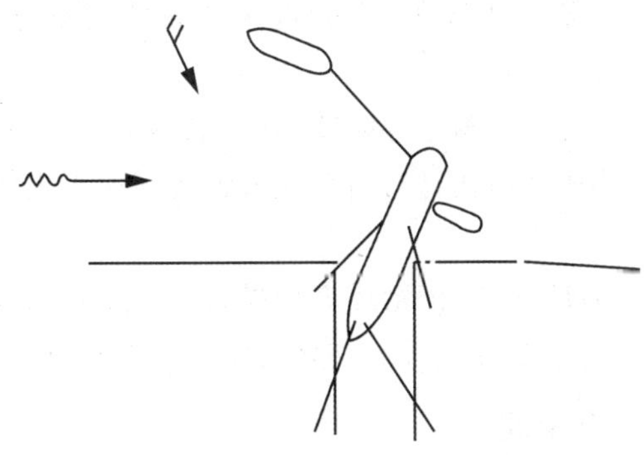

图 4-41 拖船牵引船舶出坞示意图

(2)出浮船坞操纵要领

①在浮船坞进水下沉前,大船船首左、右舷各带一根首缆(由船方出缆),从船首左、右向出坞方向各带一根绞引缆。另在船的中部和尾部的左、右舷各带一根系缆(由坞方出缆),如图 4-42 中位置①所示。

②浮船坞下沉至预定的深度,大船起浮后,经反复检查,确认一切正常,方可绞引缆,船身

缓慢退出船坞。此时船首两根缆顺着滑道滑动，船尾两根系缆松至正横位置即可解掉。

③后半船身出坞后，暂停绞缆，让两艘拖船分别到左右舷尾部带妥系绑缆，如图 4-42 中位置②所示。

④傍拖拖船带妥系绑缆后，继续绞引缆，解掉船中部的系缆，绞至船首即将出坞时，停绞，并令傍拖拖船开进车稳住船身，另一艘拎首拖船带上拎头的拖缆，如图 4-42 中位置③所示。

⑤首拖缆带妥后，解掉引缆，令傍拖拖船微倒车，大船继续出坞，当船首平坞门时解掉首缆。船身全部出坞后令傍拖拖船停车，改开进车，并令拎首拖船向上流方向拖，驶离浮坞。

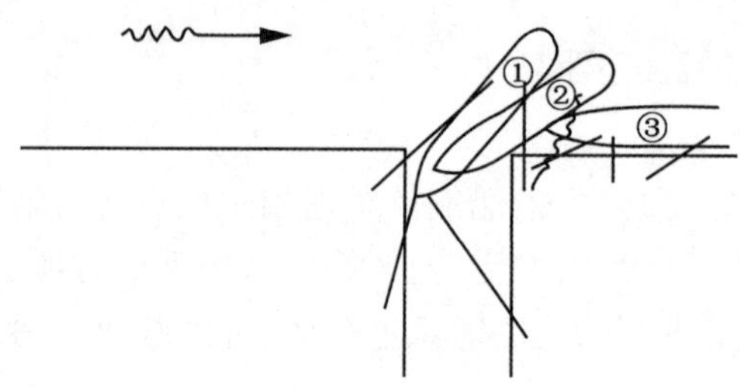

图 4-42 船舶出浮船坞操纵示意图

(3)注意的事项

①船坞的进口处一般比较狭窄，容易发生碰撞、摩擦。

②进、出坞的船舶通常是空船，受风影响较大。

③在有流港口，一般干船坞的方向与岸线接近垂直，船舶在进坞前或出坞后受横流的影响大。

④较多的船舶为了缩短坞修时间，主机早已拆卸修理，故进坞时大都没有动力，需要拖船协助，并配合绞缆操纵。

6. 船舶出船闸操纵要领及注意事项

(1)船舶出闸操纵要点

①解缆后正舵，先使解缆舷低速进车，待船首扬开后低速双进车，适当用舵调正船位即停车。

②待船中部驶过闸门后，视船位偏近导航墙那一侧，就开那一侧的进车，待船首扬头后继而开另一侧进车，调整车速，用舵控制船位，沿引航道轴线缓速驶出船闸。

(2)注意事项

船舶动车前察看系缆受力情况，防止系缆突然受力而断缆；驶离闸壁时，宜用低速车，小角度扬头，防止船尾与闸壁摩擦；用车、用舵调整船位，使船舶沿闸门中心线和引航道轴线行驶。

(三)离泊操纵方法及注意事项

1. 小角度驶离

(1)适用条件

中、小型船舶在系靠码头的前方水域宽敞无碍，水流平稳，可采用此法驶离。

(2)操纵要点

①待机舱回铃后，驾驶台再次活车、试舵，若正常，即可解去所有系缆，开慢进车，稍用外舵，使船首外扬一小角度。

②边操外舵边稳舵，使船舶慢慢离开码头。

（3）注意事项

该方法是驶离码头操纵中最为简便的方法。在运用此方法离泊时，要求最初车速和舵角都不宜太大，以免船尾扫碰码头，待船尾完全驶离码头后，再常车、用舵驶入航道。

2. 开尾倒车驶离

（1）适用条件

开尾倒车驶离又称飞艄倒车驶离或飞尾倒车驶离，在顺流、回流、船尾后来风或船尾斜向吹拢风或船舶前方有障碍物等不宜使用开首驶离时，可运用开尾倒车驶离码头。

（2）操纵要点

①如图 4-43 所示，先解去各缆仅留首倒缆，并收紧固定。

②开慢进车，并向码头方向操舵，视情况待首倒缆受力后，适当增加车速，舵在螺旋桨排出流作用下，产生较大的舵压力转船力矩，使船尾转离码头（双螺旋桨船可用外档进车，内档倒车，使船尾转离码头），随着船尾的转离，风向与首尾线夹角逐渐减小，船体的受风面积减小，风动力也相应减小，当船尾对着风向时，停车、正舵、解掉首倒缆，同时开倒车拉出船舶。

③当船首与码头横距足够时，改开进车操外舵，使船驶离码头。

④当船尾吹拢风太强，用上述方法未能奏效时，可放长首倒缆，开进车，使船首伸出码头上角一定距离，再采用开尾法驶离，能获得较好的效果。

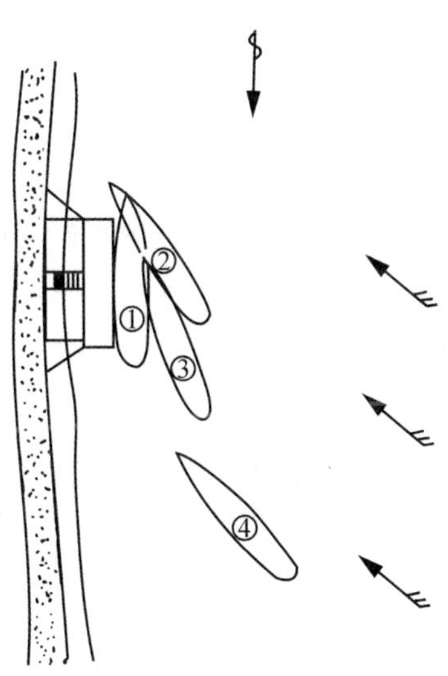

图 4-43 船舶开尾倒车驶离示意图

（3）注意事项

①开尾倒车驶离时，首倒缆的出缆方向与船舶首尾线的夹角力求最小，出缆的长度不宜过短，其系结点应接近船首，以获得较大的舵压力转船力矩，有利于船尾离开码头。

②在运用放长首倒缆驶离码头时，应注意本船的锚对码头是否有妨碍，码头上角对本船是否碍事，码头上方水域是否清爽。

3. 坐缆驶离

(1)适用条件

在逆流、吹拢风、困档水或码头前方有他船系泊时,采用此法驶离。

(2)操纵要点

①待机舱回铃后,解去各缆,留尾倒缆(坐缆),船在水动力、舵压力和倒车拉力的作用下,向后移动,坐缆得力。

②船舶在坐缆反作用力、水动力和舵压力转船力矩作用下,船首向外侧转开一定角度后,开进车,解掉坐缆,驶向航道,如图 4-44 所示。

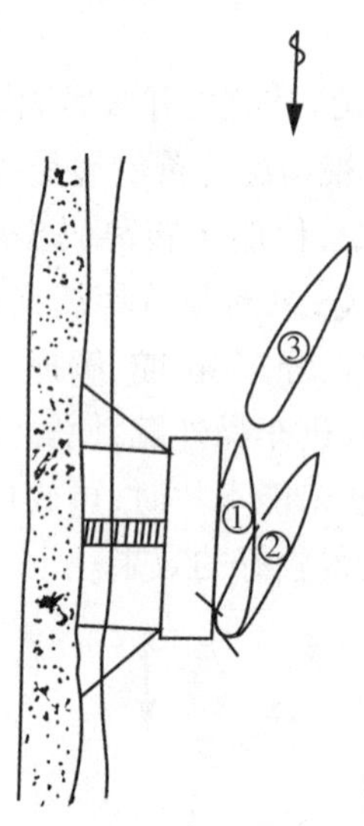

图 4-44　船舶利用坐缆驶离示意图

③若码头旁流速较大、风力较小,则可利用水流动力使坐缆得力,再在舵压力的作用下,把船首直接转向外侧,当船首转离码头 15°~25°时(即船舶内档受水流的作用,船首顺流转向,转心后移),开进车解掉坐缆,驶向航道。

④在有吹拢风或困档水的情况下,船首往往不易转离码头,此时可放长坐缆,并将在码头上的系结点前移,使坐缆与船首尾线的夹角尽量减小,然后开倒车。若为双螺旋桨船,可开外档倒车,帮助船首外转。当船首向与风、流合力作用线相对应时,停车改开进车,解掉坐缆,驶进航道。

⑤如果遇强吹拢风,用倒车仍未能将船首转出,则可放长坐缆,使船慢慢下移,至码头下方达一定距离,系牢坐缆,再按坐缆驶离法进行操纵,即可把船首转向河心。因为这时船舶受风的有效面积,可认为减小了船舶下移面积的一半,船舶向后移动后,船尾部内档无阻挡,风使船舶尾向内偏,加速了船首向外偏转的角速度,如图 4-45 所示。

(3)注意事项

①在流速较大的码头,切忌采用此法驶离码头,否则船舶有倒头失控的危险,即使在流速较小的码头,开首的角度也不宜过大。但在首吹拢风和流速缓慢的码头,开首角度可适当大一些。

②在用倒车时,应避免坐缆承受过大负荷,造成系缆绷断。在船尾尚未离开码头时,不能急于将舵转向外舷,否则风力和舵压力将把船尾压回码头,而产生巨大的反作用力,形成船首

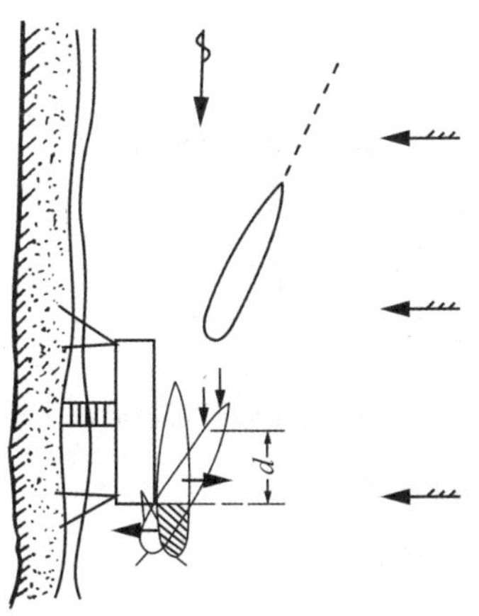

图 4-45 船舶利用坐缆下移驶离示意图

转向码头的转船力矩,从而降低船舶驶离码头的速度。

③在采用此方法时,应注意码头下方的水域和水深是否足够,有无其他障碍物,以免损坏螺旋桨和舵。

4. 绞锚驶离

(1)适用条件

凡是抛锚驶靠的船舶,离泊时均采用绞锚驶离。

(2)操纵要点

①解掉各缆仅留首倒缆,操内舵,开进车(双螺旋桨船可开外进车内倒车),使船尾离开码头,如图 4-46 中位置②所示。

②正舵,解首倒缆绞锚,此时船首在锚拉力的作用下,船首离开码头,然后采取边操外舵扬头绞锚边操内舵调顺船身的方法,使船舶离开码头。

③根据具体情况正确用车,使船舶不产生过大的纵向移动,以免与上、下邻近船舶碰撞,如图 4-46 中位置③所示。

④船舶至图 4-46 中位置④时,锚若绞离水面,即可驶上航路。

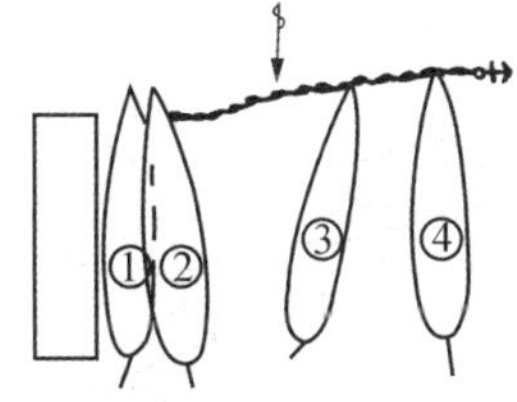

图 4-46 船舶绞锚驶离示意图

⑤如果码头有吹强拢风时,船舶位于图 4-47 中位置①时,解掉各缆绞锚,在锚拉力作用下船首转离码头一个角度,内舷迎流,产生水动力时船舶离开泊位,必要时可操内舵,外档进车内档倒车,使船尾也转离码头,如图 4-47 中位置②所示,用车的大小,可根据本船的动态而定。在这样的操作过程中,可能使绞锚感到吃力,所以当船尾离开到一定距离后,应适当停车、正舵,以减小锚链及锚机的负荷,加快船首的绞锚速度,如图 4-47 中位置③时,待锚绞离水面后,如图 4-47 中位置④,即可动车驶向航道。

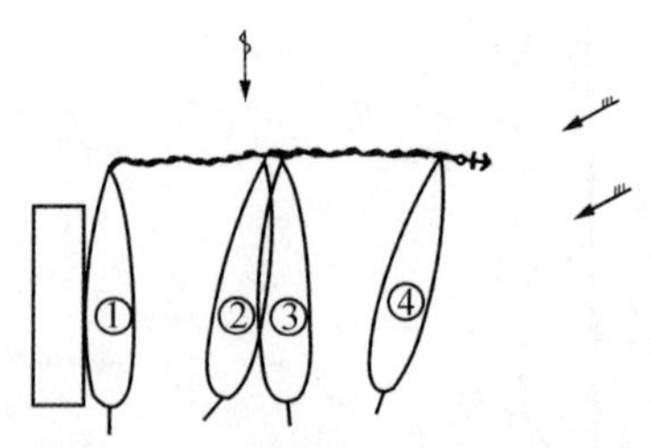

图 4-47　吹拢风船舶绞锚驶离示意图

5. 船舶离浮筒操纵方法及注意事项

(1)离单浮筒操纵方法及注意事项

①操纵方法

a. 先将单头缆收进,仅留回头缆。

b. 出航时,船长下令“解回头缆”,前甲板人员打开制链器,把回头缆前端放出,由另一舷人员迅速收回。

c. 在无风流条件下,当回头缆离开系缆眼环时,便可倒车退离浮筒,至适当距离后再进车,操舵至所需的航向上。

d. 风力较大时,浮筒受力很大,回头缆一解开,浮筒便很快弹回原位,而船首又继续被压向下风,因此可直接进车操舵至预定航向上。

②注意事项

船舶刚离浮筒,不能在浮筒附近使用进车转向,防止船尾部(特别是舵和螺旋桨)碰撞浮筒。

(2)离双浮筒操纵方法及注意事项

①顶流离双浮筒

a. 离双浮筒时,在带缆艇协助下,先将首、尾单头缆收进,仅留回头缆,然后由本船自行控制。因船首顶流,先解去尾回头缆,收进后慢速稳向,使首回头缆松弛后下桩收进,再用车、舵让开首浮筒驶离,如图 4-48 所示。

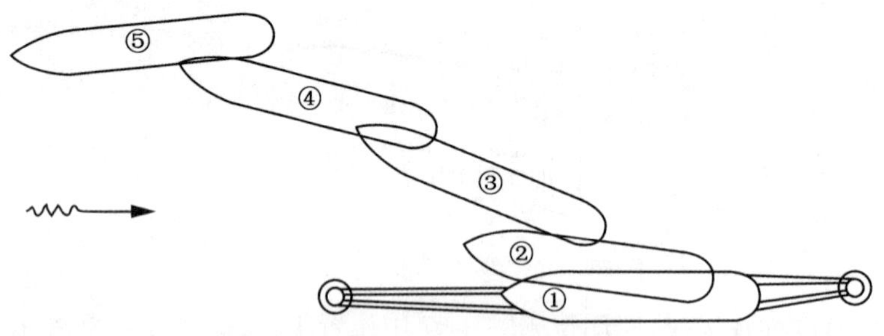

图 4-48　船舶离双浮筒示意图

b. 流急时,船身往往发生偏荡,离泊时要抓住船首偏向外的时机。船身摆出应逐次进行,切不可一舵到底,如角度太大,船身被强流推压不易拎直。

c. 离双浮筒时,解缆前先将首回头缆收进一些,解去尾回头缆,再用车、舵操纵船舶回转,使船首顶流或接近顶流,解首回头缆并收进,然后驶离。

d. 如急涨潮从船尾方向来,或附近船舶多,环境情况复杂,不能确保离浮筒安全时,可稍

等待或请港作拖船协助。

②顶流、吹拢风离双浮筒

a. 顶流、吹拢风，系浮船舶有开锚在外，可以不用拖船。如使用拖船拖首驶离，备车完毕后，先系好拖缆，解尾单头缆，留回头缆，向下风操满舵，然后解首单头缆，如图 4-49 中位置①所示。

b. 首单头缆全部收清后，待航道清爽，解尾回头缆，拖船在外舷 30°方向起拖。放松首回头缆，待船首摆开速度增快后，解首回头缆，如图 4-49 中位置②所示。

c. 运用车、舵配合，保持船身以 20°的角度出档，如图 4-49 中位置③所示。

d. 向上风操满舵，并令拖船向上风拎拖。当船尾平首浮筒后改操下风舵，逐渐拎直船身，如图 4-49 中位置④所示。

e. 当大船的船首向稳定在偏上风 10°左右，完全能自行控制时，解拖出航，如图 4-49 中位置⑤所示。

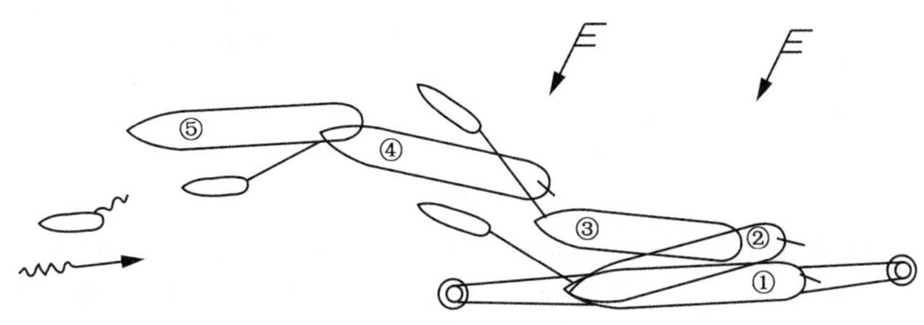

图 4-49　拖首离双浮筒示意图

③顺流、拖尾离双浮筒

a. 备车完毕，先解首单头缆，再解尾单头缆，留一根尾单头缆，如图 4-50 中位置①所示。

b. 拖缆带好后，解去最后一根尾单头缆，待航道清爽后，令拖船起拖。当船尾摆开浮筒连线后，即解去尾回头缆，并迅速收进，如图 4-50 中位置②所示。

c. 当船尾摆开 30°左右时，解去首回头缆，如图 4-50 中位置③所示。

d. 拖船拖大船到达航道中央时，即令拖船转舵，向浮筒一侧牵拉，以加速大船调整船位，如图 4-50 中位置④所示。

e. 当船身接近摆直，开进车，用舵稳住船首向，如图 4-50 中位置⑤所示，令拖船停车。在船有前进趋势，完全能自行控制时，解拖缆出航，如图 4-50 中位置⑥所示。

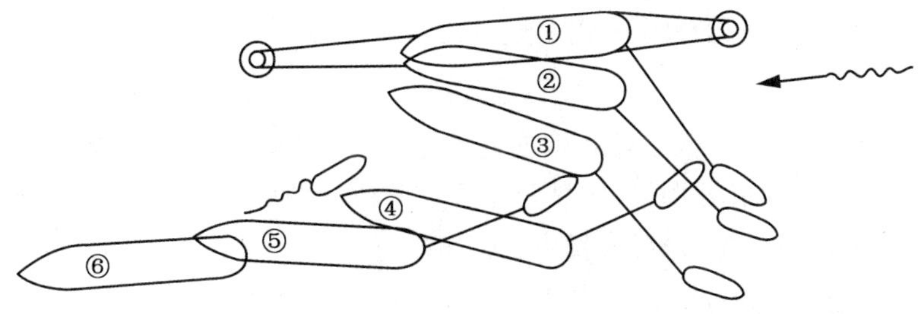

图 4-50　拖尾离双浮筒示意图

④离双浮筒注意事项

a. 离浮筒前应切实掌握潮流、风压及周围船舶动态。

b. 应用细绳将回头缆眼环并合扎紧，以防收缆时甩动挂攀浮筒产生障碍。

c. 尾回头缆应从内舷收进，以防系缆入水绞缠螺旋桨叶。

d. 用拖船协助拖尾时，尽量用拖船的拖缆，以便解离后本船即可动车。

第三节 船舶抛起锚作业

一、锚地的选择

对于锚泊船来说，从抛锚至起锚的全过程中，锚始终能够发挥良好的系留作用，不走锚，不断链，锚泊才算成功。因此，锚地条件是否符合锚泊要求，是必须考虑的重要因素。总的来说，选择锚地应考虑以下要求：

（一）水深适宜

锚地水深的大小应根据船舶吃水、水位变化、船舶配链长度、锚机功率、锚地水域波高等因素选择适当水深。水深过大，操作不便，抛出相同长度的锚链，则悬垂锚链长，而卧底锚链短，锚抓力较小；水深过小，风浪较大时，可能在风浪的作用下摇荡而造成蹬底（船舶在航行或锚泊中，由于富余水深不足或波浪的影响使船底与河底发生碰击的现象称为蹬底）或锚冠划破船底。

一般锚地的最小水深应保证有 1.5 倍吃水+ 2/3 最大波高；锚地的最大水深应取决于船舶所配锚机的额定功率和锚链总长，理论上的最大水深是锚机将锚所能绞起来的水深，通常不宜超过一舷首锚锚链总长的 1/4。但船龄较大、锚设备保养较差的船舶，对于可抛锚最大水深，应当谨慎考虑，并留有充分的余地。

（二）良好的河床底质和地形

1. 河床底质

河床底质与锚的抓力密切相关，底质的好坏将影响锚抓力系数的大小。锚地底质一般以软硬适度的泥底、沙底和黏土质的泥底抓力最好；其次是泥沙混合底；软泥、硬泥较差；砾石、卵石底的抓力最差；石质底和乱石底不能抛锚。

2. 河底形态

河底地势以平坦为好，尽量避免在河底陡坡处抛锚，坡度较陡，一方面，锚爪不易抓入河底；另一方面，在陡峭的河底处抛锚，锚易向深水处滑动，增加悬垂链长，减少卧底链长，影响链抓力。因此，在河底陡坡处抛锚，容易发生走锚事故。

（三）风、浪、流等作用力小

1. 良好的避风条件

锚地应选择在可以避风和防浪的地方。一般应选择上风岸或尽可能靠上风位置陡岸，或

具有天然屏障的水域。

2. **流速平缓，流向稳定**

锚地的流速平缓，流向稳定，能减小船体所受的水动力和避免锚泊船发生偏荡，增大锚抓力，从而减少走锚事故的发生。但下列几种情况应予以注意：

(1)汛期山区河流因水位暴涨，将导致水深和流速增加，会直接危及锚泊船的安全。

(2)船舶在拦河坝下游锚泊时，因水电站的日调节流量而引起水位的变化，将导致走锚或搁浅。

(3)船舶在有潮汐影响的河段抛锚时，应考虑潮汐涨落幅度和低潮时的必要水深以及潮流流向的变化。

(四)有足够的回转余地

回转余地应根据锚地底质、锚泊时间长短、锚地锚泊船位置以及附近有无障碍物和水文气象条件等综合考虑后确定。

(五)危险性要小

(1)抛锚地点应让出主航道，避免遮蔽助航标志。

(2)远离装卸危险品码头和水底电缆、沉船、暗礁等障碍物。

(3)锚泊水域附近应有良好的定位条件。

(4)避免在走沙河段长时间锚泊而造成淤锚(泥沙堆积在锚上，致使锚被泥沙深埋的现象称为淤锚)。

锚泊的目的不同，对锚地的要求也不完全相同。一般锚泊与避风锚泊，避一般强风锚泊与避台风锚泊，长时间锚泊与短时间锚泊，对锚地的要求都不一样。有的锚地水深合适、底质好，但不适于避风；有的锚地适于避定向强风而不适于避变向强风。因此，选择锚地要注意满足锚泊的要求，如水深、底质、潮流等，更重要的是应能够满足用锚目的的特殊要求，确保用锚成功。

二、锚泊的方式、适用条件及特点

锚地选好后，船舶在驶往锚地前，应根据锚地当时的底质、水深、风流、潮汐和船舶密度，结合本船吃水、载量、抗风能力等情况来确定锚泊方式。

由于锚地条件和用锚的目的不同，锚泊方式一般可分为单锚泊和双锚泊两种，其中双锚泊又包括一字锚、八字锚和平行锚，如图 4-51 所示。

(一)单锚泊

单锚泊是指船舶抛下船首任意一只首锚的锚泊方式，如图 4-51(a)所示。

1. **单锚泊的适用条件**

单锚泊一般适用于锚泊时间不长、锚地宽敞，底质好、水域平缓、风浪不大等情况。

2. **单锚泊的特点**

单锚泊操作简便，抛起锚方便，不足之处是锚泊力较小，当风浪增大时，偏荡严重、占用水域较大。

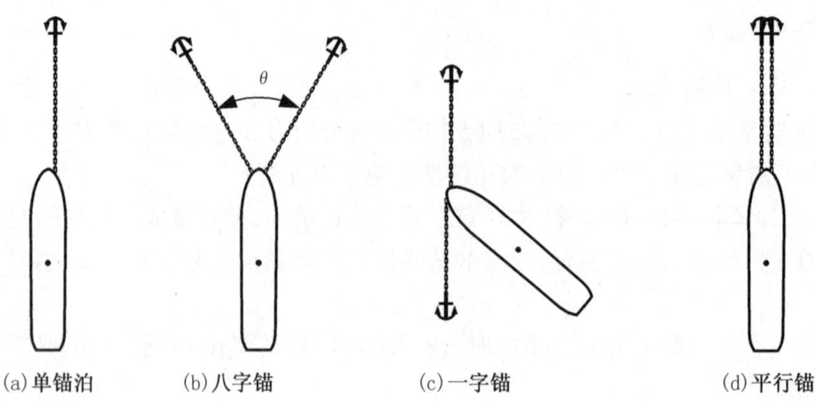

图 4-51　锚泊方式示意图

3. 抛左舷锚或右舷锚的选择

船首常有两只锚,选用哪一舷锚可根据下列因素决定:

(1)锚地宽敞,风、流影响小,可抛任意一舷首锚锚泊。

(2)单螺旋桨船可抛与螺旋桨旋转方向相反一舷首锚锚泊。如是右旋单桨船,可抛左舷首锚,左旋单桨船,可抛右舷首锚。

(3)有风、流影响时,则应抛上风舷或迎流一舷首锚锚泊。

(4)为协助船舶掉头而抛单锚时,则应抛掉头方向一舷首锚。

(5)为协助船舶靠泊而抛单锚时,则应抛外档首锚。

在抛锚作业中,应根据实际情况,注意交替使用船首两只锚。

(二)双锚泊

1. 八字锚

八字锚是指将两只首锚分别抛在船首左右前方,锚链呈倒"八"字形状的双锚泊方式,如图 4-51(b)所示。

(1)八字锚的适用条件

八字锚泊适用于锚地底质差、风大流急、单锚泊的锚抓力不足等情况。八字锚在内河大型船舶锚泊中得以广泛使用。

(2)八字锚的特点

抛八字锚时,合理地选择两锚锚链的夹角,既能起到增加锚的抓力,又能起到抑制船舶偏荡的作用。但操作较复杂,而在风、流方向多次改变后锚链易出现绞缠。

(3)八字锚锚链夹角与系留力和抑制偏荡的关系

抛八字锚,左右舷锚链夹角的大小,直接关系到双锚系留力合力的大小和抑制偏荡的能力,如图 4-52 所示。在两舷松出的锚链长度相同条件下,如果两锚链的夹角减小,则两锚系留力的合力增加,但船舶抑制偏荡的作用降低;反之,如果两锚链的夹角增大,则两锚系留力的合力减小,但船舶抑制偏荡的作用增强。

当两锚链夹角为 120°时,则两锚系留力的合力减小到与单锚泊相同;当两锚链夹角为 90°时,两锚系留力的合力约为单锚泊的 1.4 倍;当两锚链夹角为 60°时,两锚系留力的合力约为单锚泊的 1.7 倍,且两锚之间的横向距离恰好等于链长;当两链夹角为 30°时,则两锚之间的

横向距离约为链长的一半。

为增加锚抓力的合力,要使两链的夹角变小,但在强风下若夹角过小,会增加船舶的偏荡运动,作用于船体的外力增加,反而不利于锚泊。一般当两锚链夹角在50°~60°时,可以显著降低强风中的船舶偏荡运动,而且对船首垂荡运动的缓冲效果也很好。因此,抛八字锚,一般要求两锚链夹角在30°~60°。

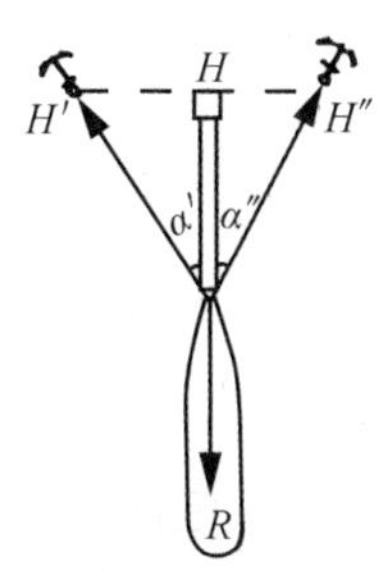

图4-52 八字锚两锚抓力的合力示意图

H—两锚抓力的合力;H'—左舷锚产生的总抓力;H''—右舷锚产生的总抓力;
α'—左舷锚链与船首尾延长线间的夹角;α''—右舷锚链与船首尾延长线间的夹角

2. 一字锚

一字锚是指将左舷、右舷首锚抛出,使两锚链成一直线或接近一直线,船首约在两锚位中间的双锚泊方式, 如图4-51(c)所示。

(1)一字锚的适用条件

一字锚泊主要适用于有往复水流或潮汐影响的狭窄航道或短时间锚泊。如果用单锚泊,而锚地区域的安全回转余地不够时,可在与潮流方向相一致的方向上,先后抛下两只首锚约成一直线,双链夹角近180°,使船舶系留在两锚之间,并随风、流的方向而改变首向。

(2)一字锚的特点

船舶抛一字锚泊,回转范围小,但操作较为复杂和费时。当风、流方向多次变化后,两锚链容易绞缠,不易清解,且影响锚的抓力;若在较大的横风作用时容易走锚。

(3)力锚、力链与惰锚、惰链

在一字锚中,对系船起主要作用而承受外力的锚和锚链,分别称为力锚和力链;而另一只不受力或受力小的锚和锚链,称为惰锚和惰链。

3. 平行锚

平行锚是指船舶同时抛下左、右首锚,双锚链保持平行,夹角为0°的双锚泊方式,或称之为一点锚, 如图4-51(d)所示。

(1)平行锚的适用条件

平行锚泊是最适宜于抗台风或内河抵御急流的一种双锚泊方式。

(2)平行锚的特点

平行锚的抛锚方法较为简便,且抓力最大,为单锚泊时抓力的2倍;但在大风浪中,风、流方向经常变化后两锚链容易绞缠,且不能有效抑制船舶偏荡。

三、抛锚操作要领及注意事项

(一)抛单锚

抛单锚的操作方法可分为后退抛锚法和前进抛锚法。

1. 后退抛锚法

后退抛锚法是指船舶到达预定的锚位,船舶略有后退趋势时,抛出首锚的方法。后退抛锚法是一种最常用的单锚泊方法。该抛锚法,操作安全方便,锚爪抓底过程短。其操作要点如下:

(1)备锚

备锚是指使锚和锚链处于预备抛出状态,包括启动锚机、合上离合器、解开制链器、用锚机将锚从锚链孔处送至预定抛出高度、刹紧制动器、脱开离合器等操作步骤,然后等待抛锚指令。

锚备妥后,锚冠至河底的高度称为预定抛出高度,简称"抛出高度"。在脱开离合器用刹车带抛锚的情况下,锚的下降相当于自由落体运动,抛出高度越高,下降速度越快,严重时不仅容易造成刹车失效或锚机损坏,还可能造成锚与河底撞击而变形损坏或断链失锚。因此,应根据不同的抛锚高度,采取不同的抛锚方法。抛锚方法可分为正常抛锚和深水抛锚两种,如图4-53所示。

①正常抛锚法

正常抛锚法是指用刹车带将锚从锚链孔处直接抛出的方法。它适用于锚地水深小于25 m的水域。

②深水抛锚

深水抛锚分为两种情况:一种是锚地水深在25~50 m的水域抛锚,备锚时,应先用锚机将锚送出至接近河底5~10 m处后等待抛锚指令;另一种是水深大于50 m的水域抛锚,备锚时,可直接用锚机将锚松至河底后等待抛锚指令。

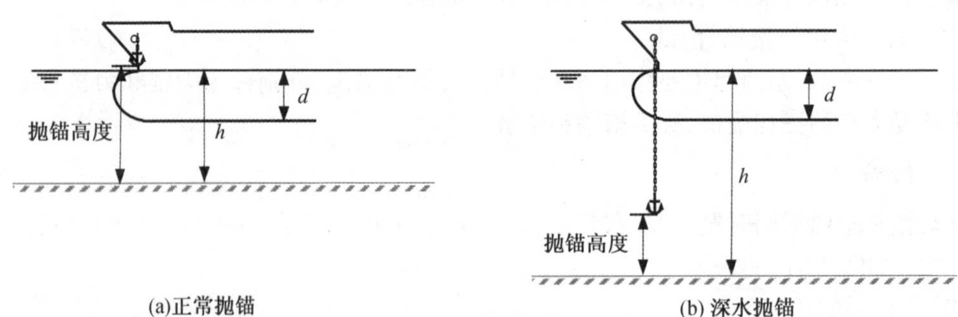

图4-53　抛锚高度示意图

(2)船身与外力的夹角力求最小

船舶在抛锚时应顶风、顶流或顶风流合力作用方向。在空载、风强流弱时,应顶风抛锚;在重载、流强风弱时,应顶流抛锚。尤其是船舶重载,在流急航段抛锚时,船舶首尾线与流向的夹角越小越好,一般不应超过15°。夹角过大,船舶会产生较大的流体水动力,抛锚后,水动力的横向分离作用船体,使锚和锚链承受过大的动力负荷,造成走锚。

(3)控制好抛锚时的余速

为了减轻抛锚时锚链受到较大的张力,减小拖锚距离,保持锚的抓底稳定性,当船略有后退趋势时为抛锚的最佳时机。若船舶完全静止,则不宜抛锚,这种情况下抛锚会使松出的锚链在河底堆积在锚上,造成锚链绞缠锚爪;若船舶后退速度过快,也不宜抛锚,这种情况下抛锚会刹不住锚链,或刹紧锚链时绷断锚链或拉损锚设备。

(4)谨慎松链

①抛锚时要一抛到底,中途不宜刹住。其目的是避免锚链承受过大的动力负荷而绷断锚链或拉损锚机。

②锚抛到底后,松链约为 2 倍水深时,应缓缓刹住,使锚链受力,使锚爪抓入河底;然后缓慢松链,松一下紧一下;锚链一次不宜松出太多(一般以每次 3~5 m 为宜)。否则,船身在风流作用下后退速度较快、刹链时锚设备将受到较大冲击;在急流和大风中抛锚时,为防止船舶后退速度过快,须适当用进车控制后退速度;在余速较高、锚链吃力很大时,除报告驾驶台用车舵配合外,松链时只能稍松一下刹车带,让锚链缓缓松出,以便在必要时有效刹住锚链;松链至预定长度的最后一节时,如船舶仍有一定退速,宜用短暂进车加以缓和,以稳定锚的最终抓土态势,避免因锚链张力过大而拖动。

(5)掌握抛锚时机、落点和态势

船舶抛锚时机、落锚地点和进入锚地的态势,有时决定着锚泊作业的成败,因此,应高度重视。

①船舶在水域宽阔、底质良好、河底形态平坦、潮流缓和、船舶密度不大的锚地抛锚,当驶至锚地后,早些抛或晚些抛,近些抛或远些抛都可以,不存在时机、落点问题,只要操作合理,就可以把锚抛好。

②在紧迫危险情况下用锚,抛锚时机对用锚的成败起决定性作用,甚至整个船舶的安全系于此。在这种情况下,一定要不失时机地将锚抛出,并能获得良好的效果,达到预期目的;错过了时机,即使抛锚操作良好,也会因锚效大减或未能及时发挥作用而不能达到挽救危局的目的。

③在某些情况下用锚,抛锚落点好坏直接关系着用锚成败。落点好,才能获得理想效果,达到用锚目的;落点不好,锚起不到应有的作用,抛了锚等于没抛,甚至成为累赘。

④抛锚前,船舶接近预定落锚点的态势,有时也会对抛锚操作乃至船舶安危具有很大影响。

(6)锚抓底情况的判断

锚链松出至预定长度以后,应密切注意锚链受力情况,以判定抛下的锚在河底是否抓牢。停止松链几分钟后,船舶在风、流作用下将以微小速度后退,锚链随着船舶的后退逐渐绷紧,这时,锚链受力最大,露出水面的长度也最长,如图 4-54 中的位置①所示。如果锚链绷紧之后短时间之内变得松弛,即露出水面的锚链长度缓慢缩短,锚链呈自然悬垂状态,则说明锚已稳定抓底,如图 4-54 中的位置②所示。反之,如果锚链长时间处于绷紧状态或锚链绷紧时抖动,则说明锚没有稳定抓底,而处于走锚状态,如图 4-54 中的位置③所示。如果船舶处于走锚状态,应起锚,并重新抛锚。

2. 前进抛锚法

前进抛锚法是指在船舶具有微小前进速度时抛出首锚的方法。

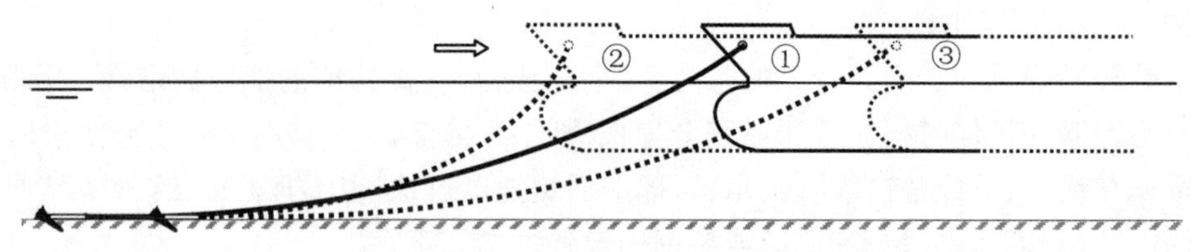

图 4-54　锚抓底判断示意图

在停泊用锚中，锚抓底的质量采用前进抛锚法不及后退抛锚法。因为船舶在水深不足时抛锚，锚刚抛下，船舶从其上驶过，锚爪有可能划损船底；其次，在船舶停止前进并随水流后退的过程中，锚要翻身，即锚爪最初以逆流抓入河底，这时则又翻过身来以顺流抓入河底，在翻身过程中，容易发生锚链缠住锚爪或因锚翻转而影响抓底状态等，从而影响锚抓力。但是前进抛锚法的锚位比后退抛锚法准确。

采用前进抛锚法时，应严格控制船速（一般应减速至最小），并在锚抛下时立即下令停车或倒车，以便能较好地控制松链速度和长度。

前进抛锚法主要运用在常规的操纵用锚或应急用锚上。如顺流抛锚掉头、抛开锚或倒锚驶靠码头以及紧急情况下抛锚制动。

（二）抛八字锚

八字锚泊既能增加锚泊的系留力，又能抑制船舶偏荡，在内河得以广泛应用。抛八字锚有三种操作方法，即横移抛八字锚、后退抛八字锚以及单锚泊改抛八字锚泊。

1. 横移抛八字锚

横移抛八字锚法保向较为容易，且两锚锚位较为准确，操作时间短，在实船操作中多采用此法。

(1) 如图 4-55 所示，先使船首顶流驶至①锚位并抛下左舷锚（在靠近航道一侧或有侧风或有横流影响的情况下，应先抛外档锚或上风锚或迎流一舷的锚）。

(2) 船舶略后退至位置 2，右舵使左舷迎流，船舶在水动力和螺旋桨推力合力作用下，松链横移至位置 3（②锚位），松链长度为预定长度的 0.5 倍，用舵调顺船身，抛下右舷锚，随船体后退陆续松链至预定长度。

(3) 然后调整两链长度，使两链均衡受力，船在位置 4 停泊稳妥为止。

2. 后退抛八字锚

(1) 如图 4-55 所示，船首慢速顶流驶至①锚位抛下首锚（位置 1）。

(2) 松链至预定长度，船退至位置 2，开进车，顶流驶至②锚位（位置 3），抛下另一舷首锚。

(3) 松出预定锚链长度，使船退至位置 4 停泊稳妥为止。

在有风、流影响的水域抛八字锚时，首先要明确抛八字锚的目的是抗风还是抗流，以决定两锚链之间的夹角、间距和松链长度；然后根据锚地实际风、流情况及本船浮态决定抛锚的操作方法，并根据本船的操纵性能，正确使用操纵设备。这样才能把八字锚抛好，获得良好的抛锚效果。

3. 单锚泊改抛八字锚

由单锚泊改抛八字锚时，应在强风来袭前进行。先将锚链收短至适当长度，然后开进车操

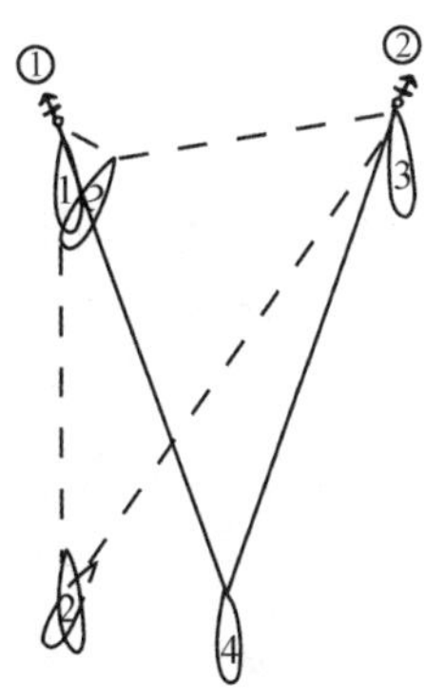

图 4-55 抛八字锚示意图

舵,使船舶到达第二落锚点,抛下第二只锚,再松出两锚链至预定长度即可。

(三)抛一字锚

抛一字锚泊有两种操作方法,即顶流后退抛锚法、顶流前进抛锚法。

1. 顶流后退抛锚法

(1)适时抛出力锚

抛力锚的方法与单锚泊抛锚方法相似,如图 4-56(a)所示;船舶沿锚位线顶流前进至上流锚位前,及早停车减速,并适时倒车。当船舶到达位置①,且略有退势时,抛下第一锚(力锚),如有侧风,应抛下风舷锚。

(2)后退中松出力链

随着船舶的缓慢后退,慢速松出力链,当船舶抵达惰锚位置附近(位置②)时,松出的力链至预定链长的 2 倍时,开进车,在船舶对地略有进速时,抛下第二锚(惰锚)。

(3)绞进力链,松出惰链

进车、操舵调整船速和保持船向,使船顶流缓慢前进,与此同时,松出惰链,绞进力链,直至船首抵达两锚位中点附近(位置③)时,调整两锚链至两锚链长度相等或预计长度时为止。

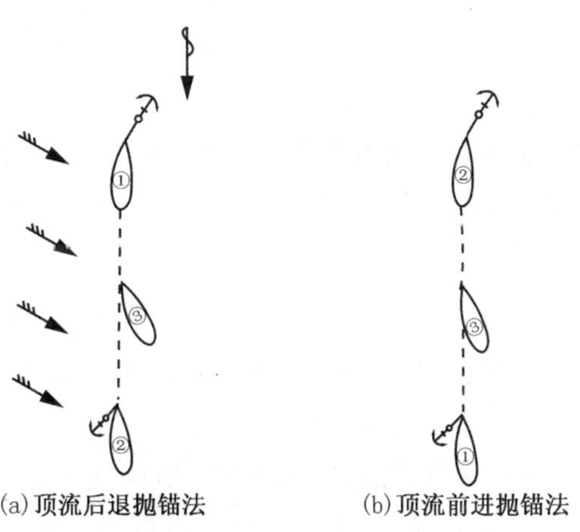

(a)顶流后退抛锚法　(b)顶流前进抛锚法

图 4-56 抛一字锚示意图

2. 顶流前进抛锚法

(1)适时抛出惰锚

船舶及早停车淌航,使之顶流滑行至位置①,如图 4-56(b)所示;保持缓慢进速接近位置①落锚点,抛下惰锚(或上风舷锚)。

(2)前进中松出惰链

进车、操舵保持船向,使船顶流慢速滑行,并慢速松出惰链;当船首抵达力锚位置附近(位置②)时,松出的惰锚锚链长度约为预定链长的 2 倍时,刹住惰锚锚链;当船舶对地约有后退速度时,抛下力锚(或下风舷锚)。

(3)绞进惰链,松出力链

随着船舶的缓慢后退,慢速松出力链,同时绞进惰链,直至船首抵达两锚位中点附近(位置③)时,调整两锚链长度至预定出链长度。

为防止两锚链绞缠,要保持两链松紧适度,在转流前将惰链绞紧,船首不能自由偏转,并将舵转向惰锚所在的一侧,以免逆转。为保证一旦锚链绞缠时便于清解,抛锚松链时要注意把锚链卸扣留在甲板上。如有条件,清解时可用拖船协助拖带或顶推船尾,使船舶向绞缠的反方向回转。

两种抛锚法比较,顶流前进抛锚法有利于保向、锚位准确、风流作用下两锚均保持良好抓底状态等优点。而顶流后退抛锚法具有防止惰链受力过大的优点,但不利于保向,特别是受到较大外力影响时,如横风等,很难控制准确的锚位和良好的锚泊状态。

(四)抛平行锚

抛平行锚的操作相对简单,适时控制船速,当船舶顶风流抵达锚位且约有后退趋势时,将两锚同时抛出,然后两锚松链至所需长度并相等即可。

四、起锚操作要领及锚链绞缠清解

(一)起锚操作要领

1. 准备工作

在起锚前,大副应指挥有关人员做好准备工作。首先脱开链轮检查锚机的运转情况,然后合上离合器,打开甲板制链器,使锚机处于随时可收绞状态。同时检查船首及其附近情况,最后告知驾驶台起锚准备完毕。

2. 绞锚

船舶处于双锚泊状态,起锚操作时应考虑当时的环境,确定起锚的先后顺序。

(1)绞一字锚时,通常先绞惰锚,同时松出力锚锚链,待绞起惰锚后再绞力锚。

(2)绞八字锚时,若双链同时受力,可适当用进车缓解锚链张力,通常在绞进左、右锚链到不走锚的长度后,可先起任意一舷锚;若水域较窄,应先绞起内档锚,后绞起外档锚;若风较大,应先绞起下风锚,后绞起上风锚;若有横流影响,应先绞起背流一舷的锚,再绞起迎流一舷的锚。

在接到驾驶台命令后,开始绞锚。绞锚过程中,大副应及时向驾驶台报告锚链出水节数、

方向、长度和受力情况,以便驾驶台适时用车、舵配合,防止锚机和锚链受力过大。一般情况下,当锚链横过首柱或船底,应放慢绞锚速度或暂时停绞,绞锚的最佳时机为锚链与水面垂直或接近垂直时。

当锚链绞进至尚余 1.5~2 倍水深长度时,几乎没有卧底锚链,锚链呈斜向下方的受力状态,如图 4-57 中位置①所示。当锚链绞进到正好处于锚链筒的垂直下方(图 4-57 中位置②),锚链长度大致与水深相等,锚链处于垂直拉紧状态,由于锚尚在抓底,作用于锚机上的负荷很大,应放慢绞进速度。

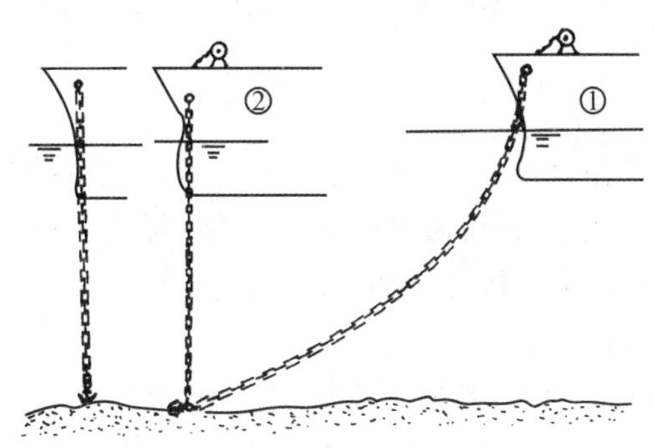

图 4-57 起锚中锚链和锚状态示意图

3. 锚离底

锚离底是指锚链绞进至锚冠刚离河底的一瞬间,锚失去抓力。判明锚离底的方法是:

(1)锚链由紧张受力(拉直)状态,突然出现抖动现象。

(2)锚机负荷突然降低,并可开快车绞进锚链。

(3)锚链垂直向下,锚链在水中由于锚的移动而出现摆动现象。

4. 锚出水面

锚绞至露出水面后,应查看锚上是否挂有杂物(如渔网、电缆、钢丝绳等),在确认锚清爽后方可将锚收进,同时报告驾驶台。如果锚被卡住或淤埋,就不宜硬绞,可刹住锚链并报告船长,视具体情况采取措施。

5. 结束工作

将锚收进锚链筒,使锚冠紧贴船壳,然后合上甲板制链器,脱开离合器,切断电源,停放锚链水,至此起锚作业结束。

(二)锚链绞缠后的清解

1. 锚链绞缠的基本概念

双锚泊船因风、流方向变化而向一舷回转,则两锚链易相互绞缠。根据两锚链绞缠数目,分别称为:半个绞花,即锚泊船回转半圈,两锚链只交叉一次;一个绞花,即锚泊船回转一圈,两锚链交叉两次;一个半绞花,即锚泊船回转一圈半,两锚链交叉三次;两个绞花,即锚泊船回转两圈,两锚链交叉四次,依此类推。

锚链绞缠将使锚和锚链受到局部弯曲和扭转负荷而引起损坏,或使抓力大为减小,并对起锚和收存造成困难,必须进行清解。

2. 锚链绞缠的清解方法

(1)锚链绞缠成半个绞花的清解方法

当锚链绞缠成半个绞花状态时,可以先绞进绞花下面的锚链,只有在锚绞起以后才可重新张开。

(2)锚链绞缠成一个以上绞花的清解方法

绞花在一个以上,清解较为复杂,如当时风、流较弱,有拖船协助,可使船体按绞花的相反方向转头进行清解;如果当时远离港口或在港内无拖船协助,就须在风、流较弱时自力清解。自力清解的方法是:

①切断锚链自行清解法

先将缠绕锚链的连接卸扣打开,再用钢缆沿相反方向绕过被缠绕的另一锚链后拉进锚链筒与断开的锚链相连接进行清解,最后再将断开的锚链慢慢绞上并用连接卸扣重新连接起来。该方法操作复杂,需人手较多,在强风、急流河段的夜间进行作业往往有一定的困难和危险性。

②用锚机操作自行清解法

如图 4-58 所示,设双链绞缠时左锚链为惰链,右锚链为力链,清解程序为:

a. 绞进惰链,松出力链,如图 4-58(a)转化为图 4-58(b)所示,此时出现惰链拉直,力链呈缠绕其上的状态。

b. 继续绞进惰链,松出力链并使之借自重下滑;如不下滑,可借助惰链的松出或绞进交互进行,或者借助于多松力链,使力链下滑。

c. 当惰链绞至短链状态,甚至接近锚垂直状态时,惰链绞进变得轻松;锚离底后船舶将仅靠右锚成单锚泊状态,继续绞进左链至图 4-58(c)所示状态。

d. 松出惰链,使最上部分的双链绞缠处于船首正前方,如图 4-58(d)所示。略微进车以缓解力链受力后,再将惰、力两链同时迅速松出,并使开始缠绕部分位于船底以下,如图 4-58(e)所示,将双链突然刹住,双链均处于锚链筒下方。

e. 在锚和锚链自身重量、两锚孔各自两边的分力作用下,基本上呈自由悬垂的绞缠部分将沿相反方向转动并自行清解,如图 4-58(f)所示。

五、守锚与活锚

(一)守锚

守锚是指船舶在锚泊期间,必须经常采取措施保持锚和锚链处于良好的抓着状态的一种措施。

1. 单锚泊船的偏荡及其抑制方法

(1)单锚泊船的偏荡运动

单锚泊船舶在风向改变时,都会因风、流、浪等外力的作用而产生偏荡。锚泊中船舶偏荡会增加锚链的张力、影响锚的抓力,当偏荡增大时锚链受力有可能超过锚泊力而导致断链、走锚等事故的发生。

单锚泊中的船舶,随着风向风力的变化,船体所受风动力也随之发生变化,造成船舶前后左右受力失去平衡。于是锚泊船在风动力、水动力和锚链拉力的作用下,产生的首摇(船首左

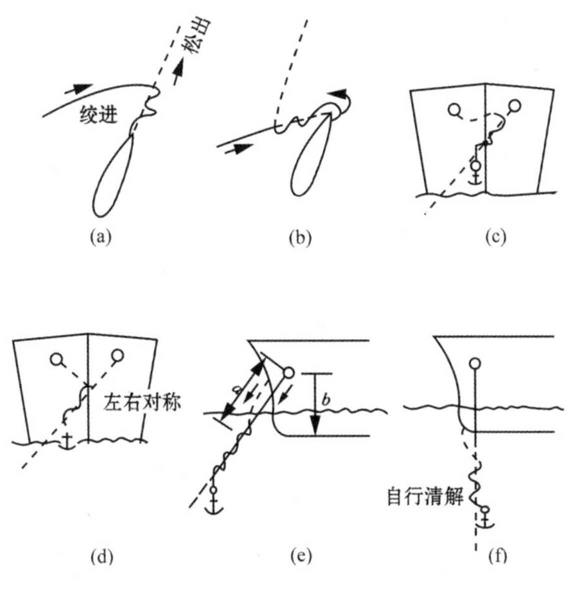

图 4-58 清解锚链绞缠作业程序示意图

右转动)、纵荡(船身前后运动)、横荡(船身左右运动)的复合周期性运动,称为偏荡运动。如图 4-59 所示,锚泊船在偏荡时,重心、船首、船尾将形成一个与风向垂直的"∞"形轨迹。

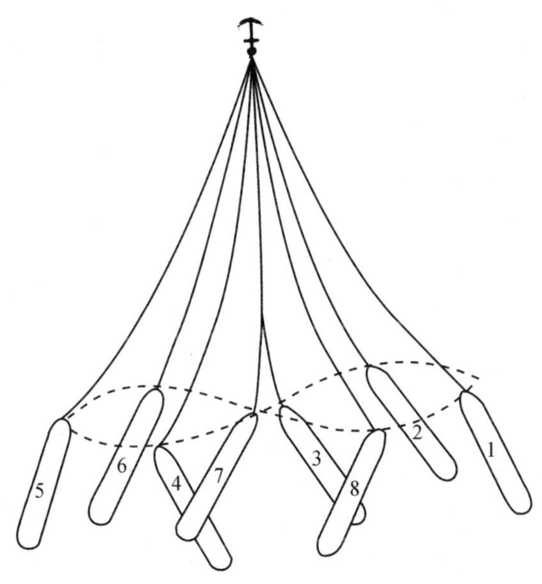

图 4-59 单锚泊船的偏荡运动示意图

偏荡中锚链张力的变化情况,如图 4-60 所示。锚链张力由持续张力和冲击张力两部分组成。持续张力是指偏荡未发生时作用于锚链上的张力。当风链角(即风向与锚链的夹角)为零、风舷角最大、船首接近平衡位置时(如图 4-59、图 4-60 中位置③所示),由于船舶运动的惯性最大,故此时的冲击张力也最大。当船舶处于两侧极限位置(如图 4-59、图 4-60 中位置①所示),即风舷角为零、风链角最大时,锚链所受冲击张力最小。

单锚泊船在风速达到或超过 10 m/s 时就会出现偏荡运动,风速越大、船体水线以上受风面积越大、风动力中心越靠近船首,则偏荡运动的幅度越大;偏荡运动速度越快、偏荡周期越

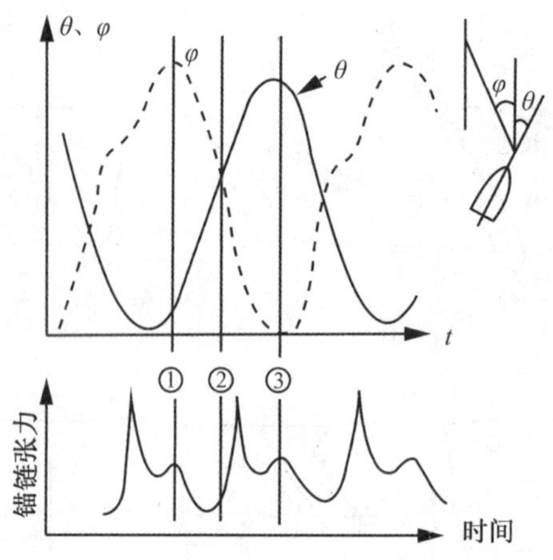

图 4-60　偏荡中锚链张力变化示意图

φ—风链角；θ—风舷角

短，则锚链所受张力也越大。因此，驾驶台布置在船首或船中的船舶比驾驶台布置在船尾的船舶偏荡要大，一般情况下船舶空载时的偏荡比满载时大。船舶长时间剧烈偏荡是导致走锚的主要原因，如何缓解偏荡，保证船舶安全就非常重要。

（2）单锚泊船偏荡的抑制

①压小舵角抑制偏荡。锚泊船舶轻微偏荡时，可采用压小舵角的方法来抑制。

②恰当使用车速以缓解偏荡。船舶偏荡激烈时，除采取上述措施外，还可用车来缓和偏荡。主机可连续使用微速进车，应舵较快的船舶可通过微速进车辅以舵的配合抑制偏荡。

③压载增加吃水以缓解偏荡。空载船舶尽可能多打入压载水，以增加吃水，这样，既减少船体水线以上受风面积，又增大船体水线以下水阻力，缓解偏荡。如能达到 3/4 以上满载吃水，可极大缓解激烈的偏荡。

④将船舶调整为首纵倾以缓解偏荡。将船舶调整为少量的首纵倾，使船体水线以上风动力作用点后移，船体水线以下水动力作用点前移，这样增加了偏荡时的阻尼力，起到使船首迎风的作用。

⑤抛止荡锚以缓解偏荡。止荡锚又称立锚，就是将另一只首锚在船舶偏荡至未抛锚一舷的极限位置，向平衡位置开始荡动时抛下。因为船舶偏荡至极限位置时速度较低，便于操作，且阻尼作用效果较好，两锚链互不交叉、妨碍，这样有利于船舶稳定在平衡位置上。为充分发挥止荡锚作用，同时又必须使之能拖得动，止荡锚的出链长度应控制在适当的长度之内。根据经验，一般选择在 1.5~2.5 倍水深为宜。

⑥将单锚泊改抛八字锚以缓解偏荡。当风力加强，估计单锚泊抓力不足以抵抗外力时，应不失时机地将单锚泊改抛八字锚。操作时应注意将两锚连线保持与风向垂直，两链交角控制在 60°左右。

2. 锚泊船舶遇大风浪时的措施

（1）起锚检视或移泊

在下列情况下，锚泊船舶一旦受大风浪的袭击，会引起锚损坏或抓力不足而发生走锚甚至碰及他船，必须进行锚检视或向良好的锚地移泊，以确保理想的锚泊状态。

①当锚和锚链被泥沙淤埋或锚地条件恶化时；

②当本船受风浪影响产生偏荡范围内有他船锚泊时；

③锚地处的风浪较大时。

(2)增加锚抓力和减小船舶偏荡

首先，松长锚链以增加抓力，锚抓力随松出链长的增加而增加，特别是对吸收动力负荷非常有效，但应注意锚链的增长会使船舶偏荡运动大幅度增加。其次，采取措施抑制船舶偏荡。

(3)减少波浪引起的纵摇和垂荡

锚泊船受风浪影响，会产生激烈的纵摇和垂荡，使锚链承受很大的动力负荷。为此，在控制船舶偏荡运动的同时，必须设法减少波浪引起的纵摇和垂荡。

①压载增加吃水并尽量使船首纵倾；

②松长锚链，抛止荡锚，使之呈八字锚形式；

③在主锚锚链的悬垂部分靠近河底处悬吊小锚或适当的沉砣使之横卧河底，以便在移动中吸收锚链所受到的动力负荷，缓和船舶的纵摇和垂荡，对卧底部分的锚链起稳定作用。

(4)车、舵并用抵抗外力

大风浪到来时，船长应下令备车，使之处于随时可用状态，以保证船舶锚泊安全。当船舶受到异常风动力作用，偏荡运动激烈致使锚泊危险时，使用车、舵配合抵抗外力，其目的在于缓和锚链张力。所以要经常用舵保持迎风姿态；要用车在锚链紧张的情况下给予适当的推力，以减少锚链负荷，但应避免产生过大的风舷角和推力。

3. 指派专人值锚更班

为了保证船舶的锚泊安全，锚泊船应指派专人值锚更班。值班人员应坚守岗位并做到：

(1)密切注意周围环境和天气变化。

(2)注意过往船舶和其他锚泊船动态。

(3)注意本船的号灯、号型是否正常。

(4)勤测船位、勤查锚链。

(5)若天气恶劣，风力增大，洪水陡涨、陡退等，必要时应备妥主机。

(6)若偏荡剧烈或走锚，应立即报告船长，采取措施。

(7)若发现他船走锚向我船而来，应立即报告船长并设法与走锚船舶取得联系并采取行动，避免碰撞。

(二)活锚

在走沙河段锚泊或长时间锚泊，会造成泥沙堆积在锚上致使锚被泥沙深埋的现象，称为淤锚。淤锚将造成锚与锚链方向不能一致，会使锚干受到相当大的弯矩，破坏锚的抓着条件，同时还给起锚操作造成障碍。为了避免淤锚现象，应每隔一段时间将锚绞起来后重新抛下，以维持良好的锚泊状态，这种操作叫锚检视，船员称为“活锚”。在泥沙淤积严重的河段，一般每隔3~5天进行一次起锚检视。

六、走锚特征及判断

走锚是指锚泊船受外力作用时，外力超过锚泊力，船舶拖着锚和锚链连续移动的现象。

(一)船舶走锚的原因

(1)本船配备的锚未按规范配足重量。

(2)抛锚时松出的锚链长度不够,以致锚爪不能以较大的角度抓入河底,且向上分力也有将锚向上提出土的趋势,因而使锚抓力过小。

(3)河床底质不良,不能充分发挥锚抓力。如在流沙中锚泊,由于泥沙的流动而不能发挥锚抓力;在硬土层或卵石层上抛锚,则因锚爪不易抓入,而使锚不能产生有效的抓力。

(4)洪水猛涨,流速激增,使船体承受的水动力大于锚的系留力。

(5)不正常水流影响。由于不正常水流的流速、流向经常变化,使船舶偏荡不定,锚的系留力减小,造成走锚。

(6)在大风中,风引起的船舶偏荡使锚的系留力减小,以及风对船体产生的风动力急增,致使风动力、水动力之和大于锚的系留力而发生走锚。

(7)数船共系一锚。本船锚泊后,他船未抛锚相靠,而且本船又未松出足够的锚链,使锚的系留力不足而走锚。

(二)船舶走锚的判断

1. 三点一线法

锚泊船舶于驾驶台正横方向选定两个固定参照物(两参照物距离尽可能大些),值班人员与两参照物成一直线,如两参照物分开,则船舶可能走锚。

2. 利用助航设备判断

利用罗经、雷达、GPS 等精度较高的设备定位,并经常查核船位以便及时发现走锚。有些型号的雷达、GPS 定位仪设有走锚报警功能,设置警报时,走锚范围的警报圆应根据当时环境,如风、流大小,距离他船及其他障碍物的远近等因素来设定。

3. 观察偏荡情况

强风中的锚泊船,若不断左右来回偏荡,说明锚抓力仍能抵御外力对船舶作用及其造成的偏荡影响,船舶没有走锚;若偏荡停止、呈现已抛锚舷单舷受风、风舷角约为 90°,则可判定船舶已走锚。这种方法是大风浪中判断走锚的最有效的方法。

4. 观察锚链情况

正常锚泊时,锚链常有周期性松紧、升降现象,若锚链表现为持续拉紧状态并间或突然松动的现象,用手触摸感到锚链急剧抖动,说明船舶可能在走锚。

5. 一点一线法

夜间用探照灯直射(一线)正横方向某固定参照物(一点),当船首向不变,若参照物不断前移,则船舶可能走锚。

第五章 特殊情况下船舶操纵

第一节 大风浪中的船舶操纵

大风浪给船舶操纵带来了一定困难，为了保证船舶在大风浪中的航行安全，首先必须了解大风浪中航行前的准备、内河风浪规律，其次要了解船舶在风浪中的运动以及风浪对航行船舶的危害，将船舶本身具有的性能与当时发生的外界因素协调起来，采取正确的操纵措施，方能达到安全的目的。

一、大风浪中航行前的准备工作

（一）保证水密

（1）检查甲板开口封闭的水密性，必要时进行加固。

（2）检查各水密门是否良好，不使用的一律关闭拴紧。

（3）将通风口关闭，并加盖防水布。

（4）天窗和舷窗都要盖好，并旋紧铁盖。

（5）锚链管盖好，防止水流灌进锚链舱。

（二）排水畅通

（1）检查排水管系、抽水泵、分路阀等，保证处于良好工作状态。

（2）清洁污水沟，保证畅通。

（3）甲板上的排水孔应畅通。

(三)绑牢活动物件

(1)起吊货设备、锚设备、舷梯、缆绳、备件和救生艇筏以及一切未固定的甲板物件均应加强系固。

(2)散装货物在离港前应平舱,并做必要的处理。

(3)各水舱及燃油舱应尽可能注满或抽空,减少自由液面。

(4)舱内或甲板装有重件货物时,应仔细检查,并加强系固。

(5)船舶在配载时,还应详细计算稳性,满足船舶在风浪中航行的要求。

(四)做好应急准备

(1)保证驾驶台和机舱、船首、舵机室在应急情况下通信联系畅通。

(2)检查备用电机、应急舵机、应急消防水泵、天线等设备,使其处于良好工作状态。

(3)检查救生设备、堵漏设备、消防设备,确保其完好并随时可用。

(4)甲板上应系妥扶手绳,冬季还应采取防滑措施,晚上应备妥应急照明等,确保人身安全。

(5)加强全船巡视检查,勤测各液体舱及污水沟等。

(6)及时收听气象预报,分析沿途可能遭受到的恶劣天气情况,合理躲避。

(五)空船压载

空船在大风浪中有很多不利之处,例如,风压增大了倾斜力矩,保向性下降,拍底增大,螺旋桨空转加剧,失速严重,易发生横摇谐振等。为确保航行安全,应进行适当的压载,以提高船舶抗风浪的能力和改善船舶的操纵性能。在吃水差方面,既要防止螺旋桨空转,又要减轻拍底,一般以适当尾纵倾较为理想。

二、内河航道风浪规律及对船舶航行的影响

(一)波浪的要素

波浪是水质点在外力作用下所形成的波动运动。在深水中波浪的水质点以一定的速度做圆轨迹运动,其波形以某一速度传播出去,而水质点本身并不随波形移动。表征波浪特征的几何要素,如图 5-1 所示。

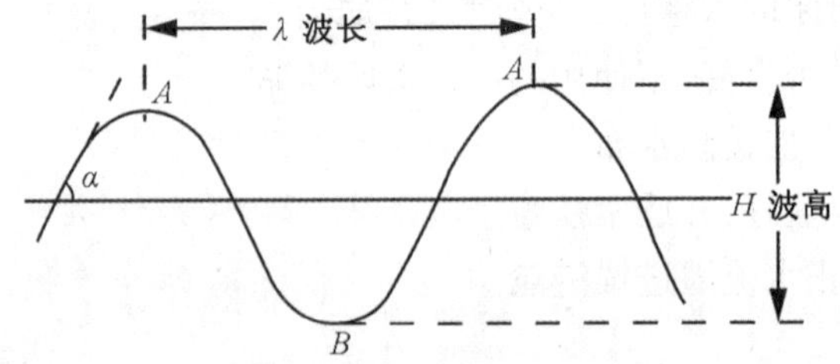

图 5-1　波浪特征要素示意图

(1)波峰:波形的最高点,如图 5-1 中的 A 点。

(2)波谷:波形的最低点,如图 5-1 中的 B 点。

(3)波高:波峰与波谷的垂直距离。

(4)波长:两个相邻的波峰或波谷之间的水平距离。

(5)波速:波形向前移动的速度。

(6)波面角:波形上某一点的切线与水平线之间的交角。

(7)周期:两个相邻的波峰或波谷经过空间某一点的时间间隔。

波浪水质点在风的作用下各自做封闭圆周运动,波形传播和水质点运动既有区别又有联系,波峰处水质点的水平运动速度最大,其方向和波形传播的方向一致;波谷处水质点的水平运动速度也最大,其方向和波形传播方向相反。这样波峰前方必然发生水体堆积,波峰后方必然发生水体流失,从而使波形向前传播,如图 5-2 所示。

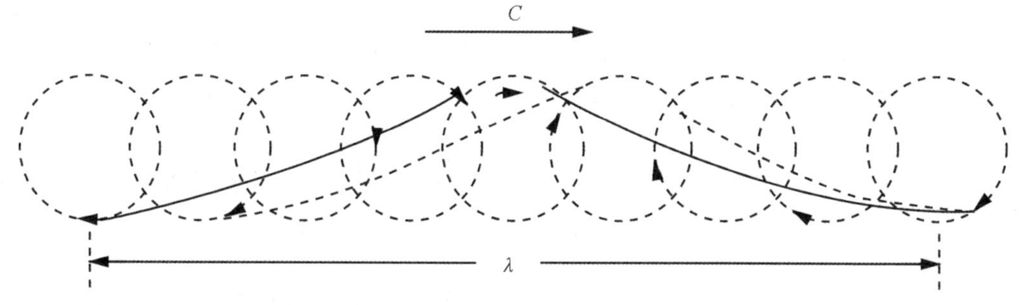

图 5-2 波浪传播示意图

(二)内河航道风浪规律

内河航道波浪的强弱与风速、风向、流向、流速,以及航道的走向、宽窄和深浅等因素有关。

(1)同一河段,风、流作用力方向相反时,风浪大,并以主流区浪最大,缓流区浪小;当风、流作用力方向相同时,风浪则较小。

(2)上风岸浪小,下风岸浪大。

(3)宽阔河段浪大,狭窄河段浪小。

(4)深水区浪大,浅水区浪小。

(5)在有潮汐影响的河段,转潮前后一段时间内浪大。

(三)风浪对船舶航行的影响

1. 波浪对船舶运动的影响

船舶在波浪中的摇摆运动,是波浪的强迫摇摆和船舶本身固有的摇摆相结合的复合运动。这种摇摆运动受到水阻力的作用而逐渐衰减。摇摆的强度取决于波面角、波浪周期、船舶本身的摇摆周期和船舶尺度与波长的比例关系等。

(1)横摇

船舶在风浪的作用下绕着它的首尾轴线进行摇摆,这种摇摆运动叫横摇。船舶的横摇程度通常用横摇周期和横摇摆幅(即横摇角)表示。

①横摇周期

船舶横摇周期是指船舶自正浮位置向一舷横倾又到另一舷横倾,自另一舷横倾再回到初始横倾位置时所需的时间。船舶在规则波中的横摇周期与船宽成正比,与初稳性高度的平方根成反比。

②横摇摆幅

船舶横摇摆幅是指船舶自正浮向一舷横倾时的最大横倾角。船舶在规则波中的横摇摆幅除与最大波面角有关外,还取决于横摇周期和波浪周期的比值。

(2)纵摇

当船舶的航向与波浪传播方向接近平行时,船舶将绕着它的横向水平轴摇摆,这种摇摆运动称为纵摇。纵向受浪时,由于船舶的纵摇质量惯性矩与水阻尼力矩很大,同时纵稳性力矩也较大,所以在波浪的作用下产生的纵摇摆幅比横摇小,纵倾角一般不超过最大波面角。纵摇的程度通常用纵摇周期和纵摇摆幅(即纵倾角)表示。

①纵摇周期

船舶纵摇周期是指自正浮位置到首纵倾又到尾纵倾,再回到正浮位置时所需的时间。船舶纵摇周期的大小与船长平方根成正比。

②纵摇摆幅

船舶纵摇摆幅是指船舶自正浮向首或尾纵倾时的最大纵倾角。船舶纵摇时的摆幅除与纵摇周期与波浪周期比值有关外,还与船长和波长的比值以及船速有关。

(3)垂荡

当波浪通过船体时,由于其湿表面积的变化,浮心随之变化,船舶重心亦随之变化,船舶重心在它的垂向轴上做升降运动,称为垂荡。垂荡的程度通常用垂荡周期和垂荡位移表示。

①垂荡周期

船舶的垂荡周期是指自正浮起向上再向下,然后回到正浮时止所需的时间。船舶的垂荡周期的大小与船舶吃水的平方根成正比。

②垂荡位移

船舶垂荡位移是指船舶上下起伏时吃水差的变化量。

船舶在大风浪中航行,减轻船舶横摇、纵摇、垂荡幅度的有效操纵措施是改变船速和(或)改变航向。从船舶横摇、纵摇、垂荡运动对航行安全影响的比较来看,横摇的危害最大,且当船舶横向受浪时,这种危害将进一步增大,特别是发生横摇谐振或大幅度横摇时,将危及船舶安全,严重时可能导致船舶倾覆。因此,船舶在大风浪中尽可能避免横向受浪。

2. 船舶大风浪中航行时所遭受的危害

(1)横向受浪时产生的危害

船舶横浪航行,容易出现横摇谐振的情况,由于船舶的剧烈横摇,将产生下列危害:

①产生过大的横摇角;

②舷侧容易上浪;

③横摇加速度增大,容易引起货物移动和增加自由液面的冲击力;

④造成人员不适,船用仪器使用不便,船体结构容易受损;

⑤若船舶干舷较低、稳性较差,将会导致船舶倾覆危险。

(2)纵向受浪时产生的危害

①拍底

船舶顶浪或顺浪航行时,由于船舶在波浪作用下产生激烈的纵摇和垂荡,当船首升起后下落而与波浪的向上运动相撞击时产生的现象,称为拍底。

a. 拍底的危害:拍底使船首底部受到冲击,严重时船底大面积区域与波浪表面发生冲击,

进而产生巨大应力，导致船首部结构受损。拍底时船体还会发生剧烈的震动。

b. 影响拍底的因素：拍底与船舶载重状态、波长与船长之比、船速和船型等因素有关。当船长与波长相当时容易产生剧烈的拍底；当吃水与船长的比值小于5%时，容易产生拍底；方形系数大的船拍底严重；U形船首比V形船首遭受拍底的次数多，强度大。

c. 减轻拍底的措施：避免纵摇和垂荡的谐振；保持船首吃水大于1/2满载吃水；采取减速措施。

②甲板上浪

在波浪中航行的船舶，由于受到波浪的作用而产生剧烈的摇荡，造成水质点飞溅或涌上甲板的现象，称为甲板上浪。

a. 甲板上浪的危害：甲板上浪对装载于甲板的货物造成移动，影响船舶稳性，危及船舶安全；严寒时造成结冰；由于浪的作用使甲板设备、上层建筑直接遭受破坏等。

b. 影响甲板上浪的因素：甲板上浪与船首干舷高度、船速及相对波高有关。船首干舷越低，船速越大，波高越强，甲板上浪也越厉害。

c. 减轻甲板上浪的措施：降低船速；适当调整航向。

③尾淹

船舶顺浪航行，当船尾陷入比船速快的波谷时，波浪打上船尾甲板，称为尾淹。

a. 尾淹的危害：当船舶处于追击波的前倾斜面时，会出现航向不稳定状态，甚至突然产生首摇而横于波浪中，造成船舶失控而打横。

b. 减轻尾淹的措施：一般采取调整航速的措施，使航速稍大于波浪传播速度，这样既能避免尾淹，又能保持舵效。

④螺旋桨空转

船舶在波浪中剧烈的纵摇和垂荡使螺旋桨部分周期性露出水面，发生螺旋桨空转的现象，称为螺旋桨空转，俗称飞车或打空车。

a. 螺旋桨空转的危害：螺旋桨空转时，推进效率显著下降，船速降低，螺旋桨、轴系和船舶产生剧烈震动，同时使它们受到很大的冲击力而受损。空船状态更容易产生螺旋桨空转现象。

b. 减轻螺旋桨空转的措施：应保持螺旋桨足够的沉深比；当出现螺旋桨空转时，应及时调整航向和船速以减轻船舶摇荡。

三、大风浪中常见操作方法

船舶在大风浪中航行，无论与风浪处于何种相对位置，操纵都会困难。如横浪中，船舶的横摇周期和波浪的周期很接近，容易丧失横稳性，此时，改变速度无济于事，不得不采取顶浪航行。顶浪时，巨浪的冲击将会造成拍底、甲板上浪和打空转而损坏船体、甲板设备、舵和螺旋桨。如果为缓和浪的冲击而改作顺浪航行，又将出现大浪尾淹，舵效极度下降而被打横，仍然十分危险。因此，必须采取措施，减轻船舶的摇摆，缓和波浪的冲击，以等待水面恢复平静，或采取积极手段，尽早驶离大风浪水域。

（一）顶浪航行

船舶在大风浪中顶浪航行，航速越快，波浪对船首的冲击力就越大；船首面积越大（如U形船首），波浪的冲击力越大；船舶的方形系数及棱形系数越大，波浪的冲击力越大。船舶在大风浪中顶浪航行，可通过下列措施减轻拍底、甲板上浪。

1. 减低航速

船舶在保证必要的舵效的前提下，尽量降低航行速度，减小船首底部与波浪的撞击力。

2. 偏浪航行

船首向与波峰避免正交，以斜交的态势迎浪航行，降低波浪对船体的危害。

3. 改顶浪航行为顺浪航行

顺浪航行，由于波浪推进方向与船舶航行方向相同，相对速度小，冲击力小，拍底现象能得以减弱。

4. 正确变换车速

根据波浪情况，适当地交替运用快、慢车，既能保证船舶的操纵性能，又能减低波浪的撞击力。

（二）顺浪航行

船舶顺浪航行时，波浪与船舶相对速度小，可以大大减弱波浪对船体的冲击。但顺浪航行，当船速小于波浪传播速度时，若船尾处在波谷中，则大浪将自船尾涌上甲板，形成尾淹现象；当船速等于波浪传播速度时，则船尾冲漂。上述现象都可能造成船舶打横，用舵不能控制的局面。为了避免上述现象，一般采取调整船速的措施，使航速稍大于波浪传播速度，这样既能避免尾淹，又能保持舵效。

（三）偏浪航行

船舶在大风浪中航行，应根据当时情况和本船条件采取措施。如果船舶横摇剧烈，应首先调整航向；顶浪航行时，波浪冲击力大、纵摇剧烈，应先调整船速再考虑调整航向。为了避免船首受顶浪航行过大的冲击和减轻横摇、纵摇的剧烈程度，而且又不致使船舶偏离航线过多，可采用偏顶浪作 Z 形航法，但应保持舵效，以免形成横浪。

偏浪航行是船舶的主航向与波浪传播的方向成 20°～40°夹角，斜着波浪传播的方向前进的方法。为了防止偏离航线太远，船体两舷受力不均，一般左、右两舷轮换受浪。偏浪航行，应注意风、流压的影响，保持一定的前进速度以保证舵效，使船舶维持在预定航线上，如图 5-3 所示。

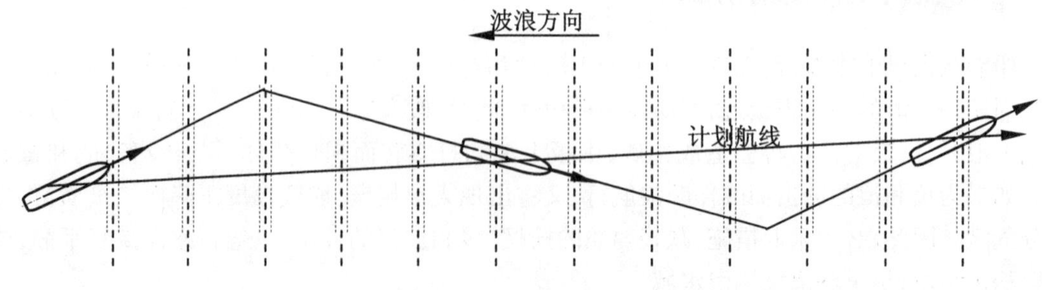

图 5-3　偏浪航行示意图

（四）滞航

以能保持舵效的最小速度，将风浪置于船首 2～3 罗经点的方位上顶浪前进的方法称为滞

航。这时的船舶实际上是处于缓进或不进,甚至是微退的状态。而航向将随着风向的改变不断地调整。

滞航有利于缓解船舶纵摇、横摇、拍底和甲板上浪等现象,船舶滞留在原地附近,待风浪较小后继续航行。由于船首迎浪,不能完全克服拍底和甲板上浪,船长较长或船首干舷较高,且下风处水域不太宽裕时,采用此法最为有利。滞航中,船速和航向应根据风浪的变化进行调整,选择最佳的风浪舷角,并保证有足够的舵效,有效控制船首向,以免被打成横浪。

(五)漂滞

船舶停止主机随风浪漂流称为漂滞。漂滞时波浪对船体的冲击力大为减小,甲板上浪不多。但漂滞不是一种操纵方法,它是船舶的一种被动漂浮状态。在大风浪中,只要主机和舵机不出现故障,极少主动停车进行漂滞。船舶漂滞,将使船舶在波浪中处于失控状态,船舶极易陷入横浪状态而发生倾覆沉没事故。

船舶一般不主动采取漂滞,但船体老旧的船舶,为减少波浪对船体的冲击,应主动采取漂滞。不得不采取此法时,应保证船舶具有良好的稳性和水密性。

船舶在大风浪中主机或舵机发生故障时,最关键的是采取措施避免船舶处于横向受浪状态,如将锚链送出一定长度,尽可能使船舶处于顶浪或偏顶浪状态,等待救援。

除此之外,船舶在大风浪到来时,应尽早了解风情,选择好避风锚地或选择上风岸风浪较小的水域航行。

(六)系浮船舶遇大风浪时的措施

1. 系单浮筒时的措施

系单浮筒的船舶遭遇大风浪时,一般是以浮筒为中心,船首迎风做大致与单锚泊相似的偏荡运动。因此,采取的措施是:

(1)适当增加系浮缆长度

随着风浪的增强,应将船舶系于浮筒的系浮缆适当放长。因为从河底到系于浮筒上的浮筒锚链长度是固定的,而且是很短的,所以,在大风浪中对作用于船体上的动力负荷的吸收能力很差,有时可能导致浮筒锚链损伤或将浮筒锚链从河底拉起。因此,适当增加系浮缆的长度,可有效吸收大风浪作用于船体的动力负荷。

(2)抑制船舶偏荡

增加系浮缆长度会使船舶偏荡加剧,导致浮筒锚链承受较大的动力负荷,反而降低浮筒的抓住效果。因此,必须在增加系浮缆长度的同时,在迎风一舷抛下止荡锚。但必须注意抛锚操纵时不得使本船的锚和锚链与浮筒锚链绞缠。

2. 系双浮筒时的措施

系双浮筒时,若风来自船首,其防风措施与系单浮筒相同,即适当增加系浮缆长度。若风来自浮筒连线以外,如果风力不大,只要加强首尾系浮缆即可;如果风力较大,首尾系浮缆将承受过大的应力,特别是船舶处于横风时,有断缆危险甚至导致浮筒移位走锚。因此,在剧烈的风浪作用下,有时不得不解掉船尾系浮缆,使之成为系单浮筒状态,并采用与系单浮筒相同的措施。

3. 改为锚泊

若在采用上述措施后,仍不能确保系浮船舶系泊安全,则应改为大风浪锚泊或另选择避风锚地锚泊。

(七)靠泊码头船舶遇大风浪时的措施

靠泊码头的船舶遇大风浪时,受风浪及其岸壁反射波的影响,将出现首摇、横摇、纵摇,以及横荡、纵荡和垂荡六个自由度运动。其中对船舶影响最大的是纵荡,它将导致靠泊船与码头严重摩擦和断缆事故的发生。

1. 加强系缆并保护好船体

为了抵抗风、浪的作用力,要增带系缆,并使各系缆均匀受力,避免或减小系缆承受顿力。为了保护系缆,在导缆孔或导缆钩与系缆接触处涂油或垫上油布防止摩擦,并适当地将缆绳接触部分错开。为了防止船舶靠泊一舷与码头之间的摩擦和挤压,应配备足够的靠垫。

2. 抛锚并缓和船体摇荡

靠泊船舶在风浪、涌浪的作用下极易产生横摇、纵摇和垂荡,导致船体和系缆损伤。为了缓和船舶摇荡,可增加吃水并抛下首锚,以抵抗风浪对船舶的冲击力,以减轻摇荡。

靠泊船舶遇到大风浪恶劣天气时,如果风从岸上吹来,则外力增加不大,增加系缆即可抵御;如果风从宽阔的水面吹来,靠泊船舶就容易陷入危险,此时应根据具体情况采取应对措施,必要时选择避风锚地锚泊。

四、大风浪中船舶掉头操纵及注意事项

船舶在大风浪中掉头是一项较为困难和危险的操作,必须认真、谨慎对待,一般来说从顶浪转向顺浪较为容易,而从顺浪转向顶浪比较困难和危险,尤其是空船。在大风浪中不论在何种情况下掉头,都必须在掉头前详细地观察水面的风浪情况及其变化规律,并做好充分的掉头准备,特别要注意本船的稳性(包括货物的积载和移动的可能性以及自由液面的影响等),事先通知机舱备车和做好随时变速的准备,改换熟练的操舵人员操舵。掉头时必须做到以下几点:

1. 仔细观察波浪规律,选择适当时机掉头

波浪大小的变化是有规律的,一般情况下,连着三四个大浪之后,必接七八个小浪,俗称“三大八小”,要利用这个规律,抓紧利用水面较为平静的一段时间渡过横风或横浪阶段,并争取在下一组大浪到来之前完成掉头。

2. 大风浪掉头应掌握的基本原则和要求

(1)在掉头过程中,原则上要求前冲距离要小,并减小船舶在掉头中的横倾。因此,在掉头开始时宜用慢车、中舵,力求避免掉头产生的横倾角与波浪引起的横摇角叠加,导致较大的横倾,危及船舶安全。

(2)要求尽可能缩短掉头过程的时间,在掉头中可适时用短暂的快车和满舵,以增加舵效,既可缩短船身横向受浪时间,又可安全顺利地完成掉头任务。

(3)若因在掉头中判断失误,造成在掉头过程中遇上大浪而处于危险局面,切忌强行掉头和急速回舵,甚至操相反方向的反舵。正确的措施是及时减速并缓慢回舵,恢复原航向,再等待时机。

3. 无法在两组大浪之间水面较为平静的时间内完成掉头时的操纵

(1)顶浪转向顺浪

船舶从顶浪转向顺浪时,在掉头前应适当减速,转向应在平静的水面到来之前开始,以求在平静水面来临时正好转向横浪。此后,可适时用短暂快车、满舵,加速完成后半段的掉头。

(2)顺浪转向顶浪

船舶从顺浪转向顶浪时,主要是在后半段转向较为困难,因此必须在掉头之前及时减速,等待时机,以求后半段在较为平静的水面进行。否则大浪到来便难以转向顶浪。为此,可根据当时情况使用快车、满舵,加速掉头。

第二节 各种应急情况处置

船舶在航行、停泊、作业过程中发生碰撞、搁浅、触礁、风灾、火灾、溢油等事故,造成人员伤亡、财产损失、水域环境污染的意外事件,均属水上交通事故。发生水上交通事故的原因较多,如人为因素(对事故发生起到决定作用,包括船员的知识、技能、思想意识等)、船舶因素(如船舶动力设备、操纵设备、安全设备、船舶性能等)、诱发事故的外在环境因素(如恶劣天气、极差的航行条件等)、管理因素(公司管理和船舶管理等)。

一旦发生水上交通事故,船长应立即启动应急应变部署,采取简单、快速和有效的操纵措施应急处置,以减轻事故的损失程度,避免事故进一步扩大,同时岸基指挥系统应给予船舶更多支持,帮助船舶克服困难、正确应急处置,达到同舟共济的目的。因此,船务公司除保障船舶质量外,还要加强船员的思想教育,提高船员总体素质,督促船员维护、保养设备,对船舶设备提供技术支持,及时解决设备难题,防止船舶带病工作;船上驾引人员应重点学习船舶驾驶操纵、引航技术和《中华人民共和国内河避碰规则》,轮机人员加强对主机、辅机维修保养,船舶还要加强应急应变演习质量,共同提高船员安全意识和应急应变技能。

一、船舶碰撞应急处置

船舶碰撞是指船舶与船舶之间或船舶与水上移动式装置之间发生接触造成损害的事故。构成碰撞事故的要素包括船舶之间有实际接触,即事故当事各方的某一部位必须同时占据同一空间;必须发生在船舶之间或船舶与水上移动式装置之间;船舶要有损害后果。

(一)船舶发生碰撞事故的原因

了解船舶碰撞事故发生的原因十分重要,它既可对船员起到警示作用,又可提高船员的责任心、安全意识和正确操纵船舶的能力。

(1)责任心不强,没有专心致志操纵船舶,疏忽瞭望,没有注意来船,以致延误采取措施的时机,在出现紧迫危险时惊慌失措或者措施不当。

(2)过分依赖望远镜及甚高频无线电话(VHF),未能充分使用雷达、AIS、测深仪、GPS 等助航设备,对来船动态判断或理解错误,导致对来船动态变化估计不足,致使船舶双方避让行动不协调而引起事故发生。

(3)在能见度不良时,未使用安全航速,未按规定发出声响信号或及时选择安全地点锚泊。

(4)未遵循限制性航段(弯、窄、浅河段)的"航行通告",违章驶入限制性河段航行,尤其是单向限制性河段航行;不服从信号台指挥,违章驶入控制河段航行。

(5)上游锚泊船舶因故走锚或本船走锚,而驾驶台值班人员未坚守岗位导致碰撞。

(6)船舶主要设备如车、舵出现故障或全船失电等,造成船舶操纵失灵。

(7)两船对驶相遇或船舶发生横越时,即使统一了避让行动,但避让措施不力或双方通过甚高频无线电话了解会让意图后,未按《中华人民共和国内河避碰规则》的要求鸣放(或显示)信号,造成互相误会而未及时采取措施或采取错误的措施。

(8)两船构成追越关系时,追越船盲目自信,强行追越,临近时(两船横距过近或强行横头)避让不及而引起碰撞。

(9)驾驶员对风压、流压、船间效应等估计不足,以致避让时措施不够及时和适当。

(10)船舶管理混乱,船舶航行在复杂航段或遇气候不良时,驾驶员未能及时请船长进入驾驶台,出现紧迫危险时措施不当;或船长未履行监航职责,或未增派人员,或未能及时纠正驾引人员的操作失误,导致事故发生;船舶设备老化或出现故障,船员维护保养不及时,船务公司未能提供技术设备更换,船舶"带病"工作。

(二)船舶处于碰撞紧迫危险时的应急措施

当判断船舶处于碰撞紧迫危险时,驾驶人员应首先考虑采取何种应急措施,最大限度地减小船舶碰撞事故的损害程度。

1. 减小船舶碰撞损失程度的决定因素

(1)减速减小船舶冲量,抛锚使船舶紧急制动

减小船舶运动速度是减轻船舶碰撞损失程度最有效的措施之一。全速倒车,可最大限度地减小船舶碰撞冲量;情况紧急时可抛双拖锚来紧急制动船舶,以避免碰撞或减轻碰撞损失。但抛锚制动的前提是抛锚后不危及四周船舶、水底设施,及能避免本船因抛锚无法操纵船舶造成进一步损害。

(2)减小碰角以避开船舶要害部位

船舶在采取减速措施时,舵效变差,往往难于控制船首向,可适当采取增大进车以增加舵效和反向横移量的方法减小碰撞角,原则上应避免船体中部、机舱、油舱重要部位受碰,必要时选择具有首柱的船首应对碰撞。

2. 其他措施

(1)立即通知旅客及无关人员避开险区,在条件允许的情况下放下活动靠把。

(2)在紧迫危险时,为了避免碰撞以减少事故损失,甚至不惜本船驶出主航道外搁浅避让。

(三)船舶发生碰撞后的应急处置

1. 查明碰撞部位、判明损失情况

船舶发生碰撞,造成船体进水,大副应立即组织人员检查全船,查明碰撞部位、判明损失情况。

(1)“测”水位和油位。水手定时对货舱、压载舱、淡水舱和空气舱测潮,机舱工作人员定时测量油舱、污水舱和舱底水液位,将测量的水位和油位与碰撞前进行比较,并注意变化。

(2)“听”各舱室和空气管有无进水声,可判断是否有破舱进水情况发生;或用榔头敲击相邻舱壁,听其声音有无变化。

(3)“看”是最直观和有效的查明碰撞部位、判明损失情况的方法。

①观察各油舱、污水舱、压载舱和淡水舱有无进水或冒水泡,可判断是否有破舱进水情况发生,判断破口位置。

②观察船舶舷外四周有无油污冒出,可初步判断油舱、动力设备和操舵设备是否受损。

(4)根据船体倾斜的方向进行判断。

(5)根据主机油压、辅机运转情况进行判断。

(6)通过“感受”螺旋桨转动时船体是否发生震动、观察舵设备是否有故障或碰撞位置判定受损状况。

测量、检查结果要迅速报告船长,以便做好进一步处置的措施;判明船舶损坏情况时,还应考虑碰撞船舶大小、碰撞前的相对速度、碰撞角度的大小和碰撞部位,对判明碰撞损失情况具有较大帮助。

2. 保证船舶水密、排水和堵漏

(1)保证水密与排水

①保证水密:当破损部位确定后,应立即关闭邻近舱室的水密门窗和开口,以防进水蔓延。

②迅速排水:机舱值班人员将全部排水泵和备用发电机备妥,随时准备排水或送电。必要时设法使用各种水泵如应急水泵、压载水泵、污水水泵,或借用他船应急泵排水,以提高排水能力,避免船舶因大量进水发生过大倾斜而沉没。

(2)堵漏

探测到漏洞位置、大小和进水量后,应采用合理的堵漏方法堵漏。

①较小的破口可用木栓、木销、毛毯等堵住。

②较大的破洞可用堵漏毯紧贴洞口外的船壳以限制其进水量。

③相当大的破口面积的破洞,除使用堵漏毯限制进水外,还应加强进水舱邻舱的防漏及补强工作,以抵抗过大的压力,防止舱壁破损而波及邻舱。

④堵漏完毕后,大副对双层底、船侧舱室和船首尖舱等水密情况进一步检查,轮机长对主机轴系、主水管、海底阀、备用双层底油(水)舱进行检查。

3. 调整船舶纵、横倾

船体进水后,船舶必然会发生纵、横倾及稳性高度的改变,在危及船舶安全的情况下,可采取以下方法来调整船舶稳性。

(1)排出、注入法

通过排出或调驳油水来调整船舶纵、横倾,对有纵向隔舱壁的船可采用平衡法向倾斜相反船舷注水,调整船舶纵、横倾。但注水会造成船舶储备浮力减小,并形成新的自由液面,从而使稳性高度进一步减小,应谨慎采用。船舶采取堵漏措施控制或完全堵住漏洞后,要注意排除压载水。

(2)过载或抛弃部分货物

①向他船转载货物即过载,这是目前船公司常用的一种方法。它的优点是能迅速减小船舶吃水,解决船舶纵、横倾变化,保护货物不受损害。

②抛弃部分货物,以降低吃水而减少进水量,对位于水线附近的破口尤为有效。抛弃货物会造成货损,应谨慎使用,只有在该货物浸水后急剧膨胀,甚至遇水引起燃烧或爆炸,以及为了保持储备浮力或为了保持船舶具有足够稳性的情况下才能抛弃货物。

4. 抢滩

抢滩是船舶面临沉没危险时,利用附近浅滩主动搁浅,以争取时间实施自救或等待救援以避免船舶沉没于主航道而全损的自救性措施。

(1)抢滩的条件

船舶发生事故后,若造成船体大量进水,排水速度跟不上进水速度,又无法进行堵漏,估计船舶有沉没危险,附近又有浅滩,船长应考虑抢滩。

(2)抢滩前的准备工作

船舶抢滩前除选择好搁浅部位,并备妥双锚外,还应选择适宜的抢滩地点,抢滩地点应尽可能满足下列条件。

①河床底质:泥、沙、沙砾底均可,但礁石底不可抢滩。在软泥底处抢滩时应防止船体下陷和移动,因此,应设法固定船舶,如出缆上岸、抛锚固定船体等。

②抢滩处坡度:若条件许可应尽量选择适合于该船的坡度,一般小型船舶选择 1∶15 的坡度、大型船舶选择 1∶17 的坡度。抢滩前应利用压载水来调整船舶吃水差,尽量与抢滩处坡度相吻合。

③抢滩处水深:抢滩后船体主甲板在高潮时应露出水面。

④抢滩处风、流和波浪:尽可能选择流速较缓、风和波浪影响较小的浅滩处抢滩。

⑤周围环境:有利于固定船体,远离航道,便于出滩和施救作业。

(3)抢滩操作

①船首上滩操作

一般多采取船首上滩方式,抢滩时应尽量保持船身与水沫线垂直。抢滩时船长要运用好车、舵控制好航向,及时停车,必要时倒车,慢速接近滩地,让船体缓慢地擦滩而上。

随着船首上滩,可抛下双锚或出缆上岸固定,以便稳定船身,防止船舶因风浪、潮汐和河底底质等原因,船体倾斜或左右摆动。固定船体时,可利用救助拖船或重吊运锚向后抛,也利于出滩。

②船体破损部位一侧上滩操作

如选择将船体破损部位一侧搁上浅滩时,尽量选择坡度较小、风浪影响较小、水流平稳的浅滩,受潮汐影响的河段还要注意涨落潮的影响。必要时可在破损部位一侧绑上空驳船。

抢滩后应尽快堵好漏洞,排除积水,做好出滩续航准备工作。

5. 船舶出滩与续航

(1)船舶出滩操作

①首先收回岸上系缆或锚,再采取绞收双锚(受潮汐影响地段待高潮到来时)、配合倒车的方法出滩。

②若自救出滩困难,可请拖船协助出滩。夜间出滩时应保证足够的照明,避免在黑夜中慌乱而发生其他事故。

(2)船舶发生碰撞后的续航条件

①主机、辅机情况仍然处于良好状态,车、舵、锚均能保障船舶安全航行。

②船体进水得以控制,破损部位经过堵漏,不影响船舶安全航行。

③船舶纵、横倾经调整后具有正稳性并具有一定的储备浮力。

④救生设备完整无损,可继续航行至附近港口做进一步修复。

(3)续航时注意事项

①密切注意气象变化,查明沿途可避风的锚地,派人密切观察破损位置变化情况并详细记录。

②减速航行,并根据实际情况调整航向,尽量使破损部位处于下风舷,以减小水流对其的冲击。

③报告海事主管机关,通过手机、AIS 和船舶摄像机等与公司应急指挥部门保持密切联系,以便公司随时掌握船位、变化情况及航行情况。

6. 应急应变

(1)立即报警并报告船长。

①立即发出碰撞事故警报、慢停车和报告船长,船长即刻进入驾驶台接替操作,并命令所有船员按碰撞应变部署要求做好相应准备。

②立即向周围船舶通报情况,迅速用甚高频无线电话、手机或者其他有效手段向就近的主管机关和公司应急指挥部门报告。

(2)船长要控制好船位,防止偏离航道而扩大损失,令人检查锚设备,并备锚。

(3)大副查明碰撞部位、判明损失情况后立即报告船长。如有破损进水,船长应立即启动船舶进水抢险应变部署,使用各种方法保证船舶水密,并进行相应排水、堵漏和调整纵、横倾工作,条件允许时,选择安全地点锚泊施救。

(4)船长根据大副和轮机长反馈情况,判定是否会诱发其他事故发生,如船舶搁浅、火灾和污染或有无沉没危险等,以便进一步采取相应措施。

(5)如本船损失不大,应驶靠另一船舶了解情况,并协助抢救,小船、木船碰撞后危险性较大,应首先了解有无人员伤亡,并尽快抢救;如情况严重,有沉没危险时应立即抢滩,并发出求救信号,要求过往船舶前来救援。

(6)如是客船,还应做好维持好旅客秩序工作,必要时组织旅客转移。

(7)将事故经过、施救措施、损失情况等详细记入航行日志。

(四)船舶发生碰撞后的应急操船

1. 本船船首撞入他船船体时

(1)本船开微速进车顶住被撞船

在不影响本船安全的情况下,开微速进车顶住被撞船,必要时,在风浪较小且被撞船无沉没危险时,相互使用系缆固定船首,以防船首脱出破洞,从而起到堵漏的作用;或将被撞船顶往浅区搁浅施救。切勿盲目倒车,否则会进一步加快被撞船的进水量,被撞船有沉没危险的同时,可能会压住本船船头而危及本船安全。

(2)倒车脱离

被撞船已采取防水应急措施并脱离险境,本船在征得其同意后可倒车退出,并滞留在附近,一方面检查本船受损情况,另一方面随时准备援助。

2. 他船撞入本船船体时的应急处置

(1)用车使本船停住,避免前进和后退,操舵控制船首避免左右摆动,以免增大进水量。

(2)大副组织船员到达现场检查船体破损程度,将调查情况立即报告船长。船长指令大副采取相应的防水措施如关闭破洞舱室前后的水密装置和开口、准备好各项排水堵漏器材,要求机舱启动各水泵,准备好应急水泵,待各项准备工作完善后,可同意对方倒车脱出。

(3)他船倒车退出后,立即进行排水、堵漏和调整纵、横倾。

(4)尽量操纵船舶使破损部位处于下风侧,既能减小波浪冲击和进水量,又利于船员进行排水堵漏作业。操纵船舶至安全水域锚泊。

二、搁浅与触礁应急处置

搁浅是指船舶进入浅区搁置在浅滩上,造成停航或损坏的事故。

搁浅分为两大类:一类是船舶全搁坐,即整艘船舶搁在浅滩上;另一类是船舶局部搁坐,即因浅滩不平或船舶搁浅前首尾和左右吃水存在差异,使船首尾或左右部分搁于浅滩上,其他部位仍有足够水深。

触礁是指船舶在航行中触碰礁石、水下物体或冰块等,造成船舶受损、漏水或沉没的意外事故。

(一)船舶发生搁浅或触礁事故的原因

(1)驾驶人员工作责任心不强,技术不过硬,不熟悉航道、水文、气象等,船位偏离航道时未能及时发现,引航操作疏忽大意。

(2)未认真执行《中华人民共和国内河避碰规则》,以及特别规定、港航规章等,未严格执行值班制度、交接班制度及有关操作规程。

(3)未认真收听水位通电、航道公报,以致未能及时掌握水位和航道的变化情况;没有认真收听前船和其他船舶发出各种安全和水深信息,误入浅区导致搁浅或触礁。

(4)能见度不良时,未使用一切有效手段进行正规瞭望;对助航仪器如雷达、测深仪、电子江图等局限性心中无数,又未及时改正,而导致发生搁浅或触礁。

(5)水位暴涨或急退时,航标极易失常、移位或流失,驾驶员盲目依赖航标航行,没有很好地利用河床地形和天然物标,或误认助航标志,致使船舶偏离航道导致搁浅或触礁。

(6)对风压、流压引起的船舶漂移估计不足,特别是在急湾、浅滩及下风岸航段航行时,操作不慎造成搁浅和触礁。

(7)在浅水区河段航行航速过高,船舶动吃水增加,而导致船舶擦浅、吸浅,甚至搁浅和触礁。

(8)锚泊船舶因走锚而导致搁浅或触礁。

(9)船舶应急搁浅,如船舶发生碰撞进水严重,使用一切排水设备仍未奏效,有沉没危险而操纵船舶搁浅以减少损失;船舶会让出现紧迫危险时背离《中华人民共和国内河避碰规则》以挽救危局而选择船舶搁浅来避免碰撞重大事故的发生。

(二)船舶发生搁浅或触礁的危害

(1)船舶发生搁浅或触礁,使船体结构、机械设备和货物等遭受损失,如是船队还会导致断缆、散队、碰撞等严重事故的发生。

(2)可能会导致人员伤亡、船舶阻塞航道等一系列恶性事故的发生。

(3)船舶搁浅后还可能发生以下危险情况:

①墩底,即搁浅船舶在浪涌起伏作用下,船底与河底间歇性接触,将损坏船体甚至使船体断裂。

②向岸漂移,即船舶在风、流、浪和潮水升降的作用下,船体易出现摆动及移位,并向岸边漂移。

③打横,即船首或船尾某一端搁浅时,在外力作用下,船体以搁浅处为支点,发生转动,导致船体打横。

④船体倾斜,即船舶若左舷(或右舷)搁浅,河底坡度较大,且水位陡退时会发生倾斜,严重时可使船舶倾覆。

⑤船体局部受较大应力(如破损进水),即在水位变化较大的河段退水时搁浅,如不能及时脱浅,将使船舶搁在沙滩(或礁石)上,使船体局部受到较大应力,导致船体变形,甚至被折断、倾覆沉没等恶性事故发生。

(三)船舶即将发生搁浅/触礁时的应急措施

当发现船舶搁浅或触礁已不可避免时,切忌惊慌失措,应立即采取减轻搁浅或触礁程度的应急措施:

(1)及时使用倒车或视情况抛锚制动,避免船舶搁浅与触礁,或减小搁浅与触礁程度。

(2)应尽量避开礁石,使船体搁在较平坦的沙滩上。

(3)当搁浅或触礁不可避免时,应合理选择搁浅部位,使船尾不受损害(保护好车舵)。

(四)船舶发生搁浅或触礁后的应急处置

1.调查情况

(1)测定船位

船舶搁浅后,首要任务是弄清船舶搁浅的船位,利用可靠的参照物测出搁浅船位和态势,并每隔一定时间进行一次测定,做好记录,以判定船位的变化。

(2)查清船底破损及进水情况

测量清水舱、压载舱、双层底、污水沟、首尾尖舱的水深以及油舱、污水舱和舱底水的液位,以判断船舶是否破损和进水(程度),备好各种水泵。

(3)检查车舵及供电系统

①机舱工作人员主要检查主机、副机、螺旋桨和舵等船舶主要设备的受损状况,重点检查轴系的情况,防止因船舶搁浅而使主机轴系发生故障,失去动力。

②检查供电设施是否完好,它对绞锚脱浅或卸载脱浅具有决定性作用;查清船舶供水系统是否完好,主要检查江水冷却水吸口是否露出水面,防止冷却水因吸入空气而中断供水,同时注意江水冷却系统工况,以防吸入大量的泥沙而堵住江水冷却系统。

(4)弄清船舶吃水和周围的水深及底质

通过比较船舶吃水和船体周围的水深大小可判定船舶搁浅的部位,还可通过观察水文初步判定搁浅位置,一般搁浅位置下方常出现颜色变深,或出现泡漩等。

搁浅处的河床与脱浅时的摩擦力有关,周围的底质和水底坡度影响锚的抓力和脱浅方法,因此,应指定专人定时测量水深和底质,可从船首至船尾的两侧舷边每隔 10 m 测一个点,以辐射方向进行测量,并把测量时间、水深及底质标明在平面图上,以观察变化,如图 5-4、图 5-5 所示。

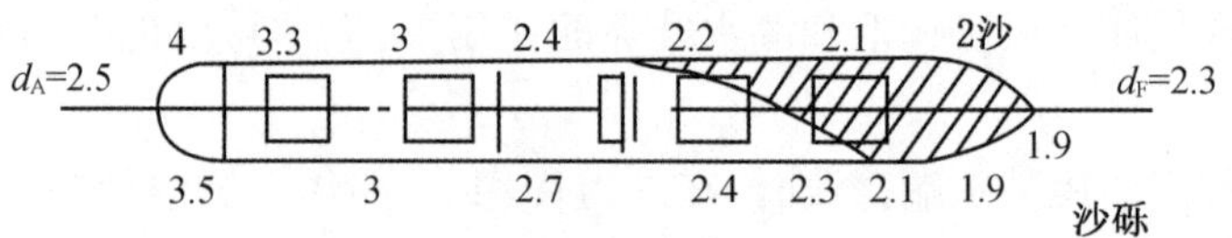

图 5-4 搁浅船舶周围水深及底质分布示意图

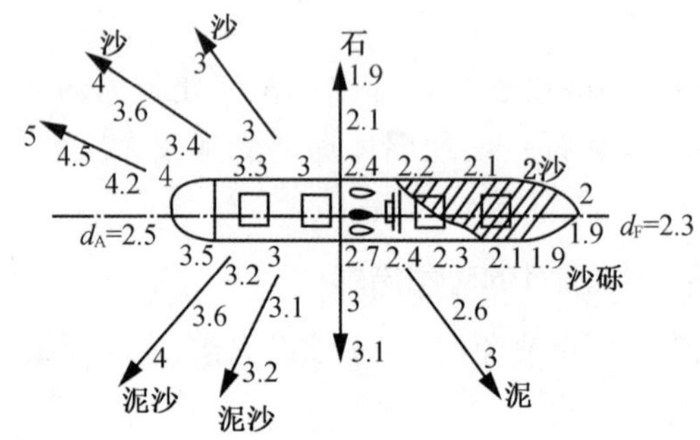

图 5-5 搁浅船舶周围水深测量法示意图

(5)观察水位、潮汐和气象

收听近期天气预报和航道水位通电,准确把握水位的涨落变化趋势;受潮汐影响的河段,还应根据潮汐表掌握当天和未来几天的高低潮时、潮高及转潮时间,为选择脱浅时机做好准备。

随时注意天气变化,防止搁浅船舶受风、流、潮汐的共同影响而扩大损失,力争在天气变坏前脱浅。一旦水位、潮汐和气象影响严重,应立即上报公司应急指挥部门采取其他措施,防止船舶搁浅更加严重。

2. 保护船体

(1)锚缆固定船体

搁浅后可利用本船所配备的锚、锚链和各种缆绳及装卸索具来固定船体,以防止船舶受风、流、波浪的影响,造成漂移、打横等危险。

①当搁浅船的船身与岸线垂直或接近垂直时,应从船尾两边各成 45°方向抛出主锚固定船体,如图 5-6 所示。

②当搁浅船的船身与岸线平行,受风浪影响时,应从船首尾两边靠主航道一侧各成 45°方向抛出主锚,如图 5-7 所示。

③当河底坡度较大、船身搁牢或水位下退,船身可能大幅度倾斜甚至有倾覆危险时,还应向岸边运锚或带缆固定船体,必要时用空驳系于搁浅相反一舷来固定船位,如图 5-8 所示。

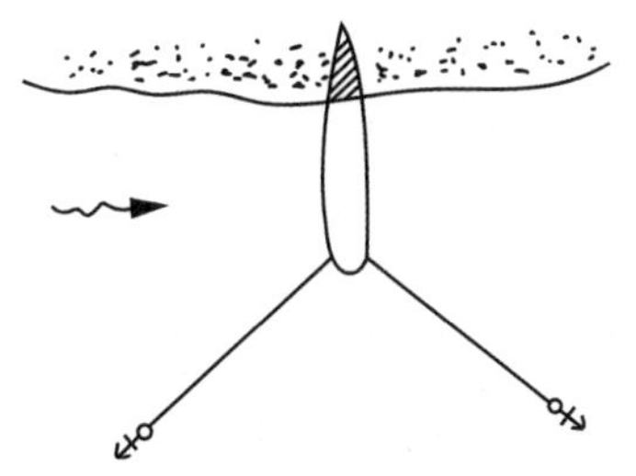

图 5-6 船身与岸线呈垂直或接近垂直抛锚定位示意图

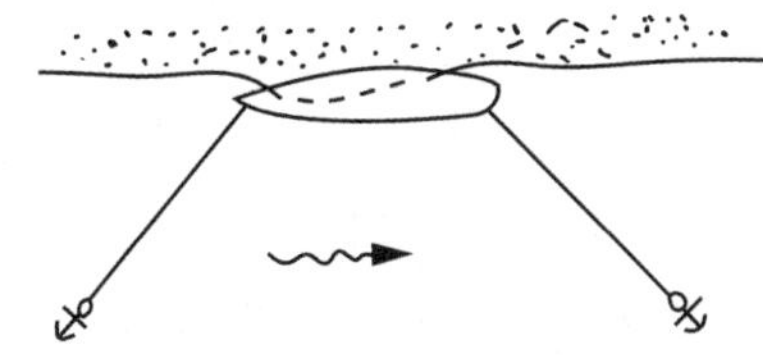

图 5-7 船身与岸线呈平行抛锚定位示意图

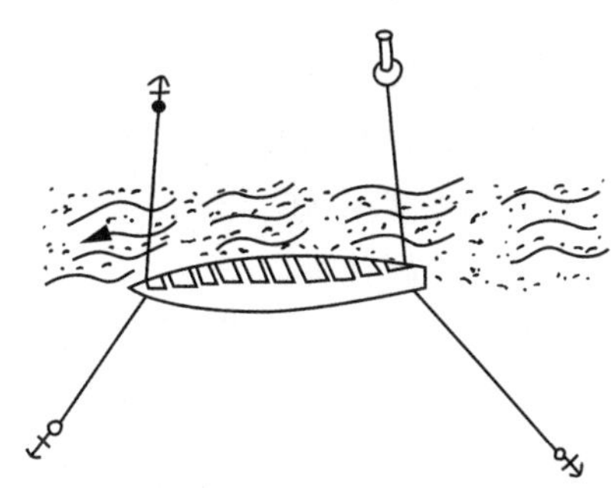

图 5-8 船身与岸线平行、且河底坡度较大抛锚固定位示意图

固定船体所用的锚链和缆绳应尽可能长一些，要根据当地地形地貌，充分利用陆地上的树木、建筑物和大型石块等来系住缆绳。运送锚链时，由于锚链重量大，不易处置，有时需用两艘救生艇组合起来搬运。固定船体所用锚链和缆绳的使用顺序，应根据风流的方向、大小和波浪来向等决定，一般都从上风、上流和从水面开始依次运出，同时还应考虑脱浅时，能利用绞收锚链或缆绳来帮助船体移动。

(2)船舶坐礁时的船体保护

如果船舶搁在礁石上，为了防止受波浪纵摇、垂荡作用产生墩底，使船底造成破损，除按上述方法固定船体外，还应按照船长指令向各压载水舱注水，注水多少视情况而定，能使船体牢固地坐于河底即可。必要时还可采取注满各压载水或局部货舱注水的办法来固定船尾。用局部货舱注水时，应注意相邻舱壁的强度以及船舶稳性和浮力。

3. 应急应变

(1)立即报告船长，按章显示信号

船长进驾驶台操作，指定专人接听电话，判明情况后将情况报告公司应急指挥部门和当地主管机关；按章显示信号，通知附近船舶注意避让，并做好记录。

(2)搁浅船舶

①如果船舶在沙底航道发生搁浅时，不可盲目停车，应及时用车舵尽可能将船向与水流方

向调顺，防止船向与流向呈较大夹角，造成船舶上方冲沙、下方淤沙，导致船体倾斜或倒头，可使用车、舵活动船舶，或用车打沙试图自行脱浅；备好锚，当船舶进一步加剧搁浅或进入危险水域时应及时抛锚定位。

②船舶在非沙底航道发生搁浅时，不可盲目使用车舵，以免损坏车舵和扩大损失。

③大副应带领二副组织船员调查情况，及时报告船长。如有漏洞立即进行排水和堵漏，根据船长要求做好抢滩、固定船体或为船舶脱浅的相应准备工作。

④轮机长组织轮机部船员测量油舱液面高度，检查车舵及其他动力情况有无异常，并将结果报告船长。

(3)触礁船舶

①立即停车，大副带领二副组织船员调查情况，不可盲目使用车、舵。

②船舶触礁后若能移动，在确保船舶安全的情况下，就近选择安全水域稳船(下行船掉头稳船)，同时组织全船人员进行排水、堵漏，若船舱进水量大，堵漏、排水有困难，应立即关闭水密门，封闭破损舱室，抢滩收船施救。

③如果船体触搁在礁石上，不得盲目使用车舵，以防扩大损失，应设法固定船体，防止风压、水位等变化使船体活动移位而扩大损失。

④当本船无力自救时，应向就近海事管理机关、港口和周围船舶求助，请求他船协助脱浅，并主动与施救船舶联系，介绍情况，协商施救措施。

⑤如必须弃船，按“船舶弃船应急处置”执行。

⑥若是客船，还应做好维持好旅客秩序工作，必要时组织旅客转移。

⑦将船舶发生搁浅/触礁应急反应记入航行日志和轮机日志。

(四)脱浅方法及注意事项

1. 自力脱浅

(1)使用主机脱浅

①适用条件

若船舶搁浅后其程度甚微，经调查船尾部有足够水深，可在确定脱浅线路后，运用主倒车脱浅。

②操纵方法

若是单车船，倒车时一般应从慢速逐渐增至快速，当快倒车无效时，可改用半速进车并左、右舵或满舵来扭动船体后再倒车脱浅；若船舶是双螺旋桨船，则可开一进车一倒车并操舵，让船舶左右摆动，使船侧两舷淤沙松动，减少船底与河底间的接触面积和摩擦力，然后再快倒车脱浅。

③注意事项

若底质是泥沙，倒车时应注意泥沙可能在船体周围堆积妨碍出浅，同时河心水流速度较大，受水动力影响，船尾会向下游移动，因此倒车出浅时，要多考虑下游水深情况，以防二次搁浅。

(2)调整吃水差脱浅

①适用条件

船舶的一端或一舷搁浅，另一舷有足够的水深，可考虑采取调驳油水或调整、转移货物的

方法脱浅。

②操纵方法

采用调驳燃油、清水、压载水,调整和转移货物或移动旅客的方法,以减轻搁浅一端(或一舷)的压力,再配合使用车、舵使船舶脱浅,如船首搁浅,可将首部的压载水或燃料油移至船尾,使船首浮起而脱浅。

③注意事项

移载时要进行计算,以免脱浅后产生较大的纵倾或横倾,使船舶发生二次危险。若船舶一舷搁浅,而河底坡度较陡时,不宜使用此法。计算船舶损失的排水量(若破损严重无法堵漏时,应将进水量作为增加的排水量计算在脱浅拉力之内),可确定船舶脱浅的方向,为他船前来救助提供安全路线。

(3)绞锚脱浅

①适用条件

锚能产生持续而强大的拉力且拖力方向准确,若搁浅船锚有足够拉力时可采用。

②操纵方法

用小艇将主锚或预备锚运出抛投,出锚的方向要根据在船舶周围测深的情况、船体和浅滩相对位置、风向和流向来确定。锚链最好连接在锚机或绞车上,开动锚机或绞车,同时配合用车、舵使船舶脱浅,如图 5-9、图 5-10 所示。

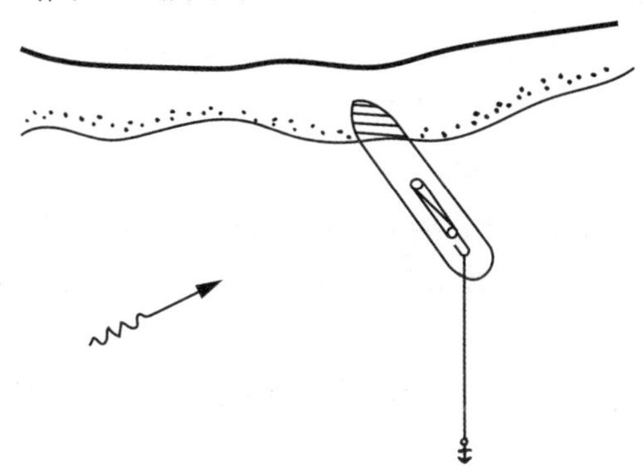

图 5-9 船舶绞锚脱浅示意图

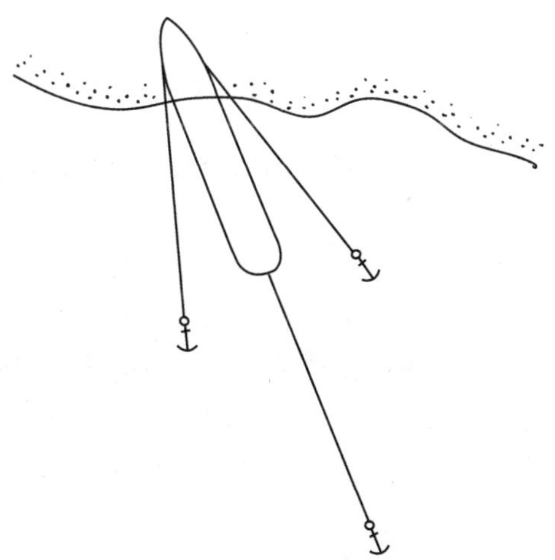

图 5-10 船舶利用首主锚和尾锚脱浅示意图

③注意事项

绞锚的缆最好用一节锚链加钢缆组合，钢缆的长度要视抛锚点与船的距离而定，但必须保持足够的垂直度，使锚的抓力充分发挥。为了防止失锚，抛锚前必须在锚环上系一根钢丝做好锚浮标，如绞锚时锚缆绷断，则可以通过浮在水面的锚标，重新将锚绞起。在施绞过程中配合使用车、舵时，应防止锚缆伤人和打损车、舵。

(4)载脱浅

①适用条件

上述几种方法均不能使船舶脱浅时，尤其是货船可采用过载脱浅。

②操纵方法

为了减轻搁浅船舶的载重量，减小船舶吃水以增加浮力脱浅，可利用附近港口调来的船舶协助，采用卸货的办法脱浅。

③注意事项

卸货过载前应进行认真估算，即卸哪些舱的货物效果最好，卸哪些货种最迅速、方便，应卸多少等。卸出的重量应是船舶本身拉力、拖船拉力及绞锚拉力或移载等不足的数量。一般先卸去多余的燃油、压载水后，再卸货物。

2. 他船协助脱浅

(1)请求他船协助脱浅的条件

船体破损严重，已失去漂浮能力；螺旋桨、舵损坏，无法操纵船舶；经过计算，船舶本身无法自行脱浅；船舶搁浅后水位陡退，要求尽快脱浅等。

(2)搁浅船应向救助船提供的资料

①主要船图、主要尺度、原来载重量吨数、加载后前吃水差变化等。

②货种、质量及分舱图，油、水的数量及部位。如有危险货物，则应特别详列舱位、吨数和注意事项。

③本船搁浅时航速、时间、船位，搁浅前后的航向、吃水及变化情况；舷边水深、底质，当地潮汐和水流情况等。

④主机、甲板机械的功率及当时技术状况；搁浅后曾采取的措施和收到的效果以及对援助工作建议等。

(3)他船协助脱浅的方法

①水深允可

救助船可直接驶靠搁浅船，卸去搁浅船上的部分货物，以减少搁浅的程度。

②水深不足

救助船最好使用倒车倒退逐渐接近搁浅船，直到不能接近时抛下首锚，通过工作艇或撇缆接上搁浅船舶的拖缆，然后两船船长共同研究脱浅的方法和临时联系信号。

准备就绪后，救助船即可起锚慢慢向上游或斜向上游起拖，如图5-11所示，让拖缆渐渐受力，当拖缆与拖船的首尾线成一直线后，即可增加车速至全速，搁浅船也要同时开倒车和绞开锚来配合脱浅。如不能立即脱浅，可左右摆动，使搁浅船逐渐下滩，如图5-12所示。

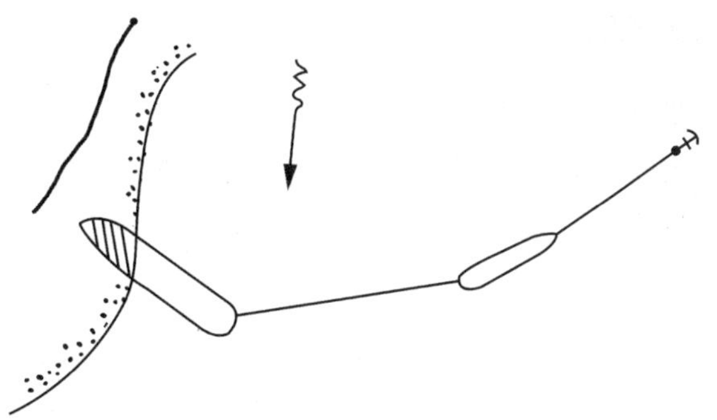

图 5-11 拖曳并绞锚脱浅示意图

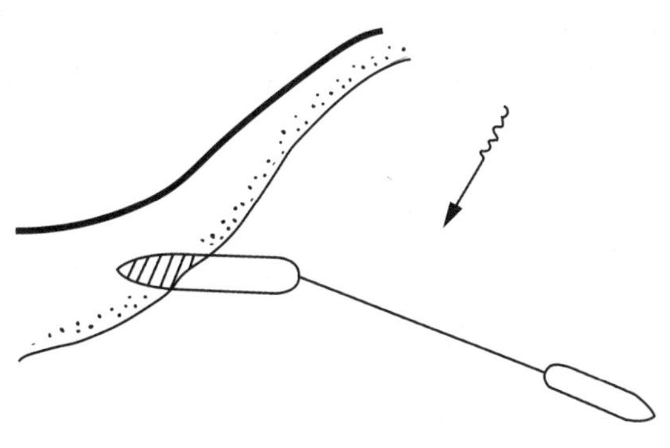

图 5-12 拖曳脱浅示意图

(4)脱险救助的注意事项

①检查拖缆、拖带装置和系缆装的强度是否可靠,在使用"急动脱浅法"时,常拉断拖缆和系缆装,所以既要注意人身安全,又要防止钢丝绳缠绞螺旋桨。

②注意所抛出的流锚位置,防止锚链打损螺旋桨。

③向深水区一侧拖带(注意拖缆应带在搁浅船上离搁着点最远的位置,以产生最大的摆动力矩),使船脱浅。

④救助船在用车前,应观察拖缆的松紧程度,切忌拖缆骤然受力。

⑤掌握恰当时机敲钩脱缆。拖船敲钩脱缆时要果断,力争一锤成功。

⑥主拖船事先要考虑将拖缆安全收回的方法。

⑦搁浅船脱浅后,防止碰到救助船。

三、火灾应急处置

火灾是指在时间和空间上失去控制的燃烧造成的灾害。如船舶遭受雷击、爆炸、漏电、摩擦、激烈碰撞而起火,或货物、燃料自燃起火,或明火起火以及纵火等情况引起火灾。火灾发生率不高,但全损率极高,极易造成人员伤亡和财产损失,甚至酿成重大的海损事故。

船舶狭长的通道及洞孔极易引起穿堂风,一有火源就能很快蔓延,加之船舶报警设备的局限性,火灾开始时往往不易被发觉,即使能够及时发现,由于船舶活动面积有限,施救也较困难,尤其是船舶航行途中,受船行风影响,发生火灾得到外援的机会较少。所以船员必须了解船舶发生火灾的原因,掌握好灭火技能,做好火灾预防工作。

(一)船舶发生火灾的原因

1. 管理制度不严、船员责任心不强

船舶没有严密的防火安全制度,管理不严,船员疏忽大意,思想麻痹。如装运易燃货物时,没有严格按照装卸危险货物的有关规定操作和管理,船员私自使用取暖用具等。

2. 明火或暗火引起的火灾

明火或暗火引起的火灾如厨房炉灶使用不当,气焊后未检查扑灭的余火,火柴、烟头未熄灭乱丢等引起的火灾。明火或暗火与船员日常生活密切相关,要特别引起重视。

3. 船舶发热设备表面引起的火灾

船舶发热设备表面如船上机器的排气管、蒸汽管、锅炉外壳、烟囱、船舶割焊铆接修理时发生热辐射的舱壁,以及船员日常生活用具(如白炽灯)等,如上面或附近有溢油、油棉纱、衣物、纸张等易燃物品则极易引起火灾。

4. 火星引起的火灾

烟囱飞出的火星、金属撞击摩擦产生的火星,极易引燃汽油、液化气、天然气等可燃物质,甚至发生爆炸。

5. 自燃引起的火灾

自燃引起的火灾如船舶运输煤炭、谷物等长时间氧化发热而发生自燃酿成的火灾。

6. 电气设备引起的火灾

船上有大量的电气设备,一旦使用较久的船舶线路老化,或船员私拉乱接电线、插头等,尤其是大功率电气超负荷运行时极易发生电气线路短路、绝缘失效等现象,导致线路过流发热而引起火灾。

7. 其他原因引起的火灾

其他原因引起的火灾如船舶发生碰撞、雷击以及纵火等引起的火灾。

(二)船舶失火后的处置

1. 立即报警

采用不同的报警方式报警:船长进驾驶台操作,指定专人负责电话联系;大副按照火灾应急应变部署带领船员赶到现场,并尽快判明失火部位和火灾性质,向船长汇报;船长迅速向就近的海事管理机关和公司应急指挥部门报告火灾类别、着火部位、严重程度和采取相应的应变措施。

2. 正确操纵船舶

船长在采取减速措施的同时,根据当时的风向操纵船舶使着火部位处于下风,并尽可能选择锚地抛锚施救。

起火地点在船尾部,操纵船舶迎风而行;起火地点在船首部,操纵船舶顺风而行;起火地点在船中部,操纵船舶傍风(横风)而行;船舶回转掉头或继续航行时要减缓速度,以防助长火势。

3. 采取正确有效措施实施灭火

(1)初起火灾

先到达火场的船员就地取材,根据火灾的具体情况选择正确的灭火器材实施灭火扑救。

(2)火场较大

应全面分析、充分论证后,统一指挥,有效组织,使用全船人力、物力,力争将火灾尽快扑灭。

(3)火灾特别大

除采取防止火灾蔓延扩大的措施外,应及时用声号和通信设备向外界发出求救信号,争取援助,同时向公司应急指挥部门报告;如在港停泊,及时向当地119火警台报警。

(4)灭火注意事项

①若火场附近有易燃物,应派人迅速搬走,必要时抛入水中,转移和保护其他未被引燃的物质。

②若舱内失火施救时,应关闭一切通往火场的通风装置,切断通往火场的电源和气源。

③如机舱失火,应立即做好施放固定灭火剂的准备工作。

④使用水灭火系统进行扑救时,大副要特别关注吃水增加、货损和船舶稳性变化,及时将情况反馈船长和组织排水,以免船舶吃水增加、倾斜甚至倾覆,尤其是扑救机舱、副机舱火灾时,应充分考虑船舶的稳性,不得盲目喷水,以免危及船舶安全。

⑤使用灭火器材灭火时,无论哪一种灭火器,无论哪一类火源,救火者都应尽可能站在上风位置。

4. 现场检查与监护

火灾扑灭后还应安排人员对火灾现场进行检查,随时注意观察现场情况,以免复燃;加强现场实施监护,严禁无关人员进入现场。

5. 安全有效撤离人员

如是客船,火势一时不能迅速扑灭时,船长应妥善安排将船上的旅客或者其他人员安全撤离,防止旅客慌乱,给施救造成困难,甚至人员伤亡。

6. 抢滩收船

若无外援,情况危急,为使他船来施救时便于接近或相靠本船,应操纵船舶在就近的水深较小的陡岸边滩处抢滩,使船舶既能靠近岸边有利施救,又能防止重大火灾造成船舶沉入江中。

7. 做好记录

将发生火灾的时间、地点、气候条件和采取的措施详细记入航行日志和轮机日志。

四、全船失电应急处置

全船失电是指船舶在航行、停泊、作业中,因船舶用电超负荷、发电机组故障、电路故障或其他原因而导致供电中断、用电设备不能工作的紧急情况。

船舶发生全船失电,如果应急不及时或未能正确启动应急设备,将使船舶操纵设备失灵,甚至引起船舶碰撞、搁浅或触礁等恶性事故。因此,船舶失电时,除要求迅速恢复全船供电,还要及时、有效地应急处置，才能保证船舶航行安全。

（一）启动应急操舵系统

船舶都配有应急蓄电设备，其目的是确保船舶失电后船舶电气设备，如操舵器、舵机、助航设备、消防设备和必要的照明等正常供电，应急电源可维持应急供电30 min。启动应急操舵系统工作时的要点：

（1）船舶应急电源装置有自动连接系统，在全船失电后，相应的用电设备就能自动转接应急电源供电。

（2）对投入使用的应急操舵系统要连续、细致地检查和监视，防止出现意外，以确保应急系统正常运行。

①驾驶员或舵工重点观察应急电源是否连接，通过操小舵角观察舵角指示器指针是否转动；

②观察船舶操舵后是否能转向；

③必要时强行连接应急电源开关，以确保应急电源为用电设备供电。

（二）启动应急供电系统

（1）在发生全船失电警报后，机舱应立即启动备用发电机，以最短时间恢复船舶供电。对投入使用的应急系统加强检查监视，保证应急供电系统能正常运行。

（2）迅速判断失电原因，检查机舱其他设备是否正常，如原动机、发电机工作是否正常，立即断开非生产用电负荷后合闸，并把失电的原因、故障、可能修复的时间告知船长。

（3）船舶在锚泊或系泊装卸货失电时，除启动备用发电机、合上电闸以最短时间恢复供电外，还要切除非重要负载，如起货机、通风机等。

（4）使用应急车钟指挥用车时，轮机值班人员应认真操作主机，迅速、准确按驾驶室指令开车，防止开错车。

（三）全船失电应急处置

1. 发出警报、正确显示船舶信号

（1）发出警报，值班驾驶员立即报告船长，机舱值班人员通知轮机长下舱。若因全船失电导致的船舶失控，船长应亲自操纵船舶。

（2）正确显示信号，通过全船广播系统或警铃通知船舶失电失控，并通过VHF对外播报船舶动态，值班水手悬挂或显示船舶失控号型或号灯。

2. 驾驶台的应急处置

（1）立即减速或停车，密切注意周围船舶动态，必要时备好锚。

（2）驾驶台工作人员及时启动应急操舵系统操纵船舶。

（3）主机使用遥控操作时，应注意因断电遥控受影响，如遥控失灵，立即使用应急车钟指挥用车。

（4）在狭窄水道或通航环境恶劣的航道发生全船失电时，为避免船舶碰撞、触礁、搁浅等重大事故发生，船长可强制运行主机确保安全。

（5）若轮机部无法及时供电，船长应根据实际情况合理操纵船舶，必要时可采取拖锚、抛锚制动或抢滩等措施。

(6)对装有侧推器船舶,驾驶台立即启动侧推器,协助调整航向。

(7)指令舵工和轮机人员迅速到达舵机房,做好人工操作舵机换向阀的应急操舵准备工作,根据船长指令操舵,并通过对讲机向船长报告。

(8)寻求支援,船长应及时将失电原因、处置及后果报船务公司应急指挥部门,评估失电对船舶影响的程度,如需岸基支持,公司相关专家可通过远程指挥修复。

(9)应急抛锚:

①如果机舱确定修复时间较长,船长应命令大副及水手长备锚,力争在应急电源使用时间内选择安全地点锚泊;

②顺流航行船舶,应及早选择安全水域掉头,必要时采取抛锚掉头,就近选择锚地抛锚检修,并报告当地应急救援基地或 VTS 指挥中心。

客船失电时,客运部门应做好旅客的安抚工作,必要时根据船长指令组织旅客疏散。

将船舶失电应急反应记入航行日志和轮机日志。

五、人落水时应急处置

人员落水是指本船旅客、船员或其他人员在本船附近落水。船舶发生海损事故、船员舷外作业不规范、人员在船舶与码头未搭跳板(或未系安全网)时跨挡、船员生活区四周未安装护栏设施、船员或旅客出现精神障碍等,都可能导致人员落水。一旦发现人员落水应迅速采取正确的措施全力搜救,并对救起落水人员实施救护。

(一)发出警报

发现人落水后,立即大声呼叫"左(右)舷有人落水",并向驾驶台或船长报告。驾驶台即刻发出人落水警报,及时通报附近船舶,请求协助或救助。

(二)采取正确有效的救助措施

1. 立即停车和操舵

立即停车,视落水者位置向落水者一侧操舵,使船尾迅速摆开,以免落水者吸入船尾被螺旋桨或船尾打伤。

2. 向落水者抛救生设备

落水者附近的船上人员,应就近、快速取下救生圈、救生衣或木板等漂浮物,投向落水者下游(抛投救生圈时不可对准落水者,以免伤人),以便落水者能攀附。

3. 派人登高瞭望

派专人携带望远镜、对讲机或手机登高靠近瞭望(注意自身安全),不断报告落水者的方位和大概距离。夜间打开探照灯照亮落水者周围的水域,以便搜救。落水者的方位不清、距离较远时,如果附近有船舶驶向落水者水域,应立即通过甚高频无线电话或其他通信方式与他船取得联系,请求协助搜救。凡过往船舶均有责任协助寻救,必要时请求海巡艇协助搜寻。

4. 施放救生艇施救

通知机舱备车,准备放救生艇救助。选择比较安全水域放下救生艇,上艇人员携带望远镜、对讲机、手机和照明设备并随时与本船保持联系。本船在靠泊、锚泊、系浮筒等停泊状态时发现落水者,应立即放下救生艇进行救助。风浪中救助落水人员时,应操纵船舶驶向落水者的上风舷,在下风舷放下救生艇,救生艇从风、流下方处靠近落水者,以免碰撞、击伤落水者。

5. 掉头搜寻

必要时船舶应掉头搜救。在航道条件许可的情况下,及时掉头驶回人落水下游的附近,尽力搜索援救落水者。

6. 对被救起的落水者进行救护

(1)落水者被救起后,如呼吸和心跳停止,应进行人工呼吸或胸外挤压,直到落水者脱离危险。必要时寻求岸基支援,如使用手机拨打“120”,寻求远程指挥。

(2)使用甚高频电话呼叫水上救助基地,或使用手机拨打“12395”,寻求他们的支援。

经过长时间搜救仍不能找到落水者,由船长决定是否继续搜救并报告海事机关和公司应急指挥部门。

将人员落水应急搜救情况详细记入航行日志。

六、弃船时应急处置

弃船是指船舶发生水上事故,危及在船人员和财产安全,经全体船员和其他在船人员进行有组织的尽力抢救(包括外来援助),在船舶沉没、毁灭不可避免的情况下,为避免更大的人员伤亡和财产损失而采取的放弃船舶的行动。在宣布弃船命令之前,船长应组织全体船员全力施救。在船长没有下达弃船命令之前,值班人员必须坚守岗位,不得离船。

(一)弃船的基本条件

弃船是一件非常严肃和严重的事情,只有符合下列情况之一才可以采取:

(1)船舶发生碰撞、搁浅、触礁等事故后,船体破损、大量进水、机舱被淹、无法排水堵漏,随时有沉没的危险。

(2)船舶发生碰撞、搁浅、触礁等事故后,随时有倾覆、折断的危险。

(3)火灾殃及机舱,动力灭火系统被焚毁,火势蔓延,整艘船舶有被焚毁的危险。

(二)弃船时的应急处置

(1)如抢救无效必须弃船时,船长先报告公司应急指挥部门和海事主管机关,并下达弃船命令,鸣放弃船声号。

(2)大副组织船员现场抢救,根据船长指令及时放下救生艇,防止船舶发生倾斜过度或吊艇设备发生故障等原因后不能操作,并准备好救生索或绳梯应急。

(3)离船时值班大副携带航行日志、船舶有关资料、重要文件、现金、票据和账册等离船;签证驾驶员离船时携带船舶证书和船员证书。

(4)轮机长负责组织轮机部船员全力抢救,离船前组织人员关闭燃、润料舱柜进出口和透气孔,指令大管轮携带轮机日志、车钟记录簿和油类记录簿等船舶技术资料离船。

(5)船长尽力操纵船舶使其沉没于航道外靠岸一侧的浅水区,防止船舶沉没于主航道、港口、锚地、生产区域或妨碍船舶正常航行的区域,为以后打捞施救创造便利条件,切忌沉没于航道中间。

(6)离开遇难船后的落水人员,应尽量游开并寻找漂浮物以待援救;各艇筏还应在遇难船

下游附近继续搜寻落水人员。

(7)如是客船,船长首先指令客运经理组织旅客,尤其是老、弱、妇幼首先离船,督促有关人员携带旅客登记表、证件及有关资料、票据离船,然后安排船员离船,船长在确认旅客或全船船员撤离后最后离船。

(8)将船舶弃船应急反应记入航行日志和轮机日志。

七、舵失灵及损坏时的应急处置

舵失灵是指舵设备系统发生故障,使航行船舶失去控制能力的紧急事故。舵设备系统发生故障或舵叶受损,会使船舶失控,严重时导致船舶碰撞、触礁、搁浅等事故。

(一)舵失灵的主要原因

(1)液压动力系统故障如舵机主油路或油泵发生故障,导致舵机无法正常工作,驾驶室操作无舵。

(2)船舶失电导致舵机无法正常工作。

(3)轴承故障导致舵机无法正常转动。

(4)船舶吸浅或搁浅等导致舵机、舵叶损坏。

(5)洪水期,杂草、流木损坏车舵等。

(二)报警并显示信号

1. 立即报警

船舶航行因外界原因导致舵受损,或舵工操舵时舵失灵且无舵效,应立即报告值班驾驶员,并报告船长,通知机舱。船长应立即进驾驶台接替操作,通过全船广播系统、声控电话等通知船舶舵失灵,通过 VHF 对外播报船舶动态,要求过往船舶注意避让。

2. 正确发出声号、显示船舶信号

按章鸣放声号一长声,白天悬挂圆球两个,夜间除显示舷灯和尾灯外,还应当显示红光环照灯两盏。

(三)驾驶台的应急处置

(1)驾驶值班人员立即启动应急操舵系统操舵(如有应急舵)。若是舵机主油路或油泵发生故障时,驾驶室操作无舵,值班舵工立即强行启动直流舵机,改用应急舵装置操舵,并派人备锚。

(2)及时慢车、停车,有效地利用一切助航仪器设备(雷达、AIS、测深仪等工具)操纵船舶。

(3)双螺旋桨船,可调整两螺旋桨的工况,进行短时间操纵船舶。对装有侧推器船舶,立即开启侧推器,协助调整航向。

(4)备好锚,以便船舶航经大桥、船闸、浅险狭窄航道有碰撞、搁浅、触礁等危险时,采取抛锚制动的措施协助船舶操纵,避免事故发生。

(5)若船队发生舵失灵及损坏,应立即减速,启动应急操舵系统操舵,通知驳船帮舵。

(6)根据轮机长报告的检修方案和时间,决定是否抛锚。

(四)轮机部的应急处置

(1)值班轮机员在接到驾驶台的操舵故障后,立即报告轮机长。轮机长除立即安排好值

班人员，确保驾驶室用车外，带领大管轮和其他轮机人员迅速到达舵机房，查找系统故障的原因，按故障的原因制订相应的抢险措施，并将抢修办法和需要检修时间向船长报告。

(2)如需岸基支援，轮机长向公司应急指挥部门报告，报告的内容包括发生故障的时间、原因和经过、可能引起的隐患及事故、救助要求等。

客船发生舵失灵及损坏时，客运部要做好旅客的安抚工作，必要时根据船长指令组织旅客的疏散。

船舶舵失灵，要及时报告当地应急救援基地或 VTS 指挥中心。若需他船协助或救助，船长应主动与施救船联络，介绍现场情况，协商救助措施。

将船舶舵失灵及损坏的应急反应记入航行日志和轮机日志。

八、缆绳绞缠桨叶时的应急处置

(一)缆绳绞缠螺旋桨桨叶的原因

(1)船舶在靠离码头或拖带、顶推船舶时，由于操作不当，使缆绳落入水中绞缠螺旋桨。

(2)船舶经过浅区时，原搁浅船舶出浅时遗留在水中而未清理的断钢丝绳绞缠螺旋桨。

(3)船舶违章丢弃的半沉半浮的化纤绳，绞缠螺旋桨。

(4)船舶误入渔网区，渔网绞缠螺旋桨。

(5)驾驶人员精力不集中，或遇横风、横流影响以及船舶追越时，操作失误，致使船尾螺旋桨绞缠浮标锚缆。

(二)防止缆绳绞缠螺旋桨的措施

(1)做好系泊作业前的各项准备工作

船舶在系泊作业前，一定要把从导缆孔送出的系缆缆绳头放在船尾甲板上，必要时将缆绳琵琶头挂在系缆桩上，防止缆绳滑出。

(2)甲板值班船员加强与驾驶台的联系

驾驶员在用车前，除在驾驶台外窗台仔细观察船尾系缆是否收回外，还要加强与船尾解缆人员的联系，在确认尾部系缆收妥后方可动车。

(3)迅速收回系缆

①船舶离泊时，工作人员要迅速收回落于水中的缆绳，如果缆绳意外落入水中，应立即报告驾驶台，驾驶员切忌动车，待收回落入水中的系缆后再次报告驾驶台。

②让码头工作人员将系缆琵琶头从距离最近的稍前部位置递回本船，避免缆绳丢于水中，待全部缆绳从导缆孔收进后，报告驾驶台缆绳已全部安全收回，驾驶台才能用车。

③离泊船舶在离开码头或并靠他船舶前，在船尾缆稍前系缆桩上，向码头或并靠船舶出临时回头横缆，在驾驶台命令解尾缆前，先收回尾缆，待驾驶台命令解掉尾缆时，再收回临时横缆，可避免缆绳掉入水中。

船舶进入浅区前适当慢车，以减少船舶动吃水。

加强瞭望，充分使用雷达助航，发现雷达上有小点目标，应立即使用望远镜核实或请他船观察，提防半沉半浮的化纤绳；在渔区航行时注意渔船的号灯和号型及动态，可从渔船拦河网的中间或两边外侧穿过，切忌从渔船拦河网两头附近穿过。

驾驶员要提高责任心，精心操作，防止船舶靠边行驶。

（三）缆绳绞缠螺旋桨的应急处置

1. 立即报告

驾驶人员发现渔网、缆绳等绞缠螺旋桨时，应及时报告船长；船尾工作人员通过对讲机或口哨迅速向驾驶台报告缆绳绞缠螺旋桨。

2. 应急处置

（1）船舶离码头或并靠他船时发生缆绳绞缠螺旋桨

驾驶员听到船尾工作人员报告缆绳绞缠桨叶时，应立即停车、停止操舵，船长应设法将船尾靠回（仍不能使用车舵），可利用撇缆将缆绳渡到码头上，然后利用绞车或尾锚机将船尾绞回码头靠妥施救。

（2）船舶在锚地作业时发生缆绳绞缠螺旋桨

靠离并靠船舶时发生尾缆绞缠螺旋桨，应立即停车，并设法出缆靠回并靠船。

（3）航行船舶发生缆绳绞缠螺旋桨

航行船舶发生化纤绳、渔网、水底废弃钢缆或锚缆绞缠螺旋桨时，应立即停车并备锚，上行船舶利用余速操纵船舶到航道边缘，选择安全地点抛出双锚，注意避开水底电缆和危险区；下行船舶同样应立即停车、备锚，采取抛锚掉头方式掉头，同时不失时机抛下另一锚，并及时报告当地应急救援基地。

（4）检查螺旋桨和舵

缆绳绞缠螺旋桨后，应立即组织人员检查螺旋桨和舵的情况。空船可通过外观观察是什么性质的缆绳以及是否缠住双螺旋桨，重载船可通过机舱人工旋转地轴进行判断。

（5）清解绞缠螺旋桨的缆绳

①清解缠绕螺旋桨的缆绳时，应将留在船上的缆绳一端系固，或缠绕在绞缆机上 4~5 圈，并用小扎绳系住，切不可松放入水。

②机舱内工作人员将原顺车绞缠向倒车方向旋转，每转一周，船尾的绳头人工收紧一次。使用绞缆机收缆时，注意不要让缆绳受力，在缆绳即将受力时即停车，经多次旋转和收紧后，即可解脱。

③空船必要时可压首、抬尾（将船尾压载水、清水抽出或调拨燃油），然后将工作艇放入水中，在船外进行清解。工作人员必须注意穿好救生衣、戴好安全帽，做好防护工作。

④清解困难且无法在水面上清解时，应立即报告公司应急指挥部门，申请派潜水员下水检查清解或派拖船协助船舶进坞修理。

（6）清解结束后的注意事项

①派人仔细观察螺旋桨、舵是否受损。如有受损，情况严重时，报告公司应急指挥部门，请求上坞检修。

②确认螺旋桨、舵无损后，安排舵工操小舵角左右回转，然后逐渐加大舵角直至满舵，观察舵运行情况是否正常。

③双螺旋桨船，可分别开进、倒车 1 挡，观察船舶是否有震动，机舱注意观察主机油温、压力是否有变化，然后逐渐加大车速，确认无误后方可航行。航行中机舱继续观察，并将结果报告船长。

将发生缆绳绞缠螺旋桨的应急反应记入航行日志。

九、主机损坏时的应急处置

主机故障是指船舶航行中主机发生的会影响航行安全的严重故障。船舶一旦发生主机故障，将失去了动力，随之舵效消失，船舶就会失控，应立即采取措施，消除影响。

（一）主机发生故障的原因

机舱柴油机因故发生飞车、主机拉缸、柴油机调速器故障、主机曲轴烧损、主机推力轴承烧损等现象，使主机不能正常工作，出现主机故障。

（二）主机发生故障时的应急处置

1. 报警和显示信号

（1）值班驾驶员发现主机故障后立即报告船长。

（2）发出警报（发出警铃一长声），若船舶因此失去控制，应按规定鸣放声号（一长声），全体船员听到警报后，应迅速到达各自岗位，听候命令。

（3）显示信号，白天悬挂圆球两个，夜间除显示舷灯和尾灯外，还应当显示红光环照灯两盏，及时用甚高频无线电话通知过往船舶注意。

2. 驾驶台的应急处置

（1）船长进驾驶台接替操作，并向轮机长询问故障的原因、可能引起的后果、抢修时间，并通知备锚。

（2）上行船舶的应急处置：

①正确操纵船舶，防止失控。根据机舱要求减速或停车，借助船舶余速产生的舵效控制航向，尽可能操纵船舶于航道边缘较浅的水域、缓流区和上风上流方向航行，以延长压向浅滩、岸边的时间。注意远离危险区，避免发生其他险情和事故。

②如果前方航道复杂，尽快选择安全水域抛锚制动，再行检修，并报当地应急救援中心。

（3）下行船舶的应急处置：

①立即寻找安全水域抛锚掉头，然后抛双锚稳住船舶，并尽快检修。

②如船舶即将经过大桥、船闸、浅险狭窄航道，或船舶可能发生碰撞、触礁和搁浅的危险时，船长应果断采取抛双锚制动，以挽救危局。

无论上行船舶还是下行船舶，如果船舶因主机故障导致失控，都可能引起一连串的碰撞码头、船舶、大桥等事故，所引起的直接损失和间接损失较大，船长除立即采取抛锚制动措施外，还可考虑在附近水域浅滩有意搁浅，搁浅后按船舶发生搁浅/触礁时的应急处置操作，并同时进行主机检查和检修。

3. 机舱的应急处置

（1）值班轮机员在发生主推进系统故障时，应立即向驾驶台和轮机长报告。

（2）轮机长应迅速查找主机故障的原因，将用车注意事项报告驾驶台，按故障的原因制订相应的抢险措施，并将抢修办法和需要检修时间向船长报告。

（3）润滑油压力下降的应急处置：如果是润滑油压力缓慢下降，通知驾驶台降低主机转

速，减速齿轮箱脱排或人工将主机停车修理；如果是润滑油压力陡降失压，立即按紧急停车按钮停车。

(4)主机拉缸、曲轴烧坏、增压器损坏或轴系中间轴承烧损的应急处置：机舱工作人员及时报告船长，驾驶台在保障船舶安全的情况下，尽量配合机舱检修。

(5)主机飞车的应急处置：驾驶台获悉机舱主机飞车，值班驾驶员立即停车或值班轮机员按下紧急停车按钮。

本船无力自救时，应向公司应急指挥部门报告需求与帮助，并向就近海事主管机关、港口和周围船舶求救。他船施救时，船长应主动与施救船联络，介绍现场情况，协商救助措施。如损坏程度严重不能自修，船长还应申请立即拖往船厂修理。

抢险结束后，应仔细检查系统情况，确信可运行后，重新启动主机继续航行，并把详细经过如实记入航行日志和轮机日志。

十、船舶发生溢油事故的应急处置

除船上的油类、油性混合物等意外排放和违章排放，造成内河水域的污染外，船舶溢油也是水上污染的重要原因。船舶溢油包括操作性溢油和海损事故溢油两种。

一旦发生水上污染，船舶均应迅速反应，根据事故发生的原因，竭尽全力控制和消除污染，并向就近主管机关如实报告，接受主管机关调查和处理，赔偿污染所造成的损失。

(一)船舶发生操作性溢油的应急处置

1.报警

(1)船上值班人员一旦发现船舶发生溢油，立即报告船长或船上其他负责人，船长进驾驶台判明情况，立即启动“油污染应急计划”，发出溢油报警信号(·— —·)，组织全船人员实施应急反应。

(2)船长指定专人负责电话联系，将有关情况和采取的措施报告公司应急指挥部门，按照规定报告当地海事主管机构，并听从其指挥(包括接受强制清除污染措施)。

2.船舶发生操作性溢油的应急处置

(1)管系泄漏或舱柜满溢的应急处置

①船舶在加装燃油作业期间，发生管系泄漏或舱柜满溢时，首先应将事故情况通知供油方，立即停止有关操作，关闭有关阀门。

②查明原因，组织船员清除溢油和甲板上的积油。

③若是管系泄漏，应将破裂管系中的油驳入空油舱或其他燃油舱；若是舱柜满溢，应迅速将满溢舱内的燃油驳入空油舱或其他燃油舱。

④收集残油及含油器材，妥善保管，待送交岸上处理。

(2)船体泄漏油的应急处置

船舶航行或在加装燃油作业期间，如果发现水面上有油或水底在不断向上冒油，则应怀疑是自己的船体泄漏，立即应急处置：

①若是船舶在加油期间出现船体泄漏，应立即将事故情况通知供油方，停止有关操作，关闭有关阀门。

②立即采取措施清除溢油。

③查找泄漏油舱破漏部位，了解破损情况，测量油位，如破漏点在水线以上，油位又高于破漏点，应迅速采取堵漏措施或转驳泄漏舱室的油，使油位低于破漏点；如破漏点在水线以下，应立即封闭该油舱通气孔、测量孔（注意气密），关闭进出口阀门，并想办法查明原因。

④如果难以确定哪个舱室泄漏，应在考虑稳性和应力影响的同时，降低溢油部位附近油舱的液面。

（3）如果溢油严重，还应联系外援请求援助。外部协助时，船长应主动与救助方联络，介绍现场情况，协商救助措施。

（4）将船舶溢油事故应急反应记入航行日志、轮机日志和油类记录簿。

（二）船舶发生海损所致的溢油应急处置

1. 船舶因碰撞事故而发生溢油

（1）如碰撞导致一船船首插入另一船船体，在未查明破口对船体稳性、强度影响和环境污染前，应微速顶住被撞船，操纵船舶让尚未脱离的两船碰撞部位保持不分离和左右摆动。

（2）条件允许时，操纵船舶漏油一侧至下风一侧或水面平静的水域施救。

（3）大副到现场查明本船和他船的损坏部位、破损情况，如是油舱附近舱室破损，轮机长应派人测定碰撞位置附近的燃油舱、润滑油舱油位和机舱舱底水深，并注意变化。

（4）如是油舱破损，一种情况是破洞在水线以上，油位又高于破洞最低处，应设法从内部将堵漏工具置于漏洞处堵漏，同时采取转驳泄漏舱室的油，使油位低于破洞最低处，并封闭该油舱进出口阀门。另一种情况是破洞和油位均低于水面，首先封闭该油舱通气孔、测量孔（注意气密），关闭进出口阀门，在判定漏孔位置后采用堵漏毯封闭外侧。还有一种情况是破洞部分在水线以上，这种情况最为复杂，应根据现场情况采取相应措施，如堵漏、调整横倾，驳油等。

（5）立即组织清污，有条件的船舶立即放下围油栏，情况严重时报告公司应急指挥部门和海事应急救援中心，请求专业清污机构协助。

（6）将船舶溢油事故应急反应记入航行日志、轮机日志和油类记录簿。

2. 船舶因搁浅/触礁而发生溢油的应急处置

船舶因搁浅/触礁而发生溢油，一般溢油位置都在船底，如果是油舱破损，分以下两种情况，并根据不同情况采取相应的应急处置：

（1）一种情况是破损油舱油位高于水线，油舱的油因舱壁内外侧压力差向外溢油，此时应设法从内部将堵漏工具置于漏洞处堵漏，同时采取转驳泄漏舱室的油，使油位低于水面，然后封闭该油舱通气孔、测量孔（注意气密），关闭进出口阀门。

（2）另一种情况是破损油舱油位低于水面，此时应封闭该油舱通气孔、测量孔（注意气密），关闭进出口阀门，在判定漏孔位置后采用堵漏毯封闭外侧。

同时组织人员清污，有条件的船舶立即放下围油栏，情况严重时报告公司应急指挥部门，请求专业清污机构协助。

将船舶溢油事故应急反应记入航行日志、轮机日志和油类记录簿。

3. 火灾/爆炸造成的溢油应急处置

（1）迅速探明着火部位，判明火情、起火原因，按本船消防应急部署组织船员灭火。

(2)正确操纵船舶,使船舶处于有利于灭火的状态。

(3)将火场周围油漆桶、含油物和其他易燃易爆物转移,远离火源处。

(4)如发现本船有油外溢,应迅速查明溢油源,设法将破损燃油舱中的燃油驳入其他完好舱室。

(5)切断通入失火舱室的油管并立即停止有关操作,关闭水密门窗和不必要的进风口,向失火舱室施放灭火气体,防止火势蔓延。

(6)如果溢油量较大,船上无法有效处理,船长应报告公司应急指挥部门,请求专业清污机构协助。

(7)因长时间大量向舱内冲水,可能会导致船体吃水增加或船体倾斜,船长应操纵船舶至就近安全地点抢滩后继续施救,以防万一。

(8)将船舶溢油事故应急反应记入航行日志、轮机日志和油类记录簿。

十一、船舶断链失锚和走锚应急处置

船舶在航行中操纵用锚、应急用锚或锚泊时,操作失误会导致船舶断链失锚或走锚,以至于船舶无法正常航行,甚至产生碰撞和搁浅事故。

(一)船舶断链失锚

1. 船舶断链失锚的原因

(1)抛锚操作不当

①船舶航速过高时,因紧急情况抛锚避碰或抛锚掉头时松链操作不当。

②卸扣螺栓脱落及断裂、锚链磨损过大或有内伤,加之在锚地水深较大时抛锚,操作人员在锚未到河底时就急刹车,导致锚链绷断。

③在深水地区抛锚时方法不当。

(2)绞锚操作不当

抛锚时不了解河床底质,致使锚爪插入石缝中卡锚绞不起来,或锚泊时间较长,锚或锚链一部分发生淤锚,起锚时绞不上锚,驾驶员应急操作方法不当。

(3)其他因素

①本船抛双锚链时受风影响发生较大偏荡,双锚发生绞缠;或在受潮汐影响的锚地抛锚时未保持较开距离,转潮时本船与他船发生绞缠,无法起锚。

②因风速增大、水位猛涨,外力急剧增加;或并靠船未抛锚靠泊,导致外力过大使锚链绷断等。

③锚杆与锚冠之间的连接销子断裂脱落。

2. 防止断缆失锚的措施

(1)正确抛锚

应急抛锚或抛锚掉头时,操作人员首先要正确判断锚是否到底,然后略紧刹车,使锚链受力带锚抓入土,边松边紧,始终不能使锚链受大力,并抛足锚链,现场驾驶员随时将锚链受力和长度情况告诉驾驶台;如抛双锚(有风时),先抛上风上流一侧锚,待锚链分开后再抛另一侧锚。

加强值班，如有来船并靠本船，值班人员应要求靠泊船抛足锚链驶靠，并把本船锚位告诉对方，以免发生锚链绞缠。

(2)车舵配合绞锚

起锚时若遇卡锚或淤锚，利用车、舵配合绞锚，大副随时报告锚链方向、受力情况，始终让锚链处于与水面呈垂直状态（俗称锚链吊起）绞锚，此时锚链受力最小。如发现锚链受力较大，甚至绞不起来，可使用止链器将锚链扎住（暂时不绞），车舵配合，使船首左右摆动促使锚爪松动，或开进车（注意先开小车让锚链逐渐受力，再加大进车车速）让锚链逐渐受力、受大力（注意防止断链），使淤链从泥沙中出来或使锚爪松动。

注意事项：整个操作过程中大副应将锚链受力情况及时报告驾驶台，避免锚链受力过大变形或断链失锚。

(3)活锚和加强检查

活锚是避免淤锚的最好措施，同时加强对锚设备的检查、维修和保养，尤其是在起锚时加强检查刹车、止链器、锚链、连接卸扣和锚。

(4)锚机被损坏时的措施

若锚机损坏不能绞锚，可利用起货机、绞车，使用钢丝绳、卸扣和钢钎或其他止链设备，把锚链分段绞回，并尽快修复锚机。

3. 弃锚

船舶在紧急情况下无法绞起锚和锚链，将一段锚链和锚暂时弃置于水底的作业，称为弃锚。船舶在下列情况下可考虑弃锚：

(1)同一锚地水域的锚泊船、附近的码头、舱库等发生火灾或危险货物爆炸，危及本船安全，而本船来不及起锚时可考虑弃锚。

(2)锚泊船起锚时，因锚被水下障碍物卡住或淤锚，无法绞起时可考虑弃锚。

(3)锚钩住水底电缆、管道时，可考虑弃锚。

(二)船舶发生断链失锚和走锚的应急处置

1. 立即报警

(1)值班人员发现断链失锚或走锚时，立即紧急备车、发出警报（警铃一长声），并报告船长和值班驾驶员，并开启助航仪器，晚上开启探照灯和工作灯。

(2)若是走锚，按章显示“Y”信号旗，并用 VHF 或扩音器等通信联络手段及时警告他船采取措施避让，夜间还可使用探照灯、激光灯不停摆动以对他船发出警告。

2. 走锚应急处置

船长立即进驾驶台，充分了解四周环境及船舶状态，视情况采取相应措施：

(1)若是单锚泊船发生走锚，立即命令大副或值班人员到船头抛下另一锚，并使之受力。松锚链时切忌盲目松长锚链，要防止松链使船舶后退距离过大而发生搁浅、碰撞等事故。

(2)若是双锚泊船发生走锚，在机舱未回铃的情况下，在判断松链后不至于发生搁浅或触碰他船时，命令大副适当松出锚链以增加抓力，直至船舶锚抓住。

(3)听到报警后，轮机长和轮机部船员迅速到机舱应急备好车舵，尽快回铃。回铃后，船长可适当使用车舵稳船，以缓解锚抓力，在不影响其他船舶安全的情况下加松锚链或加抛另

一锚。

(4)采取一定措施后,船舶仍有可能发生搁浅或触碰时,船长应果断决定起锚重抛或移泊。必要时抛双锚并靠吃水较小的大型船舶。

(5)高洪水期锚地较少,如发现走锚并采取松链、重抛或移泊措施后仍继续走锚,而下一个锚地又较远,中间还有急流滩水域,可暂时采取备车的方式,使用车舵稳船,并报告公司应急指挥部门,接到指令后向当地海事主管机关报告,向港口和围船舶求助。他船协助或施救时,船长应主动与施救船联络,介绍现场情况,协商救助措施。

3. 失锚的应急处置

(1)报告

不论何种原因造成船舶断链失锚,值班驾驶员或大副都应立即将断链失锚位置和锚链长度报告船长,驾驶台根据现场驾驶员报告的失锚位置和助航仪器准确地做好记录,以便打捞。

(2)断链长度较长的打捞处置

①如断链长度大于水深较多,船长应派二副做好施放工作艇和打捞锚的准备工作,如爪钩、卸扣、钢丝绳、制链器、锚机或绞缆机,并令大副准备好另一只锚。

②操纵船舶在断链位置稍下方一侧抛下另一锚,然后利用车舵向另一侧小幅摆动再绞锚。大副在现场随时观测锚机受力情况,使用一挡慢速绞链,并将情况及时报告船长,如此反复几次可将断链钩住,待锚链绞离开水面后稳住船舶停绞,然后迅速用工作艇、爪钩、卸扣、钢丝绳从船首外侧固定锚链,钢丝绳的另一侧挽在锚机绞关上慢速将断链(锚)绞起。

③注意事项:抛下另一侧锚链不能太多,比水深稍大即可,驾驶台可通过测深仪测出水深,并告知大副;要控制好船首摆动幅度,既防摆幅过小未钩住锚链,又防摆幅过大在绞链过程中因钩住锚链的一侧锚链拉力过大而使锚链脱落;船舶在摆动时,要将锚链刹紧,防止锚链松出(最好使用止链器);大副应将锚链方向、受力变化情况及时报告驾驶台。

(3)断链长度较小的锚和弃锚的应急处置注意事项

①如断链长度较少,自己又无法打捞或故意弃锚,应立即报告公司应急指挥部门。

②弃锚时可卸开邻近水面的一个链节的连接卸扣后放入水中。

③失锚和弃锚都应在航行图上标注位置(经纬度或某固定参照物的纵、横距),条件允许时系上锚浮标,将锚暂时弃置于水底,既为他船提供警示,又能为以后打捞提供准确的位置。

④若是双锚均丢失,应及时配妥,不得无锚航行。

将断链失锚和走锚事故经过详细记入航行日志。

参考文献

[1]中华人民共和国海事局. 中华人民共和国内河船舶船员适任考试大纲. 大连:大连海事大学出版社,2019.

[2]中国海事服务中心. 船舶操纵与避碰(船舶操纵). 北京:人民交通出版社;大连:大连海事大学出版社,2012.

[3]李勇. 船舶操纵. 北京:人民交通出版社,1999.

[4]赵月林. 船舶操纵. 大连:大连海事大学出版社,2000.

[5]龚雪根. 船舶操纵. 北京:人民交通出版社,2000.

[6]水运技术词典编委会. 水运技术词典. 北京:人民交通出版社,2000.

[7]中华人民共和国海事局. 事故与应急. 北京:人民交通出版社,2006.

[8]贾欣乐,杨盐生. 船舶运动数学模型. 大连:大连海事大学出版社,1999.

[9]范晓飚. 内河船舶船员实船操作技能手册:驾驶专业部分. 大连:大连海事大学出版社,2017.